PATRICK WOLF

MIT GOTT
durch
DIE KRISE

novum ◢ pro

Dieses Buch ist auch als
e-book
erhältlich.

www.novumverlag.com

© 2024 novum Verlag

ISBN 978-3-99146-806-6
Lektorat: Elena Iby
Umschlagfoto:
Nexusplexus I Dreamstime.com
Umschlaggestaltung, Layout & Satz:
novum Verlag

Bibliografische Information
der Deutschen Nationalbibliothek:

Die Deutsche Nationalbibliothek
verzeichnet diese Publikation in
der Deutschen Nationalbibliografie.
Detaillierte bibliografische Daten
sind im Internet über
http://www.d-nb.de abrufbar.

Die genauen Quellenangaben für die
Inhalte dieses Buches sind vorbehalten,
da viele Informationen auf persönlichen Erfahrungen und dem Gedächtnis des Autors basieren und nicht
unmittelbar dokumentiert wurden.
Die Quellen werden so genau wie
möglich angegeben.

www.novumverlag.com

Gedruckt in der Europäischen Union
auf umweltfreundlichem, chlor- und
säurefrei gebleichtem Papier.

Druckprodukt mit finanziellem
Klimabeitrag
ClimatePartner.com/16547-2311-1001

Inhaltsverzeichnis

Über mich

Ich wuchs im Osten Deutschlands in einem christlichen Elternhaus auf und ging bis zu meinem siebzehnten Lebensjahr jeden Sonntag mit meinen Eltern in eine konservative evangelische Gemeinde. Dann jedoch entdeckte ich das Nachtleben und schlief den Sonntag lieber aus. Auch durch falsche Freunde entfernte ich mich immer mehr von Gott, sehr zum Leidwesen meiner Eltern. Nach meiner kaufmännischen Ausbildung absolvierte ich meinen Zivildienst für ein Jahr in den USA. Im Anschluss zog es mich für ein knappes Jahr nach Spanien, ehe ich der Liebe wegen für zwei Jahre zurück in die Heimat ging. Als die Beziehung zerbrach, arbeitete ich für drei Jahre auf den Kanaren, auf Kreta, in der Türkei und in Portugal als Hotelreiseleiter für einen deutschen Reiseveranstalter. Während dieser drei Jahre waren die Nächte von Partys und Frauen geprägt. Von Gott hatte ich mich in dieser Zeit komplett entfernt. Nach einem kurzen Zwischenstopp in Russland ging ich 2011 zurück nach Deutschland, allerdings nach Berlin, weil mich diese Stadt faszinierte. Meine Eltern wünschten sich natürlich nichts sehnlicher, als dass ich Kontakt zu Christen aufbaute. Ich wollte davon jedoch nichts hören, aber aufgrund ihrer vielen Gebete fand ich irgendwann das ICF Berlin, eine Freikirche. Allerdings ging ich da lediglich ab und zu sonntags hin und war mit meinen Gedanken ganz woanders. Den Rest der Woche beschäftigte ich mich lieber mit Frauen und anderen Dingen. Ich begann die Welt zu bereisen und war bis heute in fünfzig Ländern unterwegs. Neben vielen Städtetrips reiste ich mit dem Rucksack durch die Welt und lernte unter anderem durch Couchsurfing, einer Plattform für kostenlose Übernachtungen, viele interessante Menschen kennen. Besonders in asiatische Länder wie Thailand, Vietnam, Taiwan oder die Philippinen verliebte ich mich. So vergingen die Jahre, bis Anfang Januar 2020 mein Leben auf den Kopf gestellt wurde.

Umkehr

Alles fing an einem Abend im Januar 2020 an. Es war kalt, regnete und mir war es langweilig. Daher rauchte ich in meiner Berliner Wohnung etwas Marihuana. Auf meinem iPhone schaute ich mir diverse Videoclips an und landete wie so oft bald auch auf pornografischen Seiten. Doch plötzlich, aus dem Nichts hörte ich eine intensive, aber gleichzeitig doch sanfte Stimme. Obwohl ich noch nie davon gehört hatte, dass Gott spricht, war mir sofort klar, dass es Gott war. Es war keine akustische Stimme, aber in Gedanken fragte er mich, warum ich das anschauen müsse und dass ich dies doch gar nicht nötig hätte. Es war ein etwa fünfminütiges Gespräch wie zwischen Vater und Sohn, total locker und liebevoll, aber in einer gewissen Weise auch ernst. An den genauen Wortlaut erinnere ich mich leider nicht mehr, aber das ganze Gespräch war einfach komplett mit Liebe gefüllt. Ich war total baff, weil ich Gottes Stimme noch nie gehört hatte. Während meiner eher konservativen Erziehung wurde nie darüber gesprochen, dass Gott zu Menschen auch redet. Allerdings war ich mir sofort sicher, dass es Gott war. Es ging soweit, dass ich mein iPhone zur Seite legte und meine verstaubte Bibel aus dem Schrank holte. Ich begann, wahllos darin zu lesen. Dabei registrierte ich, dass die Reggae-Musik über Spotify gestoppt hatte. Ich war noch immer von seinem Reden so geflasht, dass ich gar nicht klar denken konnte. Am nächsten Tag schaute ich mir den Film „Feuchtgebiete" an. Im Vorspann wurden ein paar Zitate eingeblendet und plötzlich erschien das Zitat „Wir brauchen Gott". Ich war erneut geplättet, aber ich verstand, dass Gott mich zurückhaben wollte. Jedoch spürte ich auch, dass eine andere Macht mich immer wieder in das Entgegengesetzte zurückziehen wollte. So kamen beispielsweise in Situationen, wo ich mich mit Gott beschäftigen wollte, Kurzmitteilungen von verschiedenen Frauen, die mich ablenkten. Ich wusste, dass dies der Teufel war, auch wenn ich ihn nicht gut kannte. In meiner

Kindheit wurde so gut wie nie über ihn gesprochen. Wie war das wohl alles genau? Mir fiel ein, dass ich noch ein christliches Andachtsbuch von früher im Schrank hatte. Also fing ich an, darin zu lesen und erinnerte mich dabei an die Sätze und Inhalte aus meiner Kindheit. Damals ging ich jeden Sonntag in die Gemeinde (Christliche Versammlung) und las in der Bibel. Wenn ich an diese Zeit zurückdachte, verstand ich damals jedoch gar nicht viel von dem, was ich hörte und las. Irgendwie waren die Geschichten weit entfernt und nicht real. Doch jetzt verstand ich die Verse auf einmal viel besser. Vor allem Josua 1,8 sprach mich dabei an: „Lass dieses Buch des Gesetzes nicht von deinem Mund weichen, sondern forsche darin Tag und Nacht, damit du darauf achtest, alles zu befolgen, was darin geschrieben steht; denn dann wirst du Gelingen haben auf deinen Wegen, und dann wirst du weise handeln!" Mein Hunger war geweckt. Ich wollte mehr und ging am folgenden Sonntag in die ICF-Church. Dieses Mal war ich mit meinen Gedanken dabei und hörte genau zu, was der Pastor sagte. Die Predigt war tatsächlich spannend und nach dem Gottesdienst verschwand ich dieses Mal nicht gleich. Im Foyer erspähte ich eine hübsche junge Frau, welche ganz allein auf einem Hocker saß und welche ich noch nie gesehen hatte. Ich sprach sie an und nach einem sehr guten Gespräch verabschiedete mich in der Hoffnung, sie am nächsten Sonntag wiederzusehen. Daher tauschten wir auch keine Telefonnummern aus. Allerdings sah ich sie nie wieder und konnte sie auch trotz großer Anstrengung nicht finden. Im Nachhinein bin ich mir nicht sicher, wer diese Frau war, aber auch durch sie ging ich nun jeden Sonntag in die Gemeinde und war mit dem Herzen dabei. Dort erfuhr ich auch von der Bibel-App „YouVersion", welche ich mir daraufhin auf mein iPhone lud. Das war die gesamte Bibel, nur elektronisch. In der App gibt es sogar für jedes Thema Lesepläne, sodass man jeden Tag eine kleine Andacht lesen kann.

Negative Eigenschaften

In einem Leseplan wurde gefragt, wie wohl Gottes Plan mit mir aussehen würde. Das war eine spannende Frage, daher betete ich zu Gott und bat ihn, mir eine Antwort zu geben. Noch am selben Tag schaute ich einen Film, welcher in Thailand spielte, was ich davor nicht wusste. Da ich Asien so liebte, konnte ich mir vorstellen, dorthin einmal auszuwandern. Bereits 2019 schmiedete ich dazu Pläne, indem ich mit meiner Chefin über ein mögliches Sabbatical sprach. Hatte dies schon etwas mit Gottes Plan zu tun? Ich beschäftigte mich weiter mit Gott, aber spürte immer wieder einen inneren Sturm zwischen Gut und Böse. Der Druck wurde immer größer und irgendwann hielt ich nicht mehr stand und schaute mir einen Pornofilm an. Ich klagte mich an, aber schon darauf las ich in der Bibel-App Folgendes: „So bete auch du Gott weiterhin an, egal was alles gegen dich zu sein scheint. Dies wird dich an neue Orte tragen, dir neue Türen öffnen und der Segen Gottes wird dich immer wieder überraschen." Ich musste einfach die Reißleine ziehen und mich grundlegend ändern. Mein Wunsch war es, meine negativen Eigenschaften nach und nach loszuwerden. So schrieb ich sie alle auf, und das waren viele ... Eine meiner größten negativen Eigenschaften war, dass ich mich schnell über Sachen aufregte. Ich musste lernen, ruhig zu bleiben, z. B. wenn der Bus das nächste Mal vor meiner Nase wegfahren würde. Es war einfach notwendig, sich noch mehr mit Gott beschäftigen, um ihn und seine Eigenschaften besser kennenzulernen. Ich las, dass wenn wir Gott ehren und einen Lebensstil entwickeln, in dem wir Gott Priorität geben, ihn anbeten und an ihm festhalten, wir nicht verlieren, sondern gewinnen würden. Wir würden an Schönheit zunehmen, man würde uns positiv wahrnehmen, uns achten und wir würden einen bleibenden guten Eindruck hinterlassen. Das wollte ich unbedingt erleben.

Beginn Pandemie

Im Februar wurden in Deutschland immer mehr Fälle von CO-VID bekannt, ein Virus, welches das erste Mal in China ausbrach. Ich hatte das Gefühl, dass eine Pandemie sowie eine große Wirtschaftskrise auf uns zurollte. Ich war nervös, da ich ein Aktiendepot besaß. Als die Börse Ende Februar einbrach, verkaufte ich am dritten Tag fast mein komplettes Depot. Ich musste zwar auch einen Verlust verkraften, doch dieser war weitaus geringer, als wenn ich die Aktien behalten hätte. Den Erlös steckte ich in Firmen, welche von COVID profitierten. Das waren vor allem Aktien der Pharmaindustrie. Die Aktienkurse fielen in den kommenden Tagen massiv, doch meine Aktien hielten sich konstant. Ich hatte das Gefühl, Gott etwas zurückgeben zu müssen. Daher begann ich ab diesem Zeitpunkt, Geld zu spenden und bedürftigen Menschen meine Hilfe anzubieten. Dabei half ich auch in einer Notunterkunft für Obdachlose der Berliner Stadtmission aus.

Gott sorgt für uns

Anfang März kam ich zu der Erkenntnis, dass seit ich zu Jesus umkehrte, alles besser geworden war. Mir ging es einfach gut, obwohl wir mitten in der Krise steckten. Ich arbeitete am Berliner Flughafen im Qualitäts- und Beschwerdemanagement und dort wurde Kurzarbeit angekündigt, allerdings mit zwanzig Prozent Aufstockung. Somit war ich bei achtzig Prozent des Nettogehalts und konnte damit gut leben. Gerade die Tourismusbranche war von COVID stark betroffen. Veranstaltungen wurden eingeschränkt und durften nur noch ohne Publikum stattfinden. Leider waren davon auch Gottesdienste betroffen, als ich mich doch gerade erst daran gewöhnte. Am letzten Sonntag mit Publikum hatte ich in meiner Gemeinde eine Spruchkarte erhalten, auf der ein Spruch aus 1. Petrus 5,7 stand: „Alle eure Sorge werft auf ihn, denn er sorgt für euch." Jesus konnte ich all meine Last geben. Was ich zu diesem Zeitpunkt noch nicht wusste, war, dass dieser Spruch mich durch die gesamte Krise und sogar noch darüber hinaustragen sollte. Gott war einfach genial. Er machte mich auch mutig, denn plötzlich erzählte ich meinen Freunden von ihm, was ich vorher nie für möglich gehalten hätte. In meiner Kindheit schämte ich mich oft, wenn ich beispielsweise am Sonntag beim Fußball nicht mitspielen konnte, weil wir in die Gemeinde gingen. Meinen Eltern erzählte ich nun ebenfalls meine Story und sie freuten sich riesig, denn sie hatten all die zwanzig Jahre für mich gebetet. Was für eine große Gebetserhörung nach dieser Geduldsprobe! Oft versuchten meine Eltern oder auch Großeltern, mich wieder näher zu Gott zu bringen, doch ich wollte es einfach nicht hören. Wenn meine Oma mir damals beispielsweise am Telefon etwas aus der Bibel zitierte, legte ich oft den Telefonhörer zur Seite. Jetzt war ich einfach nur dankbar, dass viele für mich geduldig beteten. Ich wollte jedenfalls immer mehr Menschen von Jesus erzählen. Daher reifte auch der Gedanke, einen Blog oder ein Buch über meine Erlebnisse zu verfassen.

Vorbereitung auf Wirtschaftskrise

Mitte März wurde das öffentliche Leben in Deutschland weiter heruntergefahren und auch Bars mussten schließen. Der ICF-Gottesdienst wurde allerdings weiter per Livestream auf YouTube übertragen. Trotz der Einschränkungen ging es mir weiterhin gut und selbst meine Aktien stiegen, obwohl der Aktienmarkt weiter sank. Ich begann, das Buch „Weltsystemcrash" von Max Otte zu lesen, außerdem hielt ich mich an Tipps von Dr. Markus Krall oder Dirk Müller. Ich informierte mich weiter und bereitete mich auf die kommende Wirtschaftskrise vor, in dem ich beispielsweise einige Rohstoffe wie Gold erwarb. Aber ich versuchte auch, die Krise positiv zu sehen. Es war ja auch eine Chance, dass dadurch viele Menschen zu Gott fanden. Außerdem gab es weitere positive Aspekte, z. B. atmete die Umwelt durch und das Wasser wurde sauberer. In Venedig sah man sogar plötzlich Delfine. Allgemein dachte ich mehr über die Natur nach und wollte sie mehr wahrnehmen. Zum ersten Mal wurde mir bewusst, was Gott eigentlich alles geschaffen hatte. Wir Menschen hatten seine geschaffene Erde bereits so stark verändert; damit konnte er eigentlich nicht zufrieden sein. Trotz der positiven Aspekte gab es immer wieder Situationen, in denen meine negativen Eigenschaften durchkamen. Auch wenn ich es versuchte, so wurde ich kurz wieder mit Pornos rückfällig. Doch mittlerweile schämte ich mich danach und bat Gott um Vergebung. Allgemein betete ich viel öfter und löschte die Dating-Apps vom iPhone, weil ich merkte, dass sich diese negativ auf mein Leben auswirkten. Das war schon ein Einschnitt, denn es handelte sich um meine meistgenutzten Apps. Vor meiner Umkehr datete ich, was das Zeug hielt, aber irgendwie fehlte mir schon damals immer mehr die Erfüllung. Daher löschte ich die Apps bereits mehrmals, installierte sie jedoch kurze Zeit später erneut. Ich war abhängig, doch jetzt war damit Schluss. Da sich die Pandemie weiter ausbreitete, betete ich auch für Menschen, welche von der Krise stark betroffen waren. Ende März las ich morgens in der Andacht, dass ich an diesem Tag jemand einladen sollte, der nicht an Gott glaubte. Aufgrund der Pandemie war dies allerdings nicht möglich und daher dachte ich nicht weiter darüber nach. Im Laufe des Tages kam plötzlich mein Nachbar ganz unverhofft vorbei. Leider ergriff ich nicht die Chance, ihm von Jesus zu erzählen, obwohl sich die Möglichkeit dazu bot. Ich ärgerte mich abends sehr darüber und nahm mir vor, ihm den Link zum Livestream des Gottesdienstes zu senden. Diesen Link schickte ich in dieser Woche noch zwei weiteren Freunden.

Vertrauen

Anfang April bekannte ich Gott alle meine krassen Sünden, welche ich im Laufe meines Lebens getan hatte. Ich zählte alle auf, an die ich mich erinnerte, und das waren viele. Außerdem musste es Anfang Januar ein Warnschuss von Gott gewesen sein, der mich zur Umkehr bewegte. Tatsächlich gab es jedoch schon einige Warnschüsse zuvor, welche ich bis dahin nicht so wahrgenommen hatte. So entkam ich beispielsweise 2015 auf den Gili-Islands in Indonesien nur knapp einem Feuer. 2018 wollte mich in einem abgelegenen Stadtteil von Medellin in Kolumbien eine Gang ausrauben. Obwohl ich mein iPhone und auch Bargeld dabeihatte, drehte ich mich einfach um und lief im normalen Tempo in die andere Richtung. Wie durch ein Wunder verfolgte mich die Bande nicht. Als ich diese Geschichte anderen Kolumbianern erzählte, schüttelten sie ungläubig den Kopf. Im Nachhinein bin ich mir sicher, dass Gott hier eingriff. Vielleicht wollte er mich auch vor Schlimmeren bewahren, da ich auf dem Weg zu einer sehr gefährlichen Straße war. Ich konnte auf jeden Fall froh sein, dass ich noch lebte. Mir wurde bewusst, dass ich bis Ende Dezember 2019 in einen tiefen Sumpf geraten war. Jesus hatte mich dort rausgezogen, wofür ich ihm so dankbar war. Das wollte ich einfach teilen und setzte nun auch den Blog auf. Obwohl ich aufgrund von COVID lange zu Hause bleiben musste, ging es mir super und es war mir nie langweilig. Ich suchte mir täglich einen Mix an Aufgaben oder Aktivitäten, indem ich beispielsweise die Innentüren meiner Wohnung strich. Aber auch der Sport kam nicht zu kurz. So ging ich regelmäßig joggen und machte Home-Workouts. Davor war ich normalerweise jeden zweiten Tag im Fitnessstudio und nahm zusätzlich an Team-Workouts teil. Außerdem las ich in dieser Zeit viel mehr als sonst. Dabei fiel mir auf, dass ich dadurch so gut wie nicht mehr an Pornos denken oder diese anschauen musste. Das waren nochmal Hinweise, dass ich Gott zu hundert Prozent vertrauen musste. Gerade bei meinen Aktien hatte ich in den vergangenen Tagen diesbezüglich Schwierigkeiten. Ich bat Jesus weiterhin um die richtigen Schritte bei meinen zukünftigen Käufen oder Verkäufen und wachsendes Vertrauen. Ein paar Tage später hatte ich einen Traum, in dem mein verstorbener Opa zu mir sagte: „Vertraue auf Gott!" – Was für ein Beweis! Mein Opa war immer ein treuer Christ gewesen und irgendwie hatte ich das Gefühl, dass er meinen Wandel im Himmel mitbekam.

Da nun auch das Passahfest stattfand, wollte ich mehr darüber erfahren. Ich konnte mich nicht daran erinnern, obwohl ich davon schon oft in meiner Kindheit gehört hatte. So begann ich das 1. und 2. Buch Mose zu lesen. Dadurch verstand ich, warum dieses Fest so wichtig war. Es wurde zur Erinnerung an die Befreiung des Volkes Israel ägyptischen Sklaverei gefeiert. Ich begann außerdem, über Spotify nicht nur Deephouse oder Reggae, sondern auch mal Worship anzuhören. So konnte ich Gott noch mehr ehren. Auch nahm das Gebet vor dem Essen in Zeiten von COVID eine ganz andere Gewichtung. Ich hatte in den letzten Jahren eigentlich gar nicht mehr vor dem Essen gebetet. Das nahm ich mir ab jetzt vor.

Beweise

An Ostern wollte ich mich unbedingt mehr damit auseinandersetzen. So bot die ICF-Church in Zürich über die gesamte Osterzeit viele Livestreams an. Außerdem las ich in der Bibel alles zur Kreuzigung und hatte den Wunsch, mir genau diese biblischen Orte persönlich anzuschauen. Auch wenn ich bereits in fünfzig Ländern unterwegs war, fehlte Israel noch auf meiner Liste. Erst jetzt wurde mir zum ersten Mal so richtig bewusst, dass Jesus sein Leben für uns gegeben und sein Blut vergossen hatte. Daher feierte ich auch das Abendmahl betont mit diesem Gedanken. Ich hatte aufgrund meines sündigen Lebens noch immer das Gefühl, eine Schuld auf meinem Rücken zu tragen. Zudem erschrak ich, dass ich oft noch immer unbewusst sündigte. Ich hatte zwanzig Jahre gottlos gelebt. Diese eingebrannten schlechten Angewohnheiten wollte ich einfach allesamt loswerden und Gott jede Sünde einzeln bekennen. So hatte ich es gelernt. Ich wollte mehr erfahren und war dankbar, dass es auf YouTube viel Material gab. In einer dieser Predigten wurde über die Belege der Existenz Gottes gesprochen. Ich fand es krass, dass ich auf einmal so viele Beweise von Gott erhielt. In den Tagen zuvor betete ich dafür, dass ich nicht zweifelte, sondern zu hundert Prozent an Jesus glaubte. Ich musste im Glauben einfach weiterwachsen und Gottes Gebote befolgen, damit ich den Rahmen für Durchbrüche in meinem Leben schaffen würde. Meinen Glauben wollte ich wie im Fitnessstudio weiter trainieren. Dafür war es aber notwendig, auch mal meine Komfortzone zu verlassen und etwas zu tun, was meinen Glauben herausforderte. Irgendwie hatte ich das Gefühl, ich solle meinen Blog via Instagram promoten. Bis dato war er noch gar nicht bekannt. Ich wusste auch nicht, ob ich das wollte, aber ich beabsichtigte, dass mehr Menschen zu Gott fanden bzw. an ihm festhielten. Trotzdem hatte ich noch große Hemmungen, da ich auch sehr viel Privates preisgab. Auf meinem Instagram-Profil hatte ich zudem noch nie etwas über Jesus gepostet. Das änderte ich am Ostersonntag und postete eine Info zum Livestream eines Ostermusicals in meiner Story. Nach langem Überlegen legte ich einen zweiten Instagram-Account für den Blog an. Ich wollte einfach mehr Menschen von Jesus erzählen und schickte nach einiger Überwindungskraft und einem Gebet auch meiner Chefin den Link zum Livestream des Ostergottesdienstes. Als ich danach ein positives Feedback erhielt, war ich sehr gerührt. Ebenfalls stellte ich meiner Nachbarin, einer alten Frau, einen Osterkorb mit meinem Lieblingsbibelvers für die Krise vor die Wohnungstür: „Alle eure Sorge werft auf ihn, denn er sorgt für euch."

Nach vorne schauen

Leider wurde ich nach Ostern wieder mit Pornos rückfällig und dies auch nicht nur an einem Tag. Ich war sehr enttäuscht, da ich dachte, ich sei schon weiter. Mir ging es in den drei Tagen auch überhaupt nicht gut und ich futterte viele Süßigkeiten. Allerdings raffte ich mich irgendwie auf, eine Andacht zu lesen, und diese hatte es in sich. Es ging darum, dass ich mich dafür nicht anklagen sollte, denn negative Gedanken würden keine Veränderung bewirken. Ich verstand, dass ich weiterwachsen musste. Wie beim Laufen lernen, fiel man dabei auch mal hin, jedoch sollte man lieber nach vorne schauen. Dies war auch im Physischen notwendig. Aufgrund der fortschreitenden Wirtschaftskrise ging es immer mehr Menschen schlecht und viele benötigten Hilfe. Daher recherchierte ich, wo ich etwas tun könnte und nahm Kontakt zu einem christlichen Kinderheim in Thailand auf und spendete Geld. Für mich war dies noch immer neu, denn ich hatte viele Jahre überhaupt nichts gespendet. Doch auch da zeigte mir Gott durch eine Predigt vom Senior-Pastor Leo Bigger des ICF Zürich mehr. Er verglich es mit einer Lagerhalle, welche niemals leer war und Gott gehörte. Mir stand alles zur Verfügung und ich hatte immer mehr als genug.

Geist Gottes

Ich betete mittlerweile sehr oft und las, dass Beten für uns das ist, was das Atmen für die Lungen ist. Das Ausatmen der verbrauchten Luft heißt bekennen und Einatmen der frischen Luft mit dem Heiligen Geist erfüllt zu werden. Genau darüber wollte ich mehr erfahren. Daher las ich Leo Biggers Buch „Geist Gottes". Bereits der erste Vergleich war toll: Ein Frosch lebte im Brunnen und dachte, dies sei alles. Eines Tages kletterte er hoch und sah einen Teich, dann den Fluss und dann das Meer. Gott hielt also viel mehr bereit, als man sich vorstellen konnte. Was war wohl mit ihm noch alles möglich? An einem April-Sonntag bat ich Gott um besseres Verständnis bei der Predigt und dieses Gebet wurde tatsächlich erhört. Die Predigt hielt Leo Bigger und die Message war kraftvoll. Er sagte, dass es schon in der Bibel Krisen gab, aus denen Menschen gestärkt herausgingen. In der Krise würde jedes Leben aus den Fugen geraten und Sachen zum Vorschein kommen. Wir könnten allerdings den Heiligen Geist bitten, unsere Box mit neuem Leben zu füllen. Das war eigentlich genau das, was ich gerade spürte. Der Heilige Geist wirkte, weil ich mein Leben neu ordnete. COVID hatte einen entscheidenden Anteil daran, weil ich mich dadurch viel mehr mit Gott beschäftigte. Erst jetzt verstand ich, dass sich Gott auch riesig freute, dass ich zu ihm zurückgekommen war und die plötzlichen positiven Erlebnisse in meinem Leben seine Belohnung waren. Der Heilige Geist konnte endlich wirken. Wenn er in uns kommt, spüren wir die Hände und Füße von Jesus, wir verstehen die Bibel viel besser. Er lebt in uns und kann uns Ideen schenken, die uns nie in den Sinn kommen würden, und uns Dinge tun lassen, welche wir uns eigentlich nie zutrauen würden. Er motiviert uns, damit wir das Ziel des Lebens erreichen. Wir benötigen ihn für all die wichtigen und weniger wichtigen Fragen des Lebens. Wenn wir ihn nicht wirken lassen, wird unser Leben viel ärmer und wir verpassen wichtige

Botschaften vom Himmel. Ich verstand nun auch Pfingsten zum ersten Mal richtig. Mir wurde bewusst, dass Gott uns dort seinen Geist geschenkt hat. Jedem Gläubigen, der sich für ein Leben mit Jesus entscheidet. Pfingsten ist das Fest des Heiligen Geistes und der Geburtstag der Kirche. In meiner Kindheit war der Heilige Geist nie ein Thema, aber nun wollte ich mehr über ihn erfahren. Wie verhielt sich das z. B. mit dem Beten? Leo Bigger sagte dazu, dass man den Heiligen Geist in allen Lebenslagen um Hilfe bitten kann. Er macht aber nicht sich selbst, sondern Gott groß, so wie es auch Jesus tut. Die Ehre gehört Gott.

Sünden trennen von Gott

Als die Ausgangsbeschränkungen um COVID allmählich heruntergefahren wurden, fuhr ich für ein paar Tage zu meinen Eltern. Dort erzählte ich meine Erlebnisse und sie waren happy. Allerdings konnte meine Mutter den Aktienhandel nicht gutheißen, da sie sagte, man solle nicht spekulieren. Daher recherchierte ich in der Bibel und dort heißt es in Matthäus 6,19, dass wir nur Gott und nicht dem Geld dienen sollen. Aber das tat ich ja nicht und vertraute in dieser Angelegenheit auf Gott. Zumindest versuchte ich es. Nach dem Besuch bei meinen Eltern wurde ich plötzlich wieder rückfällig ... Und das so richtig. Ich beschäftigte mich wieder mit Frauen und Pornos. Das war mein tiefstes Loch, seit ich zurück zu Jesus gefunden hatte. Eigentlich war mein Weg zu Gott wie ein Aktienchart und es gab immer wieder einen Rücksetzer. Jetzt musste es wieder nach oben gehen, Jesus musste mich erneut aus dem Sumpf ziehen. Und das tat er! Als ich am dritten Tag meines Tiefs eine Serie auf Netflix anschaute, erblickte ich draußen am Himmel einen Regenbogen, welcher nur kurz zu sehen war. Das deutete ich als Zeichen Gottes für mich. Der Regenbogen stand ja für Gottes Liebe zu uns Menschen. Daher betete ich intensiv, was ich sonst nicht getan hätte. Während meines Tiefs hatte ich für den nächsten Tag jedoch eine Freundin zum Kochen eingeladen. Wir hatten uns die Woche zuvor das erste Mal seit drei Jahren wieder getroffen. Damals redeten wir nicht nur miteinander ... Die Woche zuvor hatte ich ihr erstaunlicherweise viel über Gott erzählt und ich blieb standhaft. Während des Tiefs hatte ich allerdings andere Hintergedanken. Ich bat Gott, mir zu helfen und ihr anstelle weiter von ihm zu erzählen. In Markus 14,38 heißt es: „Seid wachsam und betet, dass ihr nicht in Versuchung kommt! Der Geist ist willig, aber der Körper ist schwach." Leider überwog Letzteres ... Es war doch noch ein weiter Weg. Ich musste anerkennen, dass noch viele Gedanken dieser Art in mir steckten. Ich musste meinen Willen stärken, von den sündigen Sachen loslassen und nicht nur an mich denken. Dabei war es egal, ob es nur eine kleine Sünde war, denn Jesus unterteilt nicht in schlimm oder weniger schlimm. Sünde ist Sünde und sie trennt von Gott. In Jesaja 59,2 heißt es: „Eure Schuld – sie steht wie eine Mauer zwischen euch und Gott! Eure Sünden verdecken ihn, darum hört er euch nicht." Die Mauer musste einfach abgerissen werden. Eine dauerhafte Lösung begann in meinem Herzen und nur Gott konnte mein Herz verändern. In Johannes 15 gibt es dazu noch ein schönes Gleichnis, nämlich jenes vom Weinstock: Nur wenn wir mit Jesus verbunden bleiben, können wir viele Früchte tragen. Es ging einfach um mehr, als achtzig oder mehr Jahre Spaß zu haben und möglichst bequem durchs Leben zu kommen. Es ging darum, die Mission Gottes, die er für mich vorgesehen hatte, zu erfüllen. Das würde so viel erfüllender sein und viel mehr Spaß bringen als mein eigener Lebensentwurf.

Vollgas

Allgemein wuchs mein Vertrauen auf Gott von Tag zu Tag. Drei Sachen durfte ich einfach nicht vergessen: woher ich kam, von wem ich alles Gute bekommen hatte und dass ich Jesus brauchte. Gerade in der Krise, denn man spürte die Auswirkungen davon immer mehr. So stiegen beispielsweise die Arbeitslosenzahlen rapide an und mir wurde bewusst, dass wir am Anfang einer Wirtschaftskrise standen. Doch ich wollte nicht immer das Negative sehen. Leider entdeckte ich aber auch noch so manche negative Eigenschaft in mir. Gerade im Verurteilen von Menschen, die ich nicht richtig kannte, war ich nicht schlecht. Ich wollte ab sofort nicht immer auf das Negative bei Menschen achten, sondern mehr Komplimente geben, so wie Gott sie sieht. Jesus lehrte seinen Jüngern in Lukas 6,13, dass man seine Feinde lieben und niemanden verurteilen sollte. Am nächsten Tag bedankte ich mich eher unbewusst bei einem Kollegen für seinen Besuch im Büro, der darüber ganz überrascht war und mich sogar zu sich nach Hause einlud. Wenn die Reisebeschränkungen aufgehoben werden würden, nahm ich mir außerdem vor, den Jakobsweg zu wandern, um meine Reise mit Gott zu intensivieren. Vor allem Selbstbeherrschung wollte ich lernen, denn ohne die konnte ich nichts. Passend dazu schaute ich mir den Film „Ich bin dann mal weg" von Hape Kerkeling an. Außerdem las ich das Buch „90 Minuten im Himmel", in dem ein Pastor bei einem Autounfall für tot erklärt wird, jedoch durch ein Gebet kurze Zeit später wieder erwacht. In der Zwischenzeit war er im Himmel. Ein sehr spannendes Buch, welches mich motivierte. Ich wollte einfach Vollgas geben, nicht nur beim Sport, sondern auch mit Jesus.

Gott erinnert

Eines Nachts träumte ich, dass ich mit meinem Cousin mit dem Fahrrad an einem Haus vorbeifuhr, welches kurz darauf einstürzte und wir nur knapp entkamen. Als wir danach Gott danken wollten, bekam ich fast kein Wort heraus. Den Tag zuvor war ich mal wieder mit Pornos rückfällig geworden und so deutete ich den Traum, dass es in meinem Leben doch knapp war und ich gerade an diesen Tagen zu Gott nur flüsterte. Ich musste mich noch mehr an Gott erinnern, denn nur er konnte mich retten. Dieses „Rückfällig werden" wollte ich auf jeden Fall reduzieren und so setzte ich mir Ziele. Gerade meine Nackenprobleme waren schlimmer geworden. Nackenschmerzen hatte ich schon einige Jahre, jedoch wusste ich nie warum und konnte dadurch die Ursachen nicht bekämpfen. Auch diverse Orthopäden, Physiotherapeuten oder Osteopathen konnten keine Abhilfe schaffen. Allerdings wies mich Jesus darauf hin, dass meine schlechte Haltung das Problem war. Durch die Ausgangssperre saß ich mehr auf dem Sofa als sonst und nahm dadurch eine noch schlechtere Haltung ein. So recherchierte ich ab diesem Zeitpunkt gezielt nach Übungen, um meine Haltung zu verbessern. Aber warum wurden die Nackenprobleme schlimmer? War es eine Bestrafung von Gott, weil ich in letzter Zeit öfter rückfällig wurde, war es eine Erinnerung, um etwas für meine Haltung zu tun, oder war es eine Belohnung für meinen an Gott glaubenden Lebensstil? Gegen eine Bestrafung sprach, dass die positiven Sachen ja überwogen und ich mit meinem Herzen an Gott glaubte. Bestrafte Gott überhaupt? Die Meinungen dazu gingen auseinander. Ich glaubte, dass Gott solche Sachen eher als Erinnerung nutzte, vergleichbar mit der COVID-Krise, ein Weckruf zum Aufräumen im Leben. Vielleicht wollte er dadurch noch größeres Unheil abwenden. Ähnlich wie bei den Warnschüssen bei mir, worüber ich bereits schrieb. In der Krise hatte jeder die Möglichkeit dazu und vor allem die Chance, Gott kennenzulernen bzw. zu ihm umzukehren. Hiob und Paulus mussten auch Krisen durchlebten, aber sie wurden am Ende durch ihr starkes Gottvertrauen belohnt.

Mein Chef

Der Lockdown wurde Mitte Mai fast vollständig aufgehoben, aber auch der Widerstand gegen die Einschränkungen wuchs. Bei der Berichterstattung der Medien wusste man leider nicht mehr, was überhaupt der Wahrheit entsprach. Passend dazu schaute ich mir die Dokumentation „What the Health" an, welche so einige dunkle Themen im Gesundheitswesen aufdeckte. Auf YouTube stieß ich auf den Channel von Medical Fitness, bei dem ich bezüglich meiner Haltungsschwäche das erste Mal das Gefühl hatte, dass ich dort etwas erreichen würde. Neben meiner immer stärker werdenden Erinnerung an eine aufrechte Haltung verliefen die Tage für mich echt super. Ich half meinen ausländischen Nachbarn beim Ausfüllen von Anträgen, baute einen Freund aus meiner Church auf, eine höhere unberechtigte Rückforderung von DHL wurde endlich zurückgezogen und das Pharmaunternehmen Novavax, von welchem ich Aktien besaß, meldete wegen deren Impfstoff Fortschritte. Der Wert verdreifachte sich daraufhin innerhalb von einer Woche. Gott war so allmächtig, er hatte die Macht über Firmen und Organisationen, er war einfach mein Chef. Dafür konnte ich ihm nicht genug danken.

Positive Veränderung

Manchmal war ich jedoch noch egoistisch und das merkte ich auch beim Beten. Ich wollte barmherziger sein und mehr an andere Menschen denken. Gerade jetzt waren viele Menschen von Ängsten betroffen. Als ich den Heiligen Geist um ein Zeichen bat, wo ich helfen könne, stieß ich zehn Minuten später im Internet auf die Organisation Open Doors, welche sich für verfolgte Christen einsetzte. Ich hatte davon noch nie gehört und war von den Berichten schockiert. Daher spendete ich einen Betrag und schrieb eine Ermutigung für verfolgte Christen aus Nordkorea, welche dort im Radio ausgestrahlt werden würde. Bei der Wortwahl half mir der Heilige Geist. Auch um mich herum konnte ich Menschen ermutigen. So baute ich beispielsweise einen Freund aus meiner Church auf, welcher gerade eine schwere Zeit durchmachte und immer wieder mit Pornos rückfällig wurde.

Die Veränderung passierte automatisch, je näher ich mich Gott annäherte.

Mein Arzt

Solche Erlebnisse, dass der Heilige Geist mir Antworten oder Lifehacks gab, hatte ich in letzter Zeit immer öfter. Gerade bezüglich meiner Haltung erhielt ich immer wieder Ratschläge, was ich noch besser machen konnte. Jesus war also auch mein Physiotherapeut und Arzt. Ich befasste mich aufgrund meiner schlechten Haltung mehr mit der Anatomie des Körpers. Es ist so faszinierend, wie Gott uns Menschen geschaffen hatte. Da wir im Leben auch rund vierundzwanzig Jahre schlafen, entschied ich mich, ein neues Bett mit einer harten Matratze zu kaufen und auch mal zu versuchen, ohne Kopfkissen in Rückenposition zu liegen. Meine Nackenprobleme verschwanden immer mehr, aber die Ursache – meine schlechte Haltung – war noch nicht bekämpft. Ich war mir sicher, dass Gott meine Wirbelsäule sofort korrigieren konnte, aber die Übungen von Medical Fitness waren jedenfalls eine gute Beschäftigung und nebenbei konnte ich sogar Predigten anhören. Es war ein Prozess, welchen Jesus begleitete und mein Wachstum bemerkte. Mein Pastor meinte dazu, dass uns Gott oft sagt: „Lass mich kämpfen", aber manchmal sagt er auch: „Kämpfe du, ich bin bei dir!" An Pfingsten wurde der Heilige Geist wieder sehr präsent. Es gab dazu vom ICF Zürich über den ganzen Tag verschiedene Online-Celebrations. Unter anderem wurde darin über das Sprachengebet gepredigt. Bei der Ausgießung des Heiligen Geistes in der Apostelgeschichte 2 begannen „alle", in fremden Sprachen zu reden, so wie es ihnen der Geist eingab. Bis dato hatte ich irgendwie noch Angst davor, da mir dies aus meiner Erziehung völlig unbekannt war. Doch nachdem ich auch die Bibelstelle in 1. Korinther 14, 1–4 las, traute ich mich und war fasziniert, dass es funktionierte. Es dient dazu, einfach weiter zu wachsen und seinen persönlichen Glauben zu stärken. Man spricht zu Gott, und was man durch den Gottes Geist redet, bleibt ein Geheimnis. Meiner Meinung nach ein großer Vertrauensbeweis.

Ich wollte Gott komplett das Lenkrad überlassen und mein Vertrauen in ihn legen. Er sollte als mein Richter über mein Leben walten. Passend dazu schaute ich den Film „Die Hütte", in dem dies auch noch einmal zur Geltung kam.

Wirtschaft

Obwohl die Wirtschaft dramatisch sank, zeichnete sich an der Börse ein anderes Bild ab. Der DAX stieg und stieg und legte in der ersten Juni-Woche bereits fünfzig Prozent seit dem Einbruch im März zu. Das lag daran, dass die Regierungen und Notenbanken Unmengen an Geld zur Verfügung stellten. Die Börse handelte mal wieder in der Zukunft, was auch schon in den beiden vorangegangen Krisen der Fall war. Vor allem viele unerfahrene Privatanleger eröffneten Depots und handelten risikoreich mit Aktien. Die Frage war nur, wann die Pleitewelle beginnen würde. Eine Inflation wäre die Folge. Jedoch hatte ich noch immer das Gefühl, dass Gott mich weiter auf die Krise vorbereitete. So konnte ich in den letzten Tagen noch einmal ein paar Positionen in meinem Aktien-Depot verändern und somit in meinen Finanzmanager vertrauen. Ich kam mir vor wie Jakob, der sich auf die Hungersnot vorbereitete. Nebenbei gewann ich in den letzten vier Monaten mit meinen Aktien, aber ich spendete auch den zehnten Teil davon, so wie es in der Bibel stand. Trotzdem wollte ich den Aktien nicht mehr so viel Gewicht schenken, denn ich beschäftigte mich täglich damit. Ein halbes Jahr war es nun her, als ich wieder zu Gott umgekehrt war und alles hatte sich verbessert. Dafür war ich Gott unendlich dankbar. Durch meine Kurzarbeit hatte ich jeden Tag Zeit, um noch mehr Zeit mit ihm zu verbringen. Ich hatte so tolle Erlebnisse und war seit zwei Wochen nicht mehr rückfällig geworden. Außerdem hatte ich den besten Fitnesstrainer der Welt. Die Fitnessstudios öffneten wieder und bei jedem Training gab mir Jesus Hinweise, wie ich die Übungen richtig ausführen sollte. Ich stellte nämlich fest, dass ich früher einige Übungen falsch umsetzte, was natürlich auch Einfluss auf meine schlechte Haltung hatte. Im Fitnessstudio unterhielt ich mich plötzlich auch super mit einem Trainer, den ich eigentlich nicht wirklich mochte.

Jakobsweg – mit Jesus auf Wanderschaft

Im Juni entschied ich mich, eine Teilstrecke des deutschen Jakobsweges von Frankfurt/Oder nach Berlin zu wandern. Es gibt übrigens viele Jakobswege, welche alle nach Santiago de Compostela führen, da dort das Grab des Apostels Jakobus ist. Dieser musste circa dreißig Jahre nach Jesu Tod als Märtyrer sterben. Insgesamt wanderte ich siebzig Kilometer an zwei Tagen und unterhielt mich währenddessen fast ununterbrochen mit Gott. Gleich zu Beginn stieß ich auf ein Schild, auf dem der Name meiner russischen Ex-Freundin stand. Dies gab mir den Anstoß, über meine bisherigen sechs Beziehungen nachzudenken und warum diese zerbrachen. Dabei analysierte ich alle meine Fehler. Allgemein reflektierte ich noch einmal meine Vergangenheit und fragte Gott, ob es noch etwas gäbe, was mich belastete. Dabei wies er mich auf einige Fotos auf meinem iPhone hin, welche ich daraufhin löschte. Erst einige Tage vorher realisierte ich einen weiteren Fehler aus meiner Vergangenheit. Im Dezember 2019, als ich in Thailand war, lernte ich Mitarbeiter der thailändischen Regierung kennen, welche gerade von der Geburtstagsfeier der Tochter des thailändischen Königs kamen. Sie wollten wissen, wo ich herkam und nach einer Weile nahmen sie mich in einen buddhistischen Tempel und zu zwei Mönchen mit, welche uns alle segneten. Damals wollte ich nur Tradition erleben und dachte mir nichts dabei. Ich bekannte dies Jesus nochmal, hatte aber auch das Gefühl, dass ich nach vorne blicken sollte. Am zweiten Tag machte Gott mich auf die Beziehung zwischen ihm und mir aufmerksam. Daher dachte ich darüber nach, was eigentlich seine Wünsche an mich waren. Es sollte ja nicht immer nur um mich gehen, denn in einer Beziehung mussten beide glücklich sein. Während des Tages zeigte mir Gott auf verschiedene Weise, was er sich von mir wünschte. Es ging mit einer Nachricht von einem Kumpel los, der es cool fand, dass ich den Jakobsweg wanderte. Eine Freundin von mir hatte mir bereits am Vortag geschrieben, dass sie es als toll empfand und sie von mir beeindruckt war. Sie sagte, dass ich immer so positiv sei und es Spaß machen würde, sich mit mir zu unterhalten. Gott sprach also auch über andere Menschen, um mich zu motivieren oder um mir Komplimente zu machen. Genau das wünschte er sich auch von mir. In einer Kirche in Fürstenwalde spendete ich etwas für die neue Orgel. Barmherzigkeit war ein weiterer Wunsch an mich. Kurz danach begegnete ich einer dunkelhäutigen Mutter und dachte deshalb darüber nach, dass ich oft noch toleranter anderen Menschen gegenüber werden müsse. Manchmal hatte ich nämlich noch so meine Vorurteile. Auf dem weiteren Weg las ich Jakobus 5,13, wo es heißt, man solle Loblieder singen, was ich dann auch tat. Jesu Wunsch war es also, dass ich ihn noch mehr pries. Außerdem betete ich noch ein Sprachengebet. Als ich durch den Wald lief und die Natur wahrnahm, dachte ich daran, wie Gott wohl durch die Natur zu mir sprechen könne und fragte ihn danach. Dass er das konnte, davon hatte ich ein paar Tage vorher gelesen. Kurze Zeit später sah ich einen Schmetterling, welcher vor mir herflog und sich immer wieder vor mich hinsetzte. Jedes Mal, wenn ich ihn erreichte, flog er ein Stück weiter, immer auf dem Weg bleibend. Dies ging etwa zwei Minuten so. Ich konnte das gar nicht glauben. Als er dann verschwand, fragte ich Gott, ob er mir noch solch ein Erlebnis zeigen könne. Zweifel kamen hoch. Kurze Zeit später kam eine Libelle, die für etwa weitere zwei Minuten dasselbe tat. Das war einfach überwältigend. Jesus wollte, dass ich immer auf seinem Weg blieb. Kurz vor Erreichen des Ziels verlief ich mich im Wald und musste rennen, damit ich rechtzeitig zu meine Bahn gelangen würde. Ich betete für Motivation, denn nach den siebzig Kilometern schmerzten mir die Beine und Füße noch sehr. Wie es wohl damals war, als Jesus mit seinen Jüngern in Sandalen das Evangelium verkündete? Die Bahn erreichte ich gerade noch rechtzeitig. Der Weg war nicht immer einfach, aber mit Gottes Hilfe konnte man stets das Ziel erreichen.

Gespräche mit Gott

Als ich bei einem Familientreffen von meinen Erlebnissen auf
dem Jakobsweg erzählte, hatte ich das Gefühl, dass es nicht einfach zu glauben war. Aber ich hatte bereits so eine Beziehung
zu Gott aufgebaut, dass ich ihm da vollkommen vertraute. Meine Eltern freuten sich mit mir und ich konnte mich in letzter
Zeit sogar noch besser mit meinem leiblichen Vater unterhalten. Genauso freute sich mein himmlischer Vater über meine
Entwicklung. Er wollte, dass ich noch weiterwuchs. Gott hatte
so viele Mittel, mit mir zu sprechen und mir beim Wachstum
zu helfen. Neben den Erlebnissen auf dem Jakobsweg benutzte er z. B. auch Träume, Bilder (Botschaften), Menschen, Bibelstellen oder auch Predigten. Die Verknüpfungen waren echt ver-
blüffend. Ich war mir sicher, dass ich oft noch Botschaften von
ihm übersah, vor allem in der Vergangenheit. Ebenso spürte ich
den Heiligen Geist in letzter Zeit oft emotional, indem ich weinte, wenn ich spürte, wie Gott wirkte oder auch wie Christen in
anderen Ländern verfolgt wurden. Trotzdem war ich mir nicht
immer sicher, ob es wirklich gerade Gottes Gedanken waren,
welche ich erhielt. Manchmal gab es auch Gedanken, welche definitiv nicht von Gott kamen. In diesen Situationen betete ich
immer um Schutz. Doch es gab ein paar Charaktereigenschaf-
ten von Gottes Stimme, welche Johannes Hartl in seinem Buch
„Einfach Gebet" näher beleuchtet. So häufen sich solche Gedanken wie ein roter Faden. Außerdem spürt man durch seine Gedanken inneren Frieden und Freude. Weiterhin stimmen
sie mit der Bibel oder auch den Sichtweisen von anderen geistlichen Ratgebern überein. Auch durchbrechen sie die Routine,
wenn man während der normalen Gedanken plötzlich einen un-
erwarteten Gedanken hat. Diese Eigenschaften machten sich
bei mir oft bemerkbar. Aber natürlich musste man auch etwas
dafür tun. Ich betete in der Vergangenheit eigentlich immer
im Monolog und ratterte oft alles herunter. Doch ich musste

Gott auch mal Raum zum Antworten geben, mich auf ihn einlassen und einen Dialog führen. Manchmal konnte ich ihn einfach auch mal konkret um eine Antwort bitten. Aber ich sollte auch Geduld haben, denn nicht immer antwortet er sofort. Es gab dazu auch eine Übung, welche Susanna und Leo Bigger, das Pastorenehepaar vom ICF Zürich, zeigten. Dabei sollte man einen Dialog mit Gott aufschreiben. Zuerst stellt man die Frage, welche man Gott stellen wollte, und dahinter den ersten Gedanken, den man bekam. Dies konnte man so fortführen. Bei mir war das Ergebnis genial, denn ich wusste oft nicht, ob ich zu Gott, den Vater, oder zu Jesus beten sollte. Gott gab mir durch die Übung die Antwort: „Ich bin eins!" Leo sagte, dass durch die Wahl des Ansprechpartners im Gebet auch die Beziehung zu Gott betont werden würde, z. B. Kindschaft (Vater), Erlösung (Jesus) und Nachfolge (Heiliger Geist). Schon die Jünger wollten damals von Jesus wissen, wie man betet. In Lukas 11,1 gibt Jesus mit dem Vaterunser die Antwort dazu. Dabei ist es ihm wichtig, dass „sein Wille" geschieht. Er kennt ja sowieso jeden einzelnen Menschen genau und sieht uns während des Alltags zu. Man kann sich Gott auch mal visuell auf einem Thron vorstellen, vor dem man seine Gebete bringt. Der Heilige Geist ist dabei sehr wichtig, denn er hilft, mit Gott zu kommunizieren und ihn zu verstehen. Das klang alles sehr einfach, aber das war es nicht. Mein Ziel war es, innige Gespräche mit Jesus zu führen, aber er machte mir deutlich, dass ich dafür weiterwachsen und auch dafür beten müsse. Für mich war es auch so manches Mal nicht einfach, wie ich Jesus ansprechen sollte. Während ich aufwuchs, wurde er immer mit „Herr Jesus" angesprochen. Aber ich hatte schon so viele freundschaftliche Erlebnisse mit Jesus gemacht, dass ich nicht immer „Herr" sagen wollte. In vielen Erlebnissen hatte ich das Gefühl, dass Jesus ein junger Mann war, zu dem ich sprach. Trotzdem entschied ich für mich, je nach Situation „Herr" zu sagen oder auch zum Vater zu beten, wenn ich zu ihm wie zu einem Vater sprach. In Philipper 2,11 schreibt Paulus, dass Jesus Christus Herr ist, zur Verherrlichung Gottes, des Vaters. Gott hat übrigens auch viele Eigennamen. Der Name

„Jahwe" kommt beispielsweise im Alten Testament 5321-mal vor und bedeutet auf Hebräisch „Ich bin". Weiters kommt „Elohim" 2570-mal im Alten Testament der Bibel vor und bedeutet „Gott = Existenz". Auch bei der Gebetsform gibt es Unterschiede. Als Kind lernte ich immer nur, die Hände zu falten. Das bedeutet, dass man ihm dient. Aber man kann auch die Hände wie eine Schale formen, sodass Gott uns die Bitten in die Hände legen kann. Oder man hebt die Hände hoch, sodass wir uns ihm wie ein Kind entgegenstrecken, um in seinen Arm zu gelangen. Eine andere Möglichkeit ist z. B. die Hände überkreuzt auf die Schulter zu legen, um ihm zu gehören oder man zieht sich die Decke über den Kopf, um sich abzuschirmen. Auch in der Haltung gibt es viele verschiedene Formen. Die übliche Weise ist, dass man sich hinkniet, um sich vor Gott zu beugen. Aber man kann sich z. B. auch hinlegen, um sich vor Gott zu ergeben. Im Endeffekt ist meiner Meinung nach für Gott aber nicht die Methode entscheidend, sondern dass wir eine Beziehung mit ihm führen und mit unserem Herz vollkommen bei ihm sind.

Plan Gottes

Ich hatte einfach das Gefühl, dass er mich jeden Tag aufs Neue segnete. In Sprüche 10,22 steht, dass, indem Gott segnet, er seine heilende, stärkende und mitmachende Begleitung durch die Höhen und Tiefen des Lebens zusagt. Und ich glaubte, dass Gott mit mir einen großen Plan hatte. Es war auch mein Ziel, die zweite Hälfte meines Lebens komplett anders zu verbringen, denn ich wollte ihm so gerne etwas zurückgeben. Ich war Gottes Projekt und wollte das erfüllen, was er für mich vorbereitet hatte. Er wartete ja schon geduldig mehr als dreißig Jahre auf mich. In Offenbarung 3,11 steht, dass, wenn der Herr uns einen Dienst gibt, wir ihn treu erfüllen müssen, um die Krone im Himmel zu empfangen. Aber das gelang nur mit Demut, dem Anerkennen der Fähigkeiten und der Macht Gottes. Meinen Willen musste ich seinen Willen unterordnen, nur so würde ich näher zu ihm kommen und er somit näher zu mir. Und seine Nähe spürte ich immer mehr. Allgemein fand ich es interessant, wie es wohl im Himmel sein würde. Vielleicht wurden ja einige, wie beispielsweise meine Großeltern, über meine Entwicklung in Kenntnis gesetzt. Ich musste dabei an den Traum im April denken, in dem mein Opa zu mir sagte: „Vertraue auf Gott!" Aber irgendwie wollte ich mich da nicht so detailliert hineinversetzen, sondern mich einfach überraschen lassen, denn der Himmel ist mit Sicherheit unbeschreiblich. Was aber hatte Gott mit mir vor? Die Angst vor dieser Zukunftsfrage schwand in den letzten Monaten immer mehr. Fest stand auf jeden Fall, dass ich Gott dienen wollte. Ich stieß dabei auf Lukas 10,38, wo Jesus lehrt, wie man dienen soll. Aber womit sollte ich Gott dienen? Mein Traum war es eigentlich, Ferienwohnungen in Asien zu besitzen und diese über das Onlineportal Airbnb anzubieten. Aber es ging ja nicht um meinen Traum, obwohl Gott ja auch wollte, dass ich Freude hatte. Den Gedanken, dass ich nach Asien gehen sollte, hatte ich in den letzten Monaten immer häufiger. Auch dass ich dort schon häufiger hinreiste, war kein Zufall. Die Liebe zu diesem Kontinent spannte sich wie ein roter Faden durch mein Leben. Bei meinen Recherchen stieß ich auch häufiger auf christliche Organisationen und Kinderheime. Vielleicht konnte ich ja beides irgendwie verbinden. Als ich Jesus Ende Juni dazu endlich konkret fragte, erzählte er mir eine tolle Idee. Vielleicht gab es ja die Möglichkeit, ärmeren Menschen, Alleinerziehenden, Behinderten oder auch Einheimischen einen Urlaub günstig oder kostenlos zu ermöglichen. Ich stellte mir dabei die fröhlichen Augen dieser Menschen vor, wenn sie einmal im Leben für eine Woche verwöhnt werden würden. Vielleicht konnte man ja dadurch auch von Jesus erzählen. Dort jedenfalls würde ich mein Herzblut hineinstecken, das wusste ich. Während meiner Arbeit in der Tourismusbranche hatte ich diesbezüglich bereits Erfahrungen gesammelt und ich war ebenfalls sehr serviceorientiert. Außerdem war ich in der Vergangenheit immer gastfreundlich, indem ich unter anderem Reisende über die Couchsurfing-Plattform bei mir aufnahm. Bei meiner Recherche stieß ich auf die Bundesarbeitsgemeinschaft Familienerholung, welche aus drei Arbeitsgruppen von gemeinnützigen Trägern bestand, die Ferienhäuser und Hotels in Deutschland unterstützten. Eine Arbeitsgruppe war dabei die Evangelische Familienerholung. Familien konnten sogar einen Zuschuss beim Jugendamt beantragen. Dies war eventuell eine neue Tür, welche Gott mir da auftat und an die ich bisher nie versucht hatte zu denken, da ich die finanziellen Mittel nicht zur Verfügung hatte. Aber wenn das Gottes Plan war, würde er schon dafür sorgen, da vertraute ich ihm. Die Frage war nur, wann und vor allem wo genau. Durch die Wirtschaftskrise standen jedenfalls immer mehr Ferienwohnungen und sogar ganze Urlaubsresorts zum Verkauf.

Eigenschaften Gottes

Bei den letzten Telefongesprächen mit meiner Mutter erzählte sie mir Geschichten aus dem Leben meiner Eltern und wie oft der Teufel versuchte, Einfluss zu nehmen. Daraufhin überlegte ich, welche Message sich dahinter verbergen sollte. Ich hatte die komischsten Gedanken, bis ich meine Mutter direkt fragte und sie mir sagte, dass sie mich ohne Hintergedanken eigentlich nur warnen wollte. Diese seltsamen Gedanken kamen also vom Teufel, der mich verwirren wollte. Wilhelm Busch sagte einmal: „Gott zieht an einer Hand, der Teufel an beiden Beinen." Meiner Mutter glaubte ich ihre Worte, da sie immer sehr ehrlich ist. Das war eine Eigenschaft, welche auch ich geerbt hatte. Von meinem Vater hatte ich dagegen die Eigenschaft geerbt, kontaktfreudig zu sein. Das ständige Lächeln hatte ich von beiden. Gott hatte schon alles in mich hineingelegt, ich musste die Eigenschaften nur weiterentwickeln und für Gott nutzen. Allerdings nutzte der Teufel auch diese Eigenschaften in den letzten Jahren für seine Zwecke. Für ihn zählten einfach andere Prioritäten als für Gott. Mir ging es in meiner Zeit ohne Gott auch nicht schlecht, aber ich konnte die positiven Eigenschaften Gottes nicht umsetzen. So war ich z. B. früher eher geizig anstatt barmherzig. Der Einfluss des Teufels konnte nur verschwinden, wenn ich Gott in allen meinen Lebensbereichen zu hundert Prozent vertrauen würde, sodass er hundert Prozent Macht über mein Leben hatte und somit sein Wille geschehen würde. Nur so konnte ich Gott noch ähnlicher werden und seine Eigenschaften annehmen. Der Heilige Geist war bei den Eigenschaften dabei so wichtig, z. B. bei der richtigen Wortwahl. Er musste mich einfach noch mehr führen. Mir wurde bewusst, dass die geistliche Haltung noch vor meiner körperlichen Haltung stand. Ich erinnerte mich dabei an meine Taufe. Mit fünfzehn Jahren ließ ich mich zwar taufen, hatte damals aber nicht wirklich das Gefühl, mich Jesus komplett hingegeben zu haben.

Damals war es einfach an der Zeit, sich taufen zu lassen. Dies war jetzt allerdings komplett anders. Ich wollte mich von Gott führen lassen und ihm dienen. Damit konnte ich auch einen Teil dazu beitragen, dass sich die Welt verbessern würde. In Johannes 12,31 wird vom „Fürst dieser Welt" gesprochen. Allerdings regiert Gott das ganze Universum und ich war ein Kind in Gottes Königreich. Auch wenn der Teufel mein Leben mit guten Dingen boykottieren würde (z. B. durch die Überrealität wie Instagram), um mich von besseren fernzuhalten, wollte ich den Fokus auf den König nicht verlieren und ihm vertrauen, dass er mächtiger als der Teufel ist. Ich wollte mich nicht mehr so mitreisen lassen und von der Wirtschaft und den Medien abhängig machen, denn die Frage war ja, was ich selbst bzw. mit Gottes Hilfe tun konnte. Zumindest hatte ich einen Einfluss auf meine Umgebung und konnte freundlich sein, anderen Menschen helfen und etwas Gutes tun. Vielleicht war meine positive Ausstrahlung schon der Anfang und mein Impact auf meine Mitmenschen dadurch sehr groß. Ich hatte einfach das Gefühl, dass ich für Jesus wichtig war, unsere Beziehung wuchs und wir uns immer besser verstanden und ergänzten. Ich konnte ihm meine Wünsche anvertrauen und er mir seine. Die positiven Eigenschaften brauchte ich nicht nur für mich selbst: Ich konnte damit Großes für andere bewirken. Jesus benötigte mich als sein Schaf, sodass ich einen Teil dazu beitragen konnte, um den Teufel zu besiegen. Damit hatte ich bereits begonnen. Als ich mit der bereits früher erwähnten Freundin im Kino war, hatte ich keinerlei sexuellen Gedanken. Auf dem Nachhauseweg brauste ich kurz wegen einer kleinen Sache auf, aber verstand es sofort. Der Teufel war sauer, dass er nicht zum Ziel kam. Er hatte bereits mit einem seiner wichtigsten Mittel, den Pornos, bei mir verloren.

Sein größter Fan

Ich realisierte, dass es bei Netflix erstaunlich viele Serien gab, in welchen der Teufel vorkam. Daher bat ich Jesus, mir etwas Gutes zu zeigen, was ich anschauen konnte. Kurz darauf stieß ich auf die Folgen von „Um die Welt ohne Geld", in denen es um einen Börsenmakler geht, der mit seinem Luxusleben unglücklich war und sich auf eine Weltreise ohne Geld begab. Er wollte dabei von den Spenden gutherziger Menschen leben und ihnen zum Dank jeweils einen Wunsch erfüllen. Das waren so gute Storys, welche mich sehr berührten. Eine amerikanische Freundin von mir postete passend dazu ein Erlebnis auf Facebook: Als sie beim Joggen einen Mann sah, der gerade einen großen Fisch gefangen hatte, rief sie ihm zu: „Good job!" Der Mann war total happy und bedankte sich und wünschte einen guten Tag. Diese kleine Situation machte bei ihr den kompletten Tag aus. In der vergangenen Woche traf ich selbst einen Bekannten, der früher in das ICF, aber jetzt in eine konservative Gemeinde ging. Ich erzählte ihm meine Story und er freute sich sehr. Trotzdem schickte er mir später das Buch „Der Angriff auf die Wahrheit" von Georg Walter, in dem das Moderne und das Charismatische angeprangert wurden. Ich setzte mich näher damit auseinander und hörte mir auch verschiedene Predigten zu diesem Thema an. Vieles klang für mich mittlerweile einfach seltsam. Der Heilige Geist wurde bereits in meiner Kindheit nicht wirklich einbezogen, doch genau durch ihn konnte ich ja Jesus besser verstehen und mich von ihm leiten lassen. Weiters wurde gesagt, dass sich Jesus angeblich nicht über Worship freuen würde oder dass Jesus eben kein Kumpeltyp sei. Doch genau so hatte ich Jesus kennengelernt. Ich war trotzdem ein wenig verunsichert und fragte daher Jesus, ob er mir seine Antwort geben könnte, denn ich wollte nur das machen, was er wollte. Er machte mir verständlich, dass er sich wohl über Worship freue und wir auch die Hände heben könnten, denn bei einem Konzert jubelten wir ja auch der Band zu. Wie spannend, denn so hatte ich es noch gar nicht gesehen. Ich konnte mir Jesus beim Worship also auf der Bühne vorstellen und ich war sein größter Fan. Es war allerdings wichtig, sich nicht nur auf die schön klingenden Melodien beim Worship zu konzentrieren. Trotzdem wollte ich diesen strengen konservativen Glauben nicht verurteilen, denn letztendlich zählte, ob man mit dem Herzen glaubte. Es durfte einfach kein Wettbewerb entstehen. Auch beim Charismatischen gab es Unterschiede. Dies erlebte ich letztes Jahr in Singapur in einer Gemeinde, wo alle dem Pastor zujubelten und ihn feierten. Das fand ich bereits damals seltsam, denn die Ehre gebührte allein Gott. Jesus hatte ich jedenfalls während meiner Umkehr als modern und nicht altmodisch kennengelernt. Und er tut heute noch genauso viele Wunder wie damals. Auch dies wurde vom Buchautor kritisiert. Ich hatte schon so einige Wunder mit Gott erlebt. Das größte Wunder war allerdings, dass er mich Anfang Januar zur Umkehr bewegte und mein Vertrauen immer weiter wuchs. Die Wunder Gottes durfte ich ebenfalls im Buch „Schmuggler Gottes" von Bruder Andrew, dem Gründer von Open Doors, bestaunen und auch Markus Rode von Open Doors erzählte in seinen Interviews auf dem YouTube-Channel von Open Doors von so vielen krassen Wundern, dass man einfach nur geflasht war. Letztendlich glaubte ich, dass mich Jesus durch Georg Walters Buch und die Predigten nochmal hinweisen wollte, dass ich einfach aufpassen sollte. Auch meine Eltern fanden beispielsweise die ICF-Church gut, obwohl sie sehr konservativ erzogen wurden. Jedenfalls bat ich Jesus, mich zu warnen, sollte ich etwas glauben oder machen, was nicht von ihm kommen würde.

Besuch bei meinem Bruder

Genau dieses Gebet wurde bereits eine Woche später erhört, als ich meinen Bruder besuchte und ihm beim Ausbau seines Wohnmobils half. Am Abend zeigte er mir ein Video auf YouTube mit Sequenzen, Symbolen und mit Musik unterlegt. Eigentlich war es kein ungewöhnliches Video, aber als ich es anschaute, hatte ich plötzlich ein ganz komisches Gefühl, wie ich es vorher noch nie erlebte. Ich spürte deutlich, dass etwas Dämonisches enthalten war, ohne zu wissen, was es genau war. Jedenfalls musste ich auf dem Balkon hinausgehen und beten. Von draußen hörte ich meinen Bruder zu seiner Freundin sagen, dass ich nicht so sehr beim Ausbau geholfen hätte. Als ich wieder hineinging, ließ ich mir nichts anmerken, obwohl ich vor sechs Monaten ganz anders reagiert hätte. Ich entschied mich stattdessen, über mein Erlebnis während des Videos zu sprechen. Daraus entstand ein gutes Gespräch über Gott, denn die Freundin meines Bruders glaubte nicht an ihn, zeigte aber Interesse. Dabei erzählte ich auch, wie ich Jesus als Freund kennenlernte. Manchmal war ich mir allerdings nicht so sicher, ob es zu kumpelhaft rüberkam. War es nicht doch manchmal besser, mit Respekt „Herr Jesus" zu sagen? Aber ich hatte Jesus bisher komplett anders kennengelernt, als ich ihn in meiner Kindheit wahrnahm. Er war einfach so lustig und locker. Trotzdem wollte ich noch mehr einen Mix aus dem Charismatischen und dem Konservativen finden. Um Antworten aufzuspüren, wollte ich noch mehr in der Bibel lesen, denn darin sind einfach so viele Lifehacks enthalten. Als die Unterhaltung über Gott mit meinem Bruder beendet war, kam auf einmal dessen Hund zu mir und leckte mich ab, obwohl er das vorher noch nie gemacht hatte. Dass Jesus durch Tiere zu mir sprach, hatte ich ja bereits erlebt.

Meine Glaubensziele

Gerade im Finanziellen hatte sich bei mir viel geändert. Hatte ich früher so gut wie nichts gespendet, so war jetzt mein Motto eher „Geben statt Nehmen", und das kam von Herzen. Aber war das schon zu hundert Prozent nach Gottes Willen? Da war ich mir nicht sicher. In Apostelgeschichte 4,34 steht: „Keiner in der Gemeinde musste Not leiden, denn wer ein Haus oder Grundstück besaß, verkaufte es, wenn nötig, und stellte das Geld der Gemeinde zur Verfügung." Ich sollte also den größten Teil und das Wichtigste in meine Gemeinde investieren und vor allem mit Gott verbringen. Ich wollte dem Heiligen Geist nichts verheimlichen, sondern ihm vertrauen und ehrlich sein, sodass er mich leiten konnte. Er wohnt in uns und ohne ihn ist der Glaube überhaupt nicht möglich. Außerdem vertritt er uns auch vor Gott mit dem rechten Gebet (Römer 8,26) und er hilft, Gott zu verstehen und mit ihm zu kommunizieren. Durch ihn besteht die Verbindung zu Jesus und zum Vater. Ich wollte den Heiligen Geist noch mehr einladen, ihn miteinbeziehen und ihm noch mehr Raum geben. Der Heilige Geist schien extrem wichtig für Gott zu sein, da er mich immer wieder auf ihn hinwies. Als ich mich weiter mit ihm beschäftigte, erhielt ich eine Nachricht von einem Bekannten, den ich die Woche zuvor getroffen hatte und der mich auf das Buch „Sklave Christi" von John MacArthur hinwies. Irgendwie war ich vom Autor aber nicht überzeugt und wollte mir erst eine zweite geistliche Meinung einholen. Eigentlich wollte ich sowieso erstmal mehr die Bibel lesen, auch um Gottes Stimme noch besser zu identifizieren. Oft registrierte ich, dass sich viele Themen wiederholten, aber dadurch rückte ich näher zu Gott. In meiner Reise zum Himmel steckte einfach noch so viel mehr. Am liebsten hätte ich Jesus umarmt, er war einfach zu lieb. Ich notierte mir einige Ziele, die ich umsetzen wollte:

- Jesus: Immer im Mittelpunkt, ihn noch mehr in den Alltag integrieren
- In allen Lebenssituationen zu hundert Prozent in Gott vertrauen, mit Herzen bei ihm sein
- Heiligen Geist mehr miteinbeziehen, mehr Raum geben, durch ihn leiten lassen
- Wirksames Gebetsleben, Dialoge führen, Gottes Stimme besser hören und identifizieren
- Meinen Glauben stärken, z. B. mehr danken und Bibel lesen, Lobpreis: Zu hundert Prozent glauben
- Anderen Menschen mehr von Gott erzählen
- Nicht sündigen, Selbstbeherrschung und Willen stärken, Körper als Tempel Gottes sehen
- Eigenschaften Gottes umsetzen, z. B. hilfsbereiter, barmherziger, toleranter, demütiger, geduldiger, andere mehr motivieren und Komplimente, Eltern mehr ehren, Feinde lieben

Eins mit Gott

Anfang August wurde ich kurz wieder mit Pornos rückfällig. Auch wenn es mittlerweile eher die Ausnahme war, fragte ich mich danach, warum ich das eigentlich gemacht hatte. Natürlich hatte ich seit meiner Umkehr wahnsinnige Fortschritte gemacht, aber ich handelte einfach noch nicht nach Jesu Vorstellung. Was würde er in den Situationen tun? In Römer 8,7 steht, dass der menschliche Eigenwille dem Willen Gottes feindlich gegenübersteht. Damit wir uns mehr mit Gott identifizieren und damit wir unsere Sünden direkt vor ihm vergeben können, wurde er selbst vor über zweitausend Jahren Mensch. Weil er das selbst erlebte, kann er uns verstehen und weiß, welchen Versuchungen wir ausgesetzt sind (Hebräer 2,18). Nachdem er wieder auferstanden war, sandte der Vater in Jesu Namen den Gläubigen (Epheser 1,13) den Heiligen Geist, da Jesus ja nicht mehr auf der Erde war. Dieser Helfer tut das, was Jesus tun würde, wenn er körperlich bei jedem von uns gewesen wäre. In seiner Abschiedsrede an die Jünger sagte Jesus, dass wir in ihm sind und er in uns (Johannes 14,20). Genauso ist Jesus eins mit Gott, dem Vater (Johannes 10,30) und der Vater in ihm (Johannes 14,8–11). Jesus wohnte also durch seinen Geist in mir und ich in ihm. In Römer 8,11 heißt es: „Wenn aber der Geist dessen, der Jesus aus den Toten auferweckt hat, in euch wohnt (…)" Ich musste es ihm bloß so angenehm wie möglich gestalten. Jesus Christus ist unser großer Mittler, der uns den Weg zu Gottes Thron öffnet, sodass wir vor ihn treten und ihn um seine Hilfe bitten können (Hebräer 4,14–16, 7,25). Jesus setzte sich nach der Auferstehung zur Rechten von seinem Vater. Er bleibt seinem Vater untergeordnet. Jesus betete ja auch zu ihm, als er auf der Erde lebte. Er ist die Majestät der Höhe (Hebräer 1), er steht über allen, letztendlich entscheidet er. Das war also die Fortsetzung von letzter Woche, als mir Jesus erklärte, dass ich dem Heiligen Geist gegenüber ehrlich sein sollte. Er war einfach ein so guter Lehrer und deswegen verstand ich auch die Dreieinigkeit viel besser. Passend dazu sprach er auch über die Bibel zu mir, denn ich hatte gerade angefangen, das Johannes-Evangelium und die Apostelgeschichte zu lesen, worin es um den Heiligen Geist ging. So konnte ich Gottes Stimme noch besser identifizieren, denn sie war stets freundlich und die Bibel war noch immer das Lehrbuch. Ich wollte ihn zu allem, was ich tat, mitnehmen, um ihn in allem zu finden, was ich lernte. Er benötigte einfach mehr Raum und die beste Verbindung war das Gebet. Das merkte ich auch, als ich mich auf dem Rückweg von einem See im Wald mit dem Fahrrad verfuhr. Es waren über dreißig Grad, mein Wasser war aufgebraucht und die Wege bestanden aus Sand und gingen bergauf. Ich war mit meinen Kräften am Ende und wusste nicht mehr weiter. Erst nach einer halben Stunde kam ich auf die Idee, Gott zu fragen. Danach lotste er mich hinaus, denn er war offensichtlich der beste Steuermann. Ich musste einfach daran glauben, um zu vertrauen. Für mich gehörte beides zusammen, aber Jesus machte mir nochmal deutlich, dass es ganz nach oben bei meinen Zielen gehört. In Johannes 20,28 sagte Jesus zu seinem Jünger Thomas: „Wie glücklich können sich erst die schätzen, die mich nicht sehen und trotzdem glauben!" Gott hat Gefallen am Glauben. Als Kind lernte ich den Bibelvers aus Hebräer 11,1 auswendig, aber irgendwie verstand ich es damals nicht so ganz. In einer neueren Übersetzung heißt es: „Was ist nun also der Glaube? Er ist das Vertrauen darauf, dass das, was wir hoffen, sich erfüllen wird, und die Überzeugung, dass das, was man nicht sieht, existiert."

Von Gott erzählen

Ende August besuchte ich für eine Woche verschiedene Freunde und Verwandte in ganz Deutschland. Obwohl ich allen meinen Freunden von Gott erzählte, beging ich auch Fehler, indem ich z. B. schlecht über Bill Gates sprach. Dies war einfach nicht Gottes Wille. Was wäre, wenn Gates in den letzten Monaten auch Jesus kennengelernt hatte? Selbst wenn nicht, so hätte er ja noch die Möglichkeit dazu. Daher versprach ich Jesus, dies zu vermeiden und stattdessen für ihn zu beten. So könnte der Hirte ihn als sein Schaf einsetzen. Seine Schafherde sollte einfach größer werden. Wahrscheinlich zeigte mir Jesus auch deshalb die Organisation „Open Doors", damit ich verstand, unsere Feinde und die Christenverfolger zu lieben und für sie zu beten. Dies öffnete einfach mein Herz. Trotzdem hatte ich auch interessante Gespräche mit meinen Freunden. Am positivsten reagierten zwei davon. Einer wollte mit mir gerne den spanischen Jakobsweg bewandern, der andere fragte nach dem Link zum Livestream des Gottesdienstes. Auch mit meinem Onkel hatte ich ein tolles Gespräch über den Glauben. Er gab mir wertvolle Tipps und sagte, dass ich das Buch von John MacArthur lesen könne. Außerdem zeigte er mir, dass man nicht immer das Negative sehen musste. Ich bekräftigte ihn hingegen durch meine Wunder mit Gott und damit, dass der Heilige Geist sehr wichtig sei. Dadurch konnte ich etwas bewirken, denn er bedankte sich am nächsten Tag nochmal bei mir. Allerdings reagierte ein Freund auch sehr negativ. Er sagte, ihm gehe es jetzt gut und er wolle lieber in die Hölle kommen, da der Himmel langweilig sei. Leider war ich nach dem Gespräch unzufrieden mit mir selbst, denn ich konnte nicht immer die richtigen Antworten geben. Ich wollte einfach bibelfester werden. Aber vielleicht bewirkte ich ja trotzdem etwas bei ihm. Manchmal waren kurze Sätze einfach treffsicherer, das merkte ich bereits in der Vergangenheit. Außerdem konnte ich auch für ihn beten. Auf den langen Autofahrten ertappte ich mich leider auch beim Aufregen über andere Autofahrer. Das war zwar im Vergleich zu Fahrten vor meiner Umkehr sehr wenig, aber trotzdem war ich unzufrieden darüber. Als ich darüber nachdachte, wie sehr der Teufel den Freund im Griff hatte, welcher so negativ reagierte, schnitt mich ein Auto auf der Autobahn auf dem Mittelstreifen. Ich leitete eine Vollbremsung ein, welche mich vor einem Unfall bewahrte. Danke Jesus! Ich dachte auch über meine Aktien nach, denn der Wert meines Aktiendepots hatte sich innerhalb von zwei Jahren fast verdoppelt. Auch wenn ich mich ärgerte, dass ich im Mai eigensinnig gehandelt und Aktien des Impfstoff-Herstellers Novavax verkauft hatte. Eine Aktie stand damals bei zehn Euro und war zwischenzeitlich bei hundertfünfzig Euro angelangt. Innerhalb von vier Monaten, was total verrückt war! Ich hatte zwar zwischendurch noch einmal nachgekauft, aber auch da verkaufte ich nicht zum richtigen Zeitpunkt. Das zeigte mir noch einmal, dass ich zu hundert Prozent in Gott vertrauen musste und nicht meinen eigenen Willen durchsetzen sollte. Markus Rode, der Leiter von Open Doors Deutschland, sagte einmal in einem Interview, dass er eine Art Vereinbarung mit Jesus traf. Wenn es seine Stimme war, sollte er einen tiefen inneren Frieden erhalten und wenn nicht, dann ein Unfrieden, der höher war als die menschliche Vernunft. So etwas wünschte ich mir auch und fragte Jesus, ob er mir dies in Zukunft aufzuzeigen könne. Ich durfte mir keine Sorgen mehr machen, denn das war der beste Beweis dafür, dass ich Gott vertraute. Dann würde er auch für die notwendigen finanziellen Mittel für unser Projekt sorgen. Für dieses gab mir Jesus einen weiteren Hinweis. Vielleicht konnte ich ja auch als Direktor eine Bungalow-Anlage oder Hotel bereits mit Angestellten und einem christlichen einheimischen Partner oder Partnerin vor Ort übernehmen. Ich könnte erstmal kleiner anfangen und dann größer werden. Der Hinweis führte wieder nach Thailand. Dort war mittlerweile die schlimmste Wirtschaftskrise der asiatischen Länder ausgebrochen. Mindestens sechzig Prozent der Tourismusbetriebe mussten schließen. Das war schon krass, hatte ich mich doch noch im vergangenen Jahr bei mehreren thailändischen Tourismusunternehmen beworben. Gott hatte mich davor bewahrt, eine Zusage zu erhalten.

Mein bester Freund

Nach der Tour durch Deutschland besuchte ich meine Familie und wir hatten tolle Gespräche über den Glauben. Meiner Oma erzählte ich nun endlich auch von meinem Traum, in dem mein Opa mir sagte: „Vertraue auf Gott!" Das berührte sie sehr, aber stärkte sie zugleich. Dass ich mich auf Gott verlassen konnte, zeigte mir auch, dass ich zum ersten Mal seit Jahren keine Rückfahrt organisiert hatte. Und das war gut so, denn aufgrund von COVID konnte meine Mutter ihre Reise nicht antreten und bekam daraufhin einen Bahngutschein bis Ende Oktober für genau diese Strecke, was ich vorher nicht wusste. Meinen Eltern erzählte ich auch, was ich kurz vorher erlebt hatte: In einem Leseplan von Joyce Meyer hieß es da nämlich, man solle sich im Gebet nicht auf das Gebet konzentrieren, sondern auf Gott im Gespräch in seiner Gegenwart und ihn bewusst einladen. Daraufhin bat ich den Heiligen Geist, mir dabei zu helfen und ihm zu vertrauen. Ich erinnerte mich an meinen Lieblingsstrand in Costa Rica und stellte mir vor, mit Jesus dort am Lagerfeuer zu sitzen. Ich spürte richtig, dass er da war. Der Heilige Geist musste mich einfach leiten und ich loslassen und ihm so die Kontrolle über meine Gedanken überlassen. Gott konnte dafür sorgen, dass sich meine geistlichen Ohren weiter öffneten und ich seine Stimme noch besser hörte und identifizierte. Ich wollte einfach meine menschliche Beziehung zu meinem treuen und besten Freund Jesus weiter ausbauen. Dafür wollte ich ihn noch besser kennenlernen. Schon für Paulus war es wichtiger, dass wir Gott besser kennenlernen, als dass es uns äußerlich gut geht (Epheser 1,17). Mein geistliches Wachstum musste also weit vor dem körperlichen und auch dem finanziellen Wachstum stehen. Ich fand es toll, wie Jesus mich Step-by-Step an das Kennenlernen von Gott heranführte. Das Verstehen der Dreieinigkeit war hier die Voraussetzung. Leo Bigger erklärte es so, dass Gott, der Vater, das ganze Rad, der Heilige Geist die Speichen und Jesus in der Mitte ist. Gott, der Vater, leitet uns durch seinen Geist das zu tun, was Jesus tun würde – er weist immer auf Jesus. Ich wollte ganz nah beim „Mittler" in der Mitte des Rades sein. Nur durch ihn würde ich zum Vater kommen. Das lehrt uns Jesus schon in Johannes 14,6. Durch die Speichen, den Heiligen Geist, sind wir alle miteinander vernetzt.

Prüfungen

Anfang September startete in meiner Church eine mehrwöchige Group, in der es um die Waffenrüstung Gottes ging. Diese Rüstung ist ein Teil der Identität, die wir in Jesus haben. Er hat uns alles gegeben, um ein siegreiches Leben zu führen – er möchte, dass er durch unser Leben verherrlicht wird. Dem Teufel gefällt dies natürlich gar nicht, daher müssen wir kämpfen. Ich wollte einfach ein guter Soldat für Gottes Heer sein. Ja, ich wollte für meinen König kämpfen und ich wollte die Waffen richtig einsetzen, um das Böse abzuwehren. Mir stand so viel geistliche Muskelkraft zur Verfügung, ich musste sie bloß erkennen und mir dessen bewusstwerden. Ich hatte ja auch noch einen Helfer, den Heiligen Geist, der mir zur Seite stand. In Epheser 6,11 steht, dass wir die volle Rüstung Gottes anziehen müssen, um den heimtückischen Anschlägen des Teufels standzuhalten. Und in Vers 16 heißt es: „Greif vor allem zum Großschild des Glaubens, mit dem ihr die Brandpfeile des Bösen auslöschen könnt." Auch die Bibel half als Schwert des Geistes (Epheser 6,17). Es war einfach notwendig, dass ich mehr Bibelverse auswendig lernte. In Psalm 119,11 steht: „Dein Wort prägte ich tief in mir ein, weil ich nicht gegen dich sündigen will." Vor allem durch böse Gedanken über Gott versuchte der Teufel, mich zu beeinflussen. Diese hatte ich nämlich leider immer noch manchmal. Ich bat Gott natürlich regelmäßig, mir zu helfen, und er antwortete mir, dass ich fest mit ihm verbunden sei. Was für eine tolle Antwort! Und das Beste war, dass genau dies in der Bibel steht, unter anderem in Römer 8,1. So wusste ich genau, dass Gott zu mir sprach. Mein geistliches Wachstum war einfach enorm wichtig und es war an der Zeit, eine Prüfung abzulegen. Dieses Gefühl hatte ich zumindest in einem Dialog mit Jesus. Er war ja mein Lehrer und natürlich gab es da auch Prüfungen. Gott prüfte schon in der Bibel viele Menschen. Isaak wurde z. B. mehrmals geprüft und David bat in Psalm 139,23 sogar darum. Bevor Gott durch uns wirken wird, müssen wir unseren Gehorsam, unser Vertrauen und unsere Treue unter Beweis stellen. Um zu vertrauen, musste ich Jesus einfach richtig kennenlernen. Genau das, worum Paulus im Epheserbrief betete. Nur durch ihn lernte ich auch meinen himmlischen Vater besser kennen. Ich wollte es mir einfach als Vater-Sohn-Beziehung verstehen. Vielleicht sollte ich es mir auch mal bildhaft, natürlich mit Demut und Respekt vorstellen. Als ich diese Gedanken in mein iPhone aufschrieb, kam ich aus Versehen auf das Smiley-Emoji. Dass Gott durch Emojis sprach, erlebte ich nicht zum ersten Mal. War dies die erste Prüfung, welche ich bestanden hatte? Auch wenn ich in gewisser Art ein Sohn Gottes war, stand Jesus, der Erstgeborene natürlich immer weitaus höher. Alles, was ich zu Jesus sagte, bekam der Vater mit und so war es auch umgekehrt. Sie waren ja eins. Jesus war einfach alles für mich, auch weiterhin mein bester Fitnesstrainer. Meinen Fitnesstrainer in Person in meinem Studio mochte ich ja eigentlich nicht so besonders, aber genau das sollte ich. Als ich diesen Gedanken hatte, kam ich erneut aus Versehen auf das Smiley-Emoji. War dies etwa die zweite Prüfung? Ich fand dies interessant, da diese beiden Prüfungen auch die beiden wichtigsten Gebote waren, nämlich Gott und meine Mitmenschen zu lieben. Als ich am nächsten Tag mit dem Auto zum Bahnhof fuhr und dort zwanzig Minuten einen Parkplatz suchen musste, wurde ich ungeduldig und brauste auf. Aber der Heilige Geist wies mich sofort nett darauf hin. Eine Frucht des Heiligen Geistes war ja auch die Geduld (Galater 5,22). Auch wenn ich den Zug verpasste, hatte ich diese Prüfung jedenfalls nicht bestanden. Genauso musste ich geduldig bei meinen Aktien sein, denn diese sanken gerade. Vielleicht war dies ja auch eine Prüfung, ob ich Gott vertraute und trotzdem barmherzig blieb. Das Geld sollte jedenfalls definitiv für sein Reich eingesetzt werden und darum konnte ich ihn auch mit Demut bitten. Mit nur einer Aktienposition konnte er Großes bewirken, wenn er es wollte. Bezüglich meiner Zukunft mit einer Ehefrau war ich erstaunlicherweise sehr geduldig und vertraute ihm. Es war auf jeden

Fall mein Wunsch, irgendwann einmal eine Familie zu gründen. Gott ist jedenfalls geduldig und handelt vorausschauend. Er investiert ganz bewusst über eine bestimmte Zeit hinweg in uns und erzielt damit Ergebnisse, die weitaus besser und nachhaltiger sind, als wir es uns vorstellen können. Wenn wir im Kleinen treu sind, werden wir über Großes gesetzt werden. Das steht schon in Matthäus 25,23. Als David damals von Samuel gesalbt wurde, musste er auch dreizehn Jahre warten, ehe er König wurde. Er musste erstmal weiter seine Schafe hüten. Mir fiel ein Lied ein, welches wir in meiner Kindheit immer in meiner Gemeinde sangen: „Meine Zeit steht in deinen Händen." Gott bestimmte einfach den perfekten Zeitpunkt. Beim Beten war es einfach wichtig, ein demütiges Vertrauen und gleichzeitig zuversichtliche Hoffnung zu haben. Ich konnte jedenfalls mit freudiger Ehrfurcht vor Gott treten, ich hatte eine persönliche Audienz beim König. Ja, ich hatte einen König als Freund. Wie genial war das eigentlich! Bloß weil er sich mir als Freund offenbarte, lernte ich den König mehr und mehr kennen. Seine Anweisungen wollte ich befolgen und gehorsam sein. Dies gelang mir in den letzten Tagen richtig gut.

Mein Lehrbuch,
das Schwert des Geistes

All das funktionierte allerdings nur mit vollstem Vertrauen, denn darauf wies mich Jesus erneut hin. Nur zu Gott als Dreieinigkeit bestand die Verbindung, ohne mit der Wimper zu zucken und zu zweifeln. Es war wie in einer Liebesbeziehung, wo man sich gegenseitig vertraute. Da ich in einer meiner Ex-Beziehungen betrogen worden war, fiel mir das nicht immer leicht. Und da ich in der letzten Woche einige Predigten von Tobi Teichen vom ICF München über die geistliche Dimension hörte, zweifelte ich kurzzeitig, ob es immer Gottes Stimme war. Doch diese Zweifel verschwanden gleich wieder, als ich darüber nachdachte, dass mir Jesus so viele Lifehacks gegeben hatte, damit es mir besser ging und ich weiterwuchs. Ich hatte zwischenzeitlich sogar bei den Pornos einen neuen persönlichen Rekord gebrochen. Dabei half mir, dass ich Gott einen Zeitraum ohne Pornos versprochen hatte, welchen ich durch die Hilfe vom Heiligen Geist einhielt. Auch auf der Arbeit versuchte ich, mich nicht mehr an „weltlichen Gesprächen" zu beteiligen. Dies wäre früher undenkbar gewesen. Ebenso wuchs meine Barmherzigkeit immer mehr, ja, ich spendete von Herzen, und Gott zeigte mir dabei immer neue Projekte. Dafür belohnte mich Jesus auch auf andere Weise, indem er mir z. B. die Worship-Band „Christafari" zeigte, welche christliche Reggae-Musik spielte. So konnte ich Gott noch mehr preisen. Jeden Tag war ich gespannt, wie ich Gott aufs Neue erleben konnte und was er mir zeigen würde. Die vergangenen Tage stand ich daher jeden Tag mit Freude auf und erinnerte mich dabei auch an einen Spruch aus meiner Kindheit: „Wie fröhlich bin ich aufgewacht, wie hab' ich geschlafen sanft die Nacht! Hab Dank, im Himmel, du Vater mein, dass du hast wollen bei mir sein! Nun sieh auf mich auch diesen Tag, dass mir kein Leid geschehen mag." Verwundert war ich über eine Aussage des Leiters im letzten Kurs der „Waffenrüstungsgruppe". Er sagte, wir würden schon jetzt zusammen mit Jesus auf dem Thron zur Rechten des Vaters sitzen und vom Himmel regieren. Dies sah ich nicht so und widersprach, indem ich sagte, dass ich mich nicht auf eine Stufe mit Jesus stellen würde. Ich war ihm einfach untergeordnet, so hatte ich es schon in meiner Kindheit gelernt. Dabei erinnerte ich mich an das damalig gelernte Lied „Stern, auf den ich schaue", welches wir als Kinder „Mercedes-Lied" nannten. Trotzdem beschäftigte mich die Aussage des Leiters die Woche über und ich war Jesus so dankbar, dass er mich anhand des Lehrbuches nochmal auf die Wahrheit hinwies. In 1. Timotheus 6,14–16 steht: „Führ deinen Auftrag so vorbildlich aus, dass niemand dir etwas Schlechtes nachsagen kann, bis unser Herr Jesus Christus kommt. Die Zeit dafür bestimmt Gott selbst, der vollkommene und alleinige Herrscher, der König aller Könige, der Herr aller Herren. Er allein ist unsterblich, er lebt in einem Licht, das niemand sonst ertragen kann, kein Mensch hat ihn je gesehen. Ihm allein gebühren Ehre und ewige Macht. Amen." Auch als Jesus auf der Erde lebte, wurde er als König verehrt. Am Palmsonntag z. B. verehrten ihn die Jünger in Freudenrufen: „Gepriesen sei der König, der kommt im Namen des Herrn!" (Lukas 19,38) In den biblischen Geschichten gab es immer einen König und auch als Soldat in Gottes Heer war ich dem König unterstellt. Dies war ein wichtiger Vertrauensbeweis, dass es genau Gottes Stimme war, welche ich hörte. Die Bibel war mein Lehrbuch und dort stand alles geschrieben, was ich wissen musste. Genau mit dem „Schwert des Geistes" wollte ich für meinen König kämpfen und im nächsten Kurs das Thema noch einmal aufgreifen. Jetzt verstand ich auch, warum ich an zwei aufeinanderfolgenden Tagen denselben Tagesvers der Bibel-App erhielt, nämlich einem Vers aus Römer 12,21: „Lass dich nicht vom Bösen besiegen, sondern besiege das Böse mit dem Guten!" Das Gute war die Bibel, das Schwert des Geistes, auf sie konnte ich mich verlassen. So konnte ich sicher sein, dass ich gewinnen würde. In Römer 8,37 heißt es, dass uns ein überwältigender Sieg sicher ist. Außerdem gewinnt Gott die Kämpfe immer, auch wenn die Kämpfe noch so groß sind. Schon David bekämpfte Saul damals mit Gutem und stieg danach immer höher auf. Genau diesen Kampf brauchte auch ich, um weiter zu wachsen. Die beste Strategie im Kampf war, meinen Blick immer auf das Wort zu richten. Das Wort war Jesus. Schon als Kind lernte ich den Vers aus Johannes 1,14 auswendig: „Und das Wort ward Fleisch und wohnte unter uns (und wir haben seine Herrlichkeit angeschaut, eine Herrlichkeit als eines Eingeborenen vom Vater)." In Timotheus 2,3 steht: „Die ganze Schrift ist von Gottes Geist gegeben und von ihm erfüllt. Ihr Nutzen ist entsprechend: Sie lehrt uns die Wahrheit zu erkennen, überführt uns von Sünde, bringt uns auf den richtigen Weg und erzieht uns zu einem Leben, wie es Gott gefällt. Mit der Schrift ist der Mensch, der Gott gehört und ihm dient, allen seinen Aufgaben gewachsen und zu jedem guten Werk gerüstet." Und in Hebräer 4,12 heißt es: „Das Wort Gottes ist lebendig und wirksam. Es ist schärfer als das schärfste zweischneidige Schwert, das die Gelenke durchtrennt und das Knochenmark freilegt. Es dringt bis in unser Innerstes ein und trennt das Seelische vom Geistlichen. Es richtet und beurteilt die geheimen Wünsche und Gedanken unseres Herzens." Außerdem hatte ich ja noch mein Schutzschild des Glaubens. Mit dieser Rüstung und meinem Helfer, dem Heiligen Geist, musste ich nicht allein für meinen König kämpfen. Mut machte mir auch nochmal die Predigt vom Sonntag, in der es darum ging, dass wir unsere Ängste überwinden müssen. Wir sollten die Mauern durchbrechen. Dieses Gefühl hatte ich bereits in der vergangenen Woche, als ich fast bei jedem Besuch meines Fitnessstudios Gegenstände entdeckte, welche Mitglieder vergessen hatten. Beim ersten Mal sagte ich nichts, doch beim zweiten Mal sprach ich einige Mitglieder wegen eines vergessenen Schlüssels an. Auch korrigierte ich jemanden bei einer Übung, welche total falsch ausgeführt wurde. Beide Male erntete ich Dankbarkeit.

Weitere Hilfsmittel in Gottes Schule

Bei meinen Gesprächen mit Jesus fühlte ich mich immer unendlich wichtig genommen. Jedoch wünschte ich mir, auch mal eine Antwort vom Vater zu erhalten. Zugleich realisierte ich jedoch, dass mein Vater mir durch Jesus antwortete. Er war ja in ihm (Johannes 14,8) und das wollte ich mir richtig bewusst machen, denn so konnte ich auch meinen Vater näher kennenlernen. Jesus entschied alles so, wie der Vater es wollte. Egal ob ich zum Vater, Jesus oder den Heiligen Geist betete, es war immer ein Zweiergespräch zwischen Gott und mir, weil alle eins waren. Ich wollte es auch stärker als ein Gespräch, ja einen Dialog sehen. Dabei war ich durch den Heiligen Geist ganz eng verbunden. Wenn ich also in der Schule und Jesus mein Lehrer war, so konnte ich den Heiligen Geist als mein Hilfsmittel einsetzen. Er wurde mir als mein Beistand (Johannes 14,26) gegeben, ich musste Gottes Geschenk nur richtig in Anspruch nehmen. Fast mein gesamtes bisheriges Leben hatte ich ihn nicht gekannt und genutzt. Dieser Hinweis von Jesus war so wichtig, denn in der Folgewoche wollte ich einen weiteren Kurs meiner Church beginnen, in dem es darum ging, wie man den Glauben auch praktisch erlebte. Genau das brauchte ich, da ich das von Jesus Gelernte noch mehr praktisch umsetzen wollte. Der neue Kurs würde mir dabei helfen, da war ich mir sicher. Ich meldete mich dort auch an, weil ich davon träumte. Gott sprach in letzter Zeit öfter in Träumen zu mir. Einmal träumte ich von einem Kollegen, welcher gekündigt hatte und weinte, als ich mich für die gute Zusammenarbeit bedankte. Daraufhin besorgte ich ein Abschiedsgeschenk für ihn und er weinte tatsächlich. Natürlich aus Dankbarkeit und nicht, weil es ihm nicht gefiel! ☺ Dann träumte ich, dass ich beim Schwert des Geistes nicht das Alte Testament vergessen solle. Dies wiederholte sich kurz danach in einer Predigt von Tobi Teichen vom ICF München. Er begründete es, dass man sonst zwei Drittel seines Schwertes verloren hätte. Jedenfalls waren zwei Kurse wöchentlich enorm viel Lehrstoff für die nächste Zeit und da brauchte ich einfach Hilfe. Beim Verstehen meines Lehrbuches half mir der Heilige Geist ja bereits, aber er konnte mir in jedem Schulfach andere Hilfsmittel zur Verfügung stellen und mich unterstützen. Ähnlich wie in einer richtigen Schule, in der es auch Hilfsmittel wie einen Taschenrechner gibt. Ebenfalls war er ein Geist der Heiligkeit (Römer 1,4), der mir dabei half, dass ich Jesus immer ähnlicher wurde. Erst letzte Woche lernte ich im Kurs, warum ich den Helm des Heils brauchte. Er schützte mich vor Entmutigung, mit ihm hatte ich die Zuversicht, errettet zu sein, und er half mir dabei, Gottes Versprechen zu glauben. Mit ihm konnte ich meine Gedanken auf das richten, was im Himmel war und nicht auf das, was zur irdischen Welt gehörte (Kolosser 3,2). Ich konnte mich also mit ihm vor den schlechten Gedanken schützen und mit meinem Schutzschild noch mehr glauben und mir vorstellen, dass Gott da war. Das las ich auch zeitgleich im Buch „Beten" von Timothy Keller. Er sagte, dass wir begreifen und nicht nur glauben sollten. Honig müssen wir ja auch erst schmecken, um zu wissen, wie süß er ist. Wir sollten die Wahrheit im Herzen schmecken. Paulus schreibt in Epheser 3,16–19: „Er möge euch nach dem Reichtum seiner Herrlichkeit mit Kraft beschenken, dass ihr durch seinen Geist innerlich stark werdet; dass Christus durch den Glauben in euren Herzen wohnt und ihr in seiner Liebe fest eingewurzelt und gegründet seid; damit ihr zusammen mit allen, die von Gott geheiligt sind, imstande seid, das ganze Ausmaß zu erfassen, seine Breite, Länge, Höhe und Tiefe; und zu erkennen, was alle Erkenntnis übersteigt: die unermessliche Liebe, die Christus zu uns hat. So werdet ihr bis zur ganzen Fülle Gottes erfüllt werden." Und in Vers 20 heißt es: „Dem, der so unendlich viel mehr tun kann, als wir erbitten oder erdenken, und der mit seiner Kraft in uns wirkt." Dies ist die Autorität, welche wir durch ihn haben, weil er in uns lebt. Das wollte nämlich mein Kursleiter laut seiner Aussage eigentlich damit ausdrücken, als er sagte, dass wir mit Jesus regieren. Im Kurs griff ich das Thema nochmal auf und sagte das, worauf Jesus mich hinwies. Das war also der Geist der Wahrheit, der mich zum vollen Verständnis der Wahrheit führte (Johannes 16,13). Daran wollte ich mich halten, auch wenn ich etwas in seiner Autorität (in seinem Namen) machen würde. Dieses Thema war noch Neuland für mich, aber als Soldat brauchte ich Autorität. Ich wollte es aber immer mit Gottes Hilfe machen und die Grenzen nicht übertreten. Es war wichtig, sich in der Autorität darauf zu verlassen, dass der Heilige Geist mich leitete, so wie Jesus zu denken. Mit seinem Willen wollte ich für sein Heer kämpfen. Passend dazu schaute ich mir den Film „David und Goliath" an, wo Samuel David zeigte, ein guter Soldat zu sein. Allgemein half mir der Kurs bisher sehr, meine Waffen richtig einzusetzen. Kämpfen musste ich auch in einem Outdoor-Gruppentraining im Park, welches ich seit einem ¾ Jahr mal wieder absolvierte. Selbst dort nahm ich Jesus mit hinein und bat ihn um Motivation, und diese gab er mir. Auf Anhieb belegte ich den achten Platz von siebenundzwanzig trainierten Personen. Genauso wollte ich für ihn kämpfen. In Gottes Schule gab es also auch Sportunterricht, das erlebte ich ja bereits im Fitnessstudio. Selbst bei meiner Ernährung gab er mir Tipps, denn ich war in letzter Zeit über meinen Bauchumfang nicht so glücklich. Mein Körper war ja der Tempel des Heiligen Geistes (1. Korinther 6,10), daher war mein körperlicher Zustand auch sehr wichtig und deshalb wollte ich meinen Helfer auch in diesem Bereich mehr um Hilfe bitten. Allerdings wollte ich nicht vergessen, dass der geistliche Zustand nach Gottes Maßstab noch wichtiger ist (1. Timotheus 4,8). Ich lernte Gottes liebevolle Art immer mehr zu schätzen. Er wollte einfach, dass es mir gut ging und ich freute mich immer mehr, mit Gott zu reden.

Mein Lehrheft

Diese Liebe zeigte er mir immer mehr. In einem Gebet sagte Gott, mein Vater, mir, dass ich sein geliebter Sohn sei und er an mir Wohlgefallen habe. Was für ein Liebesbekenntnis, welches sich auch in Markus 1,11 wiederfindet. Gerade in den letzten Wochen hatte ich mit seiner Hilfe einfach wahnsinnige Fortschritte gemacht. Meine Veränderung war einfach unglaublich und ein Wunder für sich. Dafür erhielt ich auch weiterhin tolles Feedback von den Teilnehmern meiner Kleingruppen. Ja, Gott sprach viel durch andere Christen und benutzte auch mich dafür, für andere ein Lehrer zu sein. Deshalb war Gemeinschaft so wichtig. In Gottes Autorität waren wir alle Lehrer bzw. Priester und konnten uns so gegenseitig unterstützen und ermutigen. Im neuen Kurs „Explore" meiner Church hörte ich beim „Soaking" seine Stimme leider nicht, aber während der dreißig Minuten hörte ich in einem Worship-Song, dass der Druck verschwinden solle. Genau diesen Druck wollte ich abbauen und mich mehr auf den Heiligen Geist einlassen, ihm kompletten Zugang gewähren und in ihm wandeln. Ich durfte mich nicht unterkriegen lassen, sondern sollte meine volle Konzentration auf Jesus richten. Mein Lehrheft half mir hierbei ungemein, denn in das schrieb ich alles, was mein Lehrer mir beibrachte, und es richtete sich immer nach dem Lehrbuch, der Bibel. Zum ersten Mal schrieb ich die Gedanken aus den Gesprächen mit Gott nicht in mein iPhone, sondern in ein Heft. Im neuen Explore-Kurs indes wurde bereits als zweite Lektion behandelt, unseren Vater kennenzulernen. Das war zwar richtig, aber um den Vater kennenzulernen, mussten wir einfach erst unseren Mittler Jesus richtig kennenlernen. Darauf hatte mich Jesus in seinem Unterricht bereits hingewiesen und das sagte ich dem Gruppenleiter auch nochmal. Mit ihm verstand ich mich auf Anhieb prächtig und wir trafen uns auch privat. Er sagte, dass man es bei mir richtig merken würde, dass das, was ich sagte, vom Heiligen Geist kam. Ich war Jesus so dankbar, dass er mir diesen neuen Freund schenkte. Als mein bester Freund tat Jesus alles, damit es mir gut ging. Und mir wurde zum ersten Mal bewusst, dass Gott mich für meine sündige Vergangenheit noch nie anklagte. Er war einfach so gnädig. Und was für ein Vertrauen hatte er in mich, dass ich den Waffenrüstungskurs noch vor dem Explore-Kurs durchführte, denn das waren Klassenunterschiede. Gerade, welche Autorität ich durch Jesus hatte, vermittelte der Rüstungskurs. Um geistliche Kämpfe zu gewinnen, musste ich auch mal etwas laut aussprechen. Passend dazu sah ich den Film „Christ in you", in dem nochmal deutlich wurde, was alles mit der Hilfe Jesu möglich war. Dass Gott durch Filme zu mir sprach, hatte ich bereits öfter erlebt, so auch einen Tag, nachdem wir im Waffenrüstungskurs den Brustpanzer der Gerechtigkeit behandelten. Als ich Jesus um besseres Verständnis bat und ihn fragte, ob er mir einen Film zeigen könne, stieß ich auf „Gott ist nicht tot 2", in dem es genau um dieses Thema geht. Der Brustpanzer war wichtig, um an Jesus und seine Gerechtigkeit zu glauben. Der Panzer schützt das Herz, mit dem man liebt und glaubt. In Galater 5,6 sagt Paulus: „Denn in Christus Jesus hat weder Beschneidung noch Unbeschnittensein irgendeine Kraft, sondern der durch Liebe wirksame Glaube." Die volle Waffenrüstung anzuziehen, war extrem wichtig. So prüfte mich Gott eines Morgens in der Dusche. Dort hatte ich zweimal hintereinander das Gefühl, ich solle das Licht ausschalten, was ich nach kurzem Zweifel auch tat. Doch sofort danach erinnerte ich mich an einen Bibelvers, den ich erst am Tag zuvor gelesen hatte. Denn Jesus sagt in Johannes 8,12, dass er das Licht der Welt ist. Und in Matthäus 5,16 heißt es, dass unser Licht vor den Menschen leuchten soll. Daher schaltete ich das Licht sofort wieder an. Ich musste einfach noch mehr üben, um mit dem Schwert des Geistes, dem Wort Gottes, bestmöglich umzugehen. Gott sprach einfach durch so viele Begebenheiten zu mir und der Heilige Geist half mir immer mehr, diese Deutungen zu verstehen. In letzter Zeit sprach auch Gott zu mir, als ich nachts aufwachte, ähnlich wie bei Samuel. Vielleicht war ich nachts einfach aufnahmefähiger und ließ mich nicht so schnell ablenken. Da ich meinen Urlaub für 2021 bald einreichen musste, bat ich Jesus, mir noch einmal etwas bezüglich meiner Zukunft zu zeigen. Dabei hatte ich das Gefühl, dass ich ab Oktober 2021, also genau in einem Jahr planen sollte, ein Sabbatical einzureichen. Außerdem sagte mir Jesus, dass ich in die vermieteten Zimmer immer eine Bibel in der jeweiligen Landessprache der Touristen legen solle. Wo immer ich auch hingehen würde, Jesus würde mir auch beim Erlernen der Landessprache helfen. Beim Gespräch mit Jesus redete ich kurz auf Englisch mit ihm, wie in einem Englischkurs. Diese Sprache war so wichtig, wenn ich nach Asien gehen sollte. Außerdem waren die meisten Worship-Songs auch auf Englisch. Jesus war einfach der beste Lehrer, der Vater der beste Schuldirektor und der Heilige Geist der beste Helfer. Er war so real und einfach alles für mich. Ich spürte richtig, wie er sich mit mir freute, und wahrscheinlich freuten sich auch seine Engel mit mir, wenn sie mich so sahen. Es ärgerte mich, dass mein Glaube nicht immer so stark war. Ich wollte mich noch stärker vom Heiligen Geist leiten lassen, denn dann würde alles perfekt sein und ich automatisch wachsen. Auch mein Mut würde größer werden. Den spürte ich, als ich eine meiner Jacken eigentlich in einen Altkleidercontainer bringen wollte. Auf dem Weg mit der S-Bahn frage ein Obdachloser nach Kleingeld und ich hatte die Eingebung, ich solle ihm meine Jacke schenken, was ich dann auch tat. Er freute sich darüber sehr. Als mich zwei Teilnehmerinnen aus meiner Gruppe fragten, ob ich in der Church ein „Hangout" (z. B. gemeinsames Mittagessen) nach dem Gottesdienst mit aufbauen würde, zögerte ich noch. Doch am nächsten Tag zeigte mir Gott eine Predigt, in welcher der Pastor predigte, dass man seine Komfortzone auch mal verlassen müsse.

Außerdem träumte ich in der Nacht von Mut. Dies waren nochmal zwei Bestätigungen. Durch eine weitere Predigt sprach Gott mir zu, ich solle mich durch andere Menschen nicht entmutigen lassen. Der Teufel nutzte einfach immer wieder Mittel, um Stolpersteine in den Weg zu bauen und mich zu entmutigen. In Johannes 16,33 sagt Jesus: „In der Welt wird man Druck auf euch ausüben. Aber verliert nicht den Mut! Ich habe die Welt besiegt!"

Dampflok

Bei der Wahl des Ansprechpartners im Gebet war ich mir immer noch manchmal nicht sicher. Ich merkte auch, dass ich damit nicht allein dastand. Doch Gott machte mir noch einmal deutlich, dass er durch Jesus und den Heiligen Geist zu mir sprach. Alles kam letztendlich vom Vater. Ich wollte mich einfach komplett auf unseren gemeinsamen Geist konzentrieren und das Gespräch so aufbauen, als ob ich zu meinem leiblichen Vater sprechen würde. Dabei konnte ich es freundlich und locker, aber mit Demut sehen. Als ich im Explore-Kurs mein Zeugnis erzählte, kam dieses richtig gut an. Der Leiter machte im Anschluss den Vorschlag, dass alle Gruppenteilnehmer für mich beten könnten. Der Leiter erhielt dabei von Gott ein Bild einer Dampflok, in welche Gott immer Kohlen einwarf. Er sagte, dass Gott dabei immer an meiner Seite wäre und wir alles zusammen machen würden. Er würde mich antreiben und im Bahnhof wäre auch mal eine Pause, wo ich mit allen meinen Freunden das Festmahl genießen könnte. Dieses Bild berührte mich sehr und Gott erklärte es mir kurz darauf auch noch genauer. Ich war die Dampflok und der Heilige Geist waren die Kohlen, welche ich benötigte, um schneller zu fahren. Mit seiner Kraft trieb er mich an und dabei bestimmte Gott das Tempo. Ich konnte nur so schnell fahren, wie ich mein Leben nach Gott ausrichtete. Und ich fuhr dorthin, wohin mich Jesus als Lokführer auf der Schiene leitete. Mein Wunsch war es, eine leistungsstarke Dampflok zu sein. Dieses Bild hatte eine enorme Bedeutung, da es direkt von Gott kam. Es war einfach toll und half mir auch nochmal als Bild für die Dreieinigkeit. Alles gehörte irgendwie zusammen und Gott machte das alles möglich. Gott wusste, wohin die Schienen mich leiten würden und dorthin wollte ich fahren. Es war nur wichtig, auf den Schienen bleiben. Beim Hörenden Gebet, einer prophetischen Übung, welche wir im Kurs „Explore" durchführten, spürte ich dabei das starke Vertrauen, welches

Gott in mich hatte. Wir sollten alle unsere Namen auf einen Zettel schreiben, danach umklappen und in der Runde weiterreichen. Dann schrieben wir unsere Eingebungen auf, falteten den Zettel und reichten ihn weiter. In der letzten Runde hatte ich viele Eingaben des Lobes und so schrieb ich: „Du bist cool, eine coole Socke, Gott freut sich über dich." Später realisierte ich, dass dieser Zettel für mich bestimmt war. So etwas konnte nur ein sehr guter Freund zu mir sagen und das war Jesus. Außerdem schrieb jemand anderes für mich: „Du hast ein Herz aus Gold. Du hast eine Leiterpersönlichkeit. Geh mutig voran!" Ich fand das einfach nur krass. Meinte Gott damit den Leiter der Hotel-/Bungalow-Anlage? Als Dampflok würde ich jedenfalls zu diesem Projekt fahren und es mit Jesus zusammen leiten, wenn es sein Wille war. Genau das steht in Matthäus 6,33: „Setzt euch zuerst für Gottes Reich ein und dafür, dass sein Wille geschieht. Dann wird er euch mit allem anderen versorgen." Was für eine Zusage! Mit meinem Herz aus Gold konnte ich ihn noch mehr lieben, denn er wohnte in meinem Herz und damit wollte ich ihn noch mehr loben und preisen. Er ließ sich jeden Tag so tolle Sachen einfallen, sodass ich dem Ziel, mehr in Jesus zu sein, näherkommen konnte.

In Gottes Liebe

Die COVID-Zahlen stiegen wie erwartet stark an. Es war Herbst und die Regierung schränkte erneut alles nach und nach ein. Von der Bundesregierung wurde ein Light-Lockdown angekündigt, bei dem unter anderem leider auch wieder die Fitnessstudios schlossen. Die Wirtschaft wurde somit wieder heruntergefahren. Meine Angst verschwand allerdings immer mehr, denn Gott war ja bei mir und er sagte mir, ich solle mir keine Gedanken machen. Mittlerweile hatte ich auch das Buch „Beten" von Timothy Keller fertiggelesen. Die Grundlage für unser Gebet war das Vaterunser. Zuerst sollten wir versuchen, Gott zu loben, denn in einer Beziehung wollte der Partner oder die Partnerin ja auch Komplimente hören. Wenn Gott an erster Stelle stand, veränderte das auch die eigene Persönlichkeit. In 1. Korinther 13,13 heißt es: „Glaube, Hoffnung und Liebe: Diese drei werden bestehen bleiben. Aber die größte unter ihnen ist die Liebe." Und diese Liebe wollte mir Gott näherbringen. In den letzten Tagen wies er mich immer wieder darauf hin und dies genau zum richtigen Zeitpunkt. Unter anderem ertappte ich mich nämlich dabei, wie ich mich über meinen Nachbarn aufregte, weil er seinen Fernseher extrem laut eingestellt hatte und ich dadurch nicht schlafen konnte. Aber was nützte eigentlich „beklagen"? Ich nahm mir vor, lieber dafür zu beten und steckte ihm passend zum bevorstehenden Lockdown eine Karte mit dem Spruch aus Jesaja 43,1 „Fürchte dich nicht (...)" in seinen Briefkasten. Am nächsten Tag war sein Fernseher tatsächlich leiser. Ich wollte einfach noch ein stärkeres Licht für Jesus, das Licht der Dampflok sein. Außer der Spruchkarte gab ich in der vergangenen Woche weiteres Zeugnis, indem ich beispielsweise einer Freundin mehr von Gott erzählte oder bei einem Instagram-Post meines privaten Accounts ein Jesus-Hashtag versah. Bei Instagram abonnierte ich mehr christliche Accounts, denn davon gab es richtig gute. Bei der Wochen-Challenge vom

Explore-Kurs ging es ebenfalls um 1. Korinther 13. Wir sollten dieses Kapitel jeden Tag lesen und das aufschreiben, was Gott einem dadurch zeigen würde. Und er zeigte mir so viele coole Gedanken. Auch der neue YouVersion-Leseplan „Shine" sowie das Thema im Waffenrüstungskurs, „die Stiefel des Evangeliums", passten wie die Faust aufs Auge. Ich wollte einfach in Gottes Liebe wandeln und das wichtigste Gebot befolgen: „Liebe deinen Mitmenschen wie dich selbst!" (Jakobus 2,8) Bald war Weihnachten und da es dieses Jahr für viele Menschen durch die COVID-Beschränkungen wahrscheinlich sehr einsam werden würde, erhielt ich von Gott eine tolle Idee: Ich könnte doch Weihnachtskörbe mit Bibeln und anderen Sachen fertigmachen und meinen Nachbarn schenken. Ich fand das klasse und war gespannt, was Gott mir dazu noch zeigen würde. Im Buch „Beten" stand auch, dass beim Bittgebet immer Gottes Wille zählte. Das war es auch, wenn wir im Namen Jesu beteten. Wir beten dabei mit seiner Autorität und bitten Gott, den Vater, auf unser Gebet zu handeln, weil wir im Namen seines Sohnes Jesus kommen. In 1. Johannes 5,14 steht: „Deshalb können wir auch voller Zuversicht sein, dass Gott uns hört, wenn wir ihn um etwas bitten, das seinem Willen entspricht." Das Gebet hatte einfach solch eine große Kraft. In Jakobus 5,16 heißt es: „Denn das Gebet eines Menschen, der nach Gottes Willen lebt, hat große Kraft." Und in Vers 17: „Elia war ein Mensch wie wir. Er betete damals inständig, es möge nicht regnen, und tatsächlich fiel dreieinhalb Jahre kein Wassertropfen auf das Land." Dass ein Gebet eine krasse Power hatte, durfte ich in den vergangenen Tagen öfter erleben. Durch meine Arbeit war ich gerade sehr gestresst, aber jedes Mal, wenn ich down war und betete, spürte ich danach eine wahnsinnige Power. Eigentlich war Stress gar nicht notwendig. Ich nahm mir ab sofort vor, direkt nach dem Aufwachen zu beten, um Kraft für den Tag zu tanken. Beim Bitten durfte man aber auch nicht ängstlich sein, es sollte eher ein hartnäckiges Bitten, ja ein aktives Verhandeln mit Gott sein. Passend dazu sagte mein Pastor, dass es einen gewissen Spielraum (Optionen) für Gott gibt und man ihn fragen könne, wie wir kooperieren. Schon früher hatte ich das Gefühl, dass man die Details für das Zukunftsprojekt noch mit Jesus aushandeln könne. So hatte ich wieder den Eindruck, ich könne Gott meine Wünsche mitteilen. Ein paar Tage vorher zeigte er mir durch eine Spende eine neue Organisation, nämlich OMF, welche sich speziell in Ostasien einsetzte. Diese Organisation sprach mich sofort an. Irgendwie hatte ich ein sehr starkes Gefühl, dass OMF etwas mit Gottes Plan für mich zu tun hatte. Daher meldete ich mich auch für ein Info-Wochenende im Februar nächsten Jahres an. Eventuell konnte ich ja durch diese Organisation auch ein Objekt vor Ort finden bzw. als Hoteldirektor miteinsteigen, da aufgrund der fortschreitenden Krise immer mehr Hotels finanzielle Probleme bekamen. Gott zeigte mir sogar eine Art geistliches Bild, in dem ich eine Hotelanlage an der Küste sah und dort eine Worship-Band auftrat. Er wusste jedenfalls, wo ich in einem Jahr sein würde. Während ich meine Notizen machte, kam über die Bibel-App eine Push-Benachrichtigung mit der Frage: „Fühlst du dich überfordert?" Aber das tat ich nicht, denn Jesus war einfach der beste Lehrer und er zeigte mir, wie ich alles praktisch umsetzen konnte. Gott konnte die Dampflok sogar noch ein bisschen schneller fahren, aber alles in seinem Tempo, denn er bestimmte. Nach einem Dreivierteljahr war ich echt weit gekommen. Die Kraft durch Gott war besser als jede Therapie, gerade bei den Pornos, denn diese brauchte ich nicht mehr und hatte auch nur noch selten Gedanken dieser Art. Ich hatte das Gefühl, dass ich diese Erfahrung noch vielen anderen erzählen könne, denn ich wusste, dass sehr viele Männer, aber auch Frauen pornosüchtig sind. Ich dachte daran, wie tief ich da selbst noch vor einem Jahr drinsteckte. Beim Aufschreiben der Gedanken schlug mein Herz plötzlich schneller und ich hatte kurz Angst, aber ich erinnerte mich sofort an die Worte Jesu: „Habt keine Angst!" (Johannes 14,1). Außerdem kam der Gedanke, ob ich schon besser war als einige meiner Gruppenteilnehmer, aber ich erinnerte mich sofort an die Bibelstelle aus Sprüche 16,18: „Hochmut kommt vor dem Fall." Dies waren zwei Angriffe des Teufels, aber ich konnte sie beide mit dem Schwert des Geistes abwehren. Genauso wehrte Jesus die Angriffe des Teufels in der Wüste ab (Matthäus 4). All das hatte ich dem Waffenrüstungskurs zu verdanken. In diesem sagte eine Teilnehmerin, dass man die Bibel auch laut lesen könne. Manchmal flüsterte ich beim Beten nur. Das wollte ich ab sofort ändern. Er nahm sich ja auch Zeit für mich und dafür war ich ihm so dankbar. Ich dankte ihm diese Woche in einem Gebet fast eine Stunde lang, denn er tat so viel für mich. Gebet war einfach so wichtig. In 1. Thessalonicher 5,16–18 heißt es: „Freut euch zu jeder Zeit! Hört niemals auf zu beten. Dankt Gott, ganz gleich wie eure Lebensumstände auch sein mögen. All das erwartet Gott von euch, und weil ihr mit Jesus Christus verbunden sein, wird es euch auch möglich sein." Die Psalmen helfen uns dabei, denn sie zeigen uns, wie man Gott auf die richtige Art preist und dankbar ist.

Gottes Gnade

Leider wurde ich Anfang November nach zwei Monaten doch wieder mit Pornos rückfällig. Dazu hatte ich Stress in der Arbeit und eine Aktie, in welche ich viel Hoffnung hineinsetzte, stürzte wegen einer verfehlten Phase eines Medikaments gewaltig ab. Ich hatte kurzzeitig ein richtiges Tief und konnte gerade das mit den Aktien gar nicht verstehen, da ich das Geld ja nicht für mich einsetzen wollte. Passend schrieb mir der Leiter meiner Explore-Group den Psalm 139,23. Diesen Vers kannte ich ja bereits aus dem Kapitel „Prüfungen" und dort standen auch die Antworten dazu. Erneut musste Jesus meine Last auf sich nehmen. Aber das tat er, weil er so ein gnädiger Gott ist. In Kolosser 2,14 steht, dass er die Anklageschrift genommen und vernichtet hat, indem er sie an das Kreuz genagelt hat. Und in 1. Johannes 1,9 steht: „Doch wenn wir unsere Sünden bekennen, zeigt Gott sich treu und gerecht: Er vergibt uns die Sünden und reinigt uns von allem Unrecht." Ich dankte ihm daher und bekannte ihm alles. In den vergangenen Wochen verstand ich immer mehr, dass ich Gott nicht um Vergebung bitten musste, da Jesus ja schon für unsere Schuld starb. Er hatte uns bereits vergeben und ich brauchte es ihm nur noch bekennen. Außerdem gab es in meinem Explore-Kurs gerade zum richtigen Zeitpunkt einen „Tausch am Kreuz", wo man schlechte Angewohnheiten an Jesus abgeben konnte und dafür gute Sachen von ihm empfing. Zudem feierte ich das Abendmahl zu Hause, denn das war aufgrund der COVID-Bestimmungen im Gottesdienst derzeit nicht möglich. Nur Jesus konnte genau nachempfinden, welchen Versuchungen ich ausgesetzt war. Er war für das „Menschliche" zuständig, alles was mit Sünde zu tun hatte. Dies war noch einmal ein guter Hinweis zum Gebet, denn das war die Connection zwischen uns und einfach so wichtig. Mein Vater konnte mir noch mehr von der Frucht seines Geistes geben. Passend dazu hatte eine Teilnehmerin meiner Smallgroup im Gebet ein geistliches Bild vor Augen. Sie sah einen Baum und je tiefer die Wurzeln wuchsen, desto größer waren die Früchte. Die Wurzel trägt uns, das steht schon in Römer 11,18. Und von den Früchten waren vor allem Selbstbeherrschung und Geduld sehr wichtig. In Römer 5,3–4 steht: „Wir sind auch stolz auf die Bedrückungen, denen wir ausgesetzt sind, denn wir wissen, dass wir durch Leiden Geduld lernen; und wer Geduld gelernt hat, ist bewährt, und das wiederum festigt die Hoffnung." Auch wenn ich früher jeder hübschen Frau hinterherschaute, sehr viele One-Night-Stands hatte, fast täglich Pornos konsumierte und meine positive Entwicklung immer noch ein Wunder war, wollte ich weiterwachsen. In Römer 8,13 steht: „Wenn ihr aber durch den Geist die alten Verhaltensweisen tötet, werdet ihr leben." Daher nahm ich mir vor, mindestens bis zum Ende des Jahres durchzuhalten. Um einen größeren geistlichen Durchbruch zu erlangen, wollte ich auf einen Teil verzichten und startete eine 30-tägige No-Sugar-Challenge. Auch in der Arbeit wollte ich es zukünftig besser machen, gerade wenn es stressig war. So lud ich mir die One-Minute-Pause-App herunter. Mit dieser konnte ich den Tag mit einer Ein-Minuten-Pause unterbrechen, um zur Ruhe zu kommen und bewusst alles abzulegen, was gerade auf mich einströmte. Außerdem wollte ich am Ende eines solchen stressigen Arbeitstages die Situationen zusammen mit meinem Chef Jesus reflektieren. Nur so konnte ich zukünftige Prüfungen bestehen. Dabei musste ich immer wieder das Lehrbuch miteinbeziehen. Die Bibel ist einfach nur voll von Geschichten, welche das Leben vereinfachen. Und ich wollte im März nächsten Jahres zu den Orten der Geschichten und vor allem zum wichtigsten Ort, nach Golgota. Ich hatte nämlich vor einiger Zeit zusammen mit meinem Vater, meinem Bruder und meinem Schwager einen Israel-Trip gebucht und dieser Urlaub wurde immer wichtiger für mich. Doch noch war unklar, ob das Reisen im März wieder möglich war. Israel hatte aufgrund von COVID seine Grenzen für Ausländer seit einigen Monaten geschlossen.

Reich Gottes

Zumindest wurde Mitte November bekannt, dass ein Impfstoff Wirksamkeit zeigte, was Hoffnung machte. Von Novavax gab es zwar noch keine positiven Meldungen zu verzeichnen, aber dafür von anderen Unternehmen meines Aktiendepots. In den vergangenen Tagen wurde mir immer mehr bewusst, dass es nicht „meine" Aktien waren, sondern dass ich sie nur für Gott verwaltete. Genauso war es mit meinem Geld. Es gehörte nicht mir, sondern ihm. In Haggai 2, 8 steht: „Denn mir, Jahwe, dem allmächtigen Gott, gehört alles Silber und Gold." Mit seiner Kraft wollte ich für das Reich Gottes auf Erden investieren und mein Leben auf die Ewigkeit ausrichten. Wie in den Gleichnissen von Lukas 19 oder Matthäus 25 wollte ich sein Geld vermehren, um anderen Menschen zu helfen. In 1. Korinther 3,9 steht: „Wir sind Gottes Mitarbeiter, ihr aber seid Gottes Ackerland und sein Bauwerk." Und in Vers 14 heißt es: „Hat jemand fest und dauerhaft auf dem Fundament Christus weitergebaut, wird Gott ihn belohnen." Auch in 2. Korinther 9,8 sagt Paulus: „Er kann euch so reich beschenken, ja, mit Gutem geradezu überschütten, dass ihr zu jeder Zeit alles habt, was ihr braucht, und mehr als das. So könnt ihr auch noch anderen auf verschiedenste Art und Weise Gutes tun." Das hieß, dass mich Gott auch mit anderen Sachen als Geld belohnen konnte. Mir lag viel daran, dass ich in diesem kurzen Zeitraum auf der Erde Gottes Mission gut ausführte. Dieses Thema spannte sich in den letzten Tagen wie ein roter Faden. So nahm ich z. B. am Wiedenester Männertag online mit dem Thema „Das größte Risiko ist, keines einzugehen" teil. Das passte genau zu meiner Situation. Die Bibel lädt uns ein, ein Leben voller Herausforderungen zu leben. Ich freute mich einfach so auf das Tourismusprojekt mit Jesus. Aber bevor ich dieses Projekt starten konnte, wollte ich noch mehr für meine Mitmenschen da sein und dort mutiger sein. Dies gelang mir in den vergangenen Wochen ganz gut. So ermutigte ich einen Arbeitskollegen, der einen schweren

Fahrradunfall hatte und schickte ihm sogar einen christlichen Spruch, worauf er sich bedankte. Weiters konnte ich zwei meiner Gruppenteilnehmer Mut zusprechen. Beide schrieben mir zurück, dass ich ein Segen sei. Dieser Segen war eine Belohnung von Gott und mit dieser beschenkten Fähigkeit konnte ich anderen helfen. Psalm 23 verspricht uns, dass wir vom Segen überschüttet werden und weil Gott damals den Bund geschlossen hatte, sind wir gesegnet (Galater 3,8). In meiner Explore-Group, welche jetzt per Zoom stattfand, erhielten wir verschiedene digitale Bilder und konnten uns durch Gedanken von Gott gegenseitig ermutigen. Wichtig war hier jedoch das Herz. In Epheser 1,18 betet Paulus: „Er gebe euren Herzen erleuchtende Augen, damit ihr seht, zu welch großartiger Hoffnung er euch berufen hat und damit ihr wisst, wie reich das herrliche Erbe ist, das auf euch, die Heiligen, wartet." Auch für andere Christen war dies wichtig, denn das waren ja meine geistlichen Geschwister. Unser gemeinsamer Vater wirkte an unseren Herzen. Sein Herz wollte ich noch mehr verstehen und sein Reich in meinem Herzen tragen. Johannes Hartl machte dies in einer Predigt deutlich, indem er sagte, dass es Gott ums Herz geht. Was innen ist, strahlt immer. In Johannes 7,38 heißt es: „Wenn jemand an mich glaubt, werden Ströme von lebendigem Wasser aus seinem Inneren fließen, so wie es die Schrift sagt." So wollte ich von innen nach außen leben. In meinem Waffenrüstungskurs, welchen wir als wöchentliche Kleingruppe weiterführten, lernte ich, dass wir als Christen drei seasons durchlebten, welche sich immer wiederholten. In der „sitting-season" lernt Gott Neues, er arbeitet an unserem Herzen. Es gibt aber auch eine „standing-season", wo wir widerstehen und die Waffenrüstung einsetzen müssen. Auch diese season hatte ich schon erlebt. Und dann gibt es noch die „walking-season", wo das zum Tragen kommt, was man in der „sitting-season" gelernt hat und dabei Gottes Auftrag ausführt. In diesem Kurs gab es allerdings wieder eine Aussage vom Leiter, welche ich nicht teilen konnte. Er sagte in Bezug auf die Heilung meines Nackens, dass ich Gott schon vorher danken könne, dass er ihn heilt, wenn es sein Wille wäre. Doch ich wusste ja gar nicht, ob es sein Wille war.

Mit Jesus feiern

Irgendwie hatte ich mittlerweile richtig Zweifel, ob dieser Rüstungskurs noch das Richtige für mich war. Doch Gott räumte meine Bedenken aus dem Weg. Als ich das Thema im nächsten Kurs nämlich erneut ansprach, erklärte der Leiter es mir anhand von Markus 11,24, wo es heißt: „Darum sage ich euch: Worum ihr im Gebet auch bittet, glaubt, dass ihr es empfangen habt, dann werdet ihr es auch erhalten." Ich konnte ihm bereits danken, dass er mir noch Dinge zeigen würde, die seinem Willen entsprachen. Durch geistliche Nahrung konnte mein Glaube wachsen, das wurde mir auch in einer Predigt zum ersten Mal beim Wunder der Brotvermehrung aus Johannes 6 klar. Jesus ist das Brot des Lebens (Vers 48), wir sollen alle satt sein. Wer sein Fleisch isst und sein Blut trinkt, der bleibt in ihm und er in uns (Vers 56). Im Kurs feierten wir auch passend das Abendmahl und zwar mit Freude. Bisher kannte ich das Abendmahl nur als gedrückte Stimmung. Doch Jesus möchte, dass wir es feiern, da es eine Begegnung mit ihm ist. Er ist gastfreundlich und lädt uns an seinen Tisch. Gott wählte bewusst den Zeitpunkt des Passahfestes. Das Abendmahl ist ein Grund der Freude, das wir feiern können, weil Jesus alles vollbracht hat, sodass wir in Freiheit und in der Gegenwart Gottes leben können. Seine Gegenwart war das Beste, was es gab. Das erlebte ich auch Ende November wieder. Ich hatte meine Wohnung gerade weihnachtlich geschmückt, betete auf dem Boden kniend und lud ihn in meine Gegenwart ein. Durch die Weihnachtsbeleuchtung und die Kerzen sah ich im Spiegelbild meines Stuhls die Umrisse von Jesus, der mit ausgebreiteten Armen dastand und mich zu sich rief. Ich erinnerte mich, dass ich kurz nach meiner Umkehr öfter solche Bilder sah. Aber dieses Mal überwältigte es mich besonders und ich war tief ergriffen. Das waren genau die geistlichen Bilder, welche auch einige meiner Gruppenteilnehmer sahen. Erst letzte Woche erzählte mir eine Teilnehmerin, dass sie Jesus öfter neben sich sah. Eine andere Schwester aus meiner Gruppe erstellte sogar gerade einen Bildband von Begebenheiten, welche Gott ihr zeigte. Passend zu den Bildern sprach Gott zur selben Zeit durch Worship zu mir. Beim Song „Jesus is the Sweetest" musste ich wegen seiner Kreativität lachen. ☺ Ich hatte wieder so ein lustiges und lockeres Gespräch mit meinem besten Freund. Er war sogar der beste DJ, der mit mir feiern wollte. In den letzten Tagen wurde mir nämlich immer mehr bewusst, dass mir das „Feiern" fehlte. Früher ging ich fast jedes Wochenende aus, und durch Couchsurfing feierte ich oft auch mit meinen Gästen in meiner Wohnung. Dies war aufgrund von COVID nicht möglich und irgendwie wollte ich so auch nicht mehr feiern und mich betrinken. Eine Party mit Jesus war weitaus wertvoller. Und seine Geburtstagsfeier war in einem Monat. Mir wurde immer bewusster, dass ich dieses Jahr Weihnachten mit ihm feiern wollte, denn ich spürte deutlich, dass er sich mit mir freute. Im Explore-Kurs lernte ich, dass, wenn man Christ wurde, sich auch der Freundeskreis zu christlichen Freunden änderte. Genau das erlebte ich. In letzter Zeit traf ich mich nämlich mit immer mehr Christen. Mit meiner Explore-Group wollte ich zudem an einem Samstag im Dezember in der Weihnachtswerkstatt aushelfen, welche die Kartons von „Weihnachten im Schuhkarton" nochmal auf besonders wertschätzende Geschenke überprüfte. Eigentlich plante ich, genau an diesem Samstag aus meinen Gran-Canaria-Urlaub zurückkommen. Ab Dezember war bei mir in der Arbeit wieder Kurzarbeit angesetzt und ich wollte für ein paar Tage noch mal weg, da mir das Reisen immer mehr fehlte. Doch ich bekam ein Verbot meiner Firma, da ich in der Kurzarbeit verfügbar sein sollte. Anfangs ärgerte ich mich darüber, aber nun war es gut so. Mir war es mehr wert, Jesus zu helfen, anstatt Urlaub zu machen. Die Weihnachtskorbaktion nahm ebenfalls konkretere Formen an. Der Heilige Geist zeigte mir, an welche Nachbarn ich die Körbe verschenken konnte. In letzter Zeit nahm ich den Heiligen Geist allgemein immer mehr wahr. Manchmal konnte ich mich z. B. nicht an Sachen oder auch Übersetzungen aus dem Englischen erinnern. Als ich den Heiligen Geist bat, mir zu helfen, erinnerte ich mich plötzlich. Ich konnte ihn in jeder Situation bitten, mir zu helfen, dies musste ich mir bloß immer wieder ins Gedächtnis rufen. Aber er gab mir auch Tipps und erinnerte mich von allein an Sachen. Gerade beim Schreiben meines Blogs spürte ich seine Hilfe immer sehr deutlich.

Loslassen

Mir wurde auch immer bewusster, dass ich mich in Gottes Gegenwart einfach wohlfühlte. Manchmal spürte ich richtig, dass ich mit Jesus in einem Raum war, aber ich spürte auch, dass Gott, mein Vater, da war. Er durfte einfach nicht so weit weg sein. Ihn durfte ich bei meinen Gesprächen nicht vergessen, denn er war ja das Haupt der Familie. Zu ihm konnte ich jederzeit mit allen wichtigen Sachen kommen, z. B. wenn es um meine Zukunft ging. Mit Jesus konnte ich alles Menschliche besprechen und ihn mir dabei auch menschlich vorstellen. Um seine Stimme zu hören, wollte ich mich einfach stärker auf den Heiligen Geist einlassen, ihn miteinbeziehen und auch gewähren lassen. Manchmal war ich da einfach noch zu ängstlich. Zum wiederholten Mal träumte ich in der vergangenen Woche, dass der Heilige Geist eine starke Kraft hatte. Daraufhin schaute ich mir verschiedene Predigten an und stieß auf Apostelgeschichte 1,8: „Aber ihr werdet den Heiligen Geist empfangen und durch seine Kraft meine Zeugen sein in Jerusalem und ganz Judäa, in Samarien und überall auf der Erde." Der Heilige Geist verändert durch seine Kraft etwas in unserem Herz, er lässt das Evangelium im Herzen real werden und schenkt Gewissheit. In einer Predigt sagte der Pastor, wie es wohl sein würde, wenn im Himmel Abraham oder Mose fragen würden, wie das Leben mit dem Heiligen Geist war und wie wir ihn wahrgenommen hätten. Ich wollte Gott mehr als Dreieinigkeit und als Familie wahrnehmen, denn ich war ja ein Teil davon. Passend dazu kam während dieser Gedanken ein Worship-Song, wo genau die Dreieinigkeit besungen wurde. Er sprach durch Worship, aber auch in der Natur wollte ich ihn mehr wahrnehmen. Daher fragte ich ihn, wohin ich gehen könne und fuhr letztendlich zum Naturpark Schöneberg in Berlin. Als ich Gott fragte, ob er durch die Natur zu mir sprechen könne, realisierte ich, dass ich auf einem Weg lief, der auf einer Schiene gebaut war. Ich fuhr also bildlich gesehen wie die Dampflok auf der Schiene. Zudem sah ich später, dass es im Park sogar eine Dampflok gab. Gottes Plan war es also, dass ich genau zu diesem Park ging. Er stellte die Weichen in meinem Leben. Die Strecke führte dabei zum Himmel. In Hebräer 13,14 steht: „Denn hier auf der Erde haben wir keine Heimat. Unsere Sehnsucht gilt jener künftigen Stadt, zu der wir unterwegs sind." Erst jetzt verstand ich, warum der Gruppenleiter damals sagte, die Dampflok würde am Bahnhof auch mal halten, weil dort Pause sei und ich das Festmahl genießen könne. Das waren die sitting-seasons und das konnten auch mal kurze Pausen sein. Gott bestimmte dabei das Tempo und wann die Pausen sein würden. Dieses prophetische Bild der Dampflok begleitete mich oft. Für 2021 nahm ich mir vor, jeden Tag ein Kapitel meines Lehrbuches, der Bibel, zu lesen. Umso mehr konnte es mein Herz durchdringen und ich mein Leben danach ausrichten, so heißt es schon in Josua 1,8. Dadurch konnte er noch besser zu mir sprechen, denn es war ja sein Wort. Allerdings ließ ich mich doch noch so manches Mal ablenken. So auch, als ich einen Film anschaute. Durch eine kleine Szene hatte ich wieder sexuelle Gedanken. Auch wenn ich keinen Porno schaute, wollte ich einfach mehr loslassen. Loslassen von Dingen, die von außen kamen und mich gefangen nahmen. Dass Jesus dies auch witzig lehrte, merkte ich, als ich eines Nachts den Song „Lass die Finger von Emanuela" von der Band „Fettes Brot" im Kopf hatte. Jesus erklärte mir später, dass er damit Pornos meinte. Wie wichtig es war, sich an Gott zu halten, merkte ich auch, als ein Bruder meiner Church mich besuchte. Er pflegte damals eine enge Beziehung zu Gott und erlebte seine Kraft sehr stark. Doch dann erlebte er krasse Angriffe des Teufels, ja, sogar reale Angriffe von Dämonen. Seine Story war richtig heftig und ich schloss ihn seitdem ins Gebet mit ein. Gemeinschaft und Gebet waren einfach wichtig, gerade in dieser schweren Zeit. Ein Großteil der Bevölkerung ließ sich durch die Angst vor COVID einschüchtern. Wer etwas in Frage stellte, zählte sofort als Verschwörungstheoretiker. Schon der Prophet Jesaja sagte, dass wir nicht alles Verschwörung nennen sollen, was das Volk Verschwörung nennt (Jesaja 8,12). COVID spaltete mehr und mehr die Gesellschaft und sogar die Kirche, denn auch da gab es schon Geschwister, die sich beispielsweise wegen der Maskenpflicht absonderten. Leo Bigger brachte es in einer Predigt auf den Punkt, indem er sagte: „Jesus ist das Einzige, was uns verbindet!"

Weisheit

In Sprüche 8,11 steht, dass Weisheit das Wertvollste ist, das jemand empfangen kann. Wenn ich die Weisheit Gottes in meinem Leben anwenden würde, hätte ich nicht nur ein gesegnetes Leben, sondern würde auch alles haben, was ich brauchte, um Prüfungen und Ratschläge zu meistern. Zum wiederholten Male stieß ich auch auf Sprüche 7, wo von der Frau die Rede ist, welche einen verführt. Kam da noch was? Erst in der vergangenen Woche musste ich aufpassen, als sich eine Arbeitskollegin bei mir einladen wollte. Ich blieb stark, aber leicht fiel es mir nicht. Noch 2019 hätte ich mir diese Chance nicht entgehen lassen. 2020 hingegen hatte ich kein einziges Date mit einer Unbekannten. Klar halfen mir da natürlich auch die Kontaktbeschränkungen wegen COVID, aber ich wollte dies einfach nicht mehr. Das Warten auf meine zukünftige Frau stand im Vordergrund. Wann und wo würde ich sie wohl kennenlernen? Gerade in der Adventszeit dachte ich doch so manches Mal darüber nach, wollte aber geduldig bleiben. Nun war es auch an der Zeit, die Weihnachtskörbe für meine Nachbarn zusammenzustellen. Von meinem Pastor hatte ich einige Missionszeitschriften erhalten, welche sich perfekt dafür eigneten. Ebenfalls legte ich eine Kerze sowie zwei Spruchkarten, in denen es um das Licht ging, in die Körbe. Auch ein Flyer zum Onlineweihnachtsgottesdienst meiner Church durfte nicht fehlen und lustigerweise handelte diese Predigt von dem Licht, ohne dass ich es vorher wusste. Genau sieben Körbe übergab ich dann an meine Nachbarn. Besonders überrascht war ich von der Reaktion eines älteren Nachbarn, welcher vor Rührung sogar Tränen in den Augen hatte. Schon mein verstorbener Opa verteilte Traktate an Gefängnisse und irgendwie wollte ich dieses Erbe fortführen, wenn auch in einer anderen Art. Eigentlich setzte ich den Lehrstoff Gottes praktisch schon besser um, als ich dachte. Gott stülpte quasi seinen Geist immer mehr über meinen Körper und meine

Seele, sodass er in mir lebte und ich immer mehr im Geist wandelte. So konnte ich auch besser durch meine geistlichen Augen (durch die Brille Jesu) sehen und mit meinen geistlichen Ohren hören. Ich war einfach mit ihm verwurzelt.

Geburtstag meines Vorbildes

Zu Weihnachten fuhr ich zu meinen Eltern und verbrachte mit meiner Familie wunderschöne Tage. Ich merkte richtig, wie der Heilige Geist mir bei Antworten oder auch Schlichtungen half, und hatte das Gefühl, dass dies auch meine Eltern wahrnahmen. Auch mit meinem Bruder konnte ich mich glaubensmäßig gut austauschen und ich freute mich, als er mir die „Real Life Guys" zeigte. Diese Jungs faszinierten meinen Bruder durch ihre Do-it-yourself-Projekte, aber das Beste war, dass sie an Gott glaubten und das auch vor der Kamera offen erzählten. Auch über meinen Vater freute ich mich, dass er so einige geistliche Dinge differenziert beleuchtete. Trotzdem hatte er stets Demut vor dem Herrn Jesus, was ich sehr schätzte. Mit meinem Bruder hatte ich auch ein Gespräch über die Anrede unseres leiblichen Vaters. Er sagte „Papa", wohingegen ich „Vati" bzw. „Vater" sagte, weil ich es so gelernt hatte und vielleicht auch, weil ich elf Jahre älter war als er. Die Anrede zeigte irgendwie die Nähe zum Vater und so auch zu Gott. In meiner Church wählten einige beim Gebet auch die Anrede „Papa", doch ich blieb bei „Vater". Irgendwie hatte ich noch Schwierigkeiten damit. Passend dazu zeigte mein himmlischer Vater mir den Film „Interview mit Gott". Ich durfte mir Gott, meinen Vater, nicht so alt vorstellen. Ich war da manchmal einfach noch zu verkrampft. Gott zeigte sich mir in Jesus ja schon oft als Junggebliebener. Er sandte seinen Sohn als Mittler auf die Welt, damit wir ein menschliches Vorbild haben und uns nach ihm richten können. So kennen wir seine Eigenschaften und können uns noch besser mit ihm identifizieren. Er lebte unter uns, litt mit uns und starb für uns als das perfekte Geschenk, dass wir uns nie hätten erarbeiten oder verdienen können. An die Geburt von Immanuel (= Gott mit uns) erinnerte ich mich an diesem Heiligabend wie nie zuvor. Passend dazu schenkten meine Eltern mir auch das Buch „Jesus" von Markus Spieger, welches ich mir gewünscht hatte und worauf ich mich riesig freute, auch wenn es tausend Seiten umfasste. Die ersten drei Kapitel machten nochmal deutlich, in welch turbulente Zeit Jesus geboren wurde. Die Römer waren mächtig und sexbesessen, Herodes brutal und die Menschen beteten Götzen an. Außerdem wurde das Alte und Neue Testament nochmal im Schnelldurchlauf behandelt. Und das in einer Sprache, durch welche man richtig mit in die Geschichten hineingezogen wurde. Oft las ich die Geschichten auch in der Bibel nach. Als ich wieder zu Hause war, feierte ich mit Jesus nochmal allein seinen Geburtstag und meine Jahresfeier. Ja, es war eine richtige Party, und ich spürte deutlich, dass Jesus bei mir war. Gerade in solchen Momenten wünschte ich mir, dass ich Jesus richtig sehen würde. Doch er zeigte mir die Antwort mit einem meiner Lieblingssongs von Miel San Marcos. Dort heißt es „invesible", auf Deutsch „unsichtbar". Jesus sagte mir auch, dass ich mir Gäste im Himmel geschaffen hätte. Meinte er damit Engel? Ich hatte nämlich das Gefühl, dass auch einige seiner Engel mit im Raum waren. Dabei erinnerte ich mich an die junge Frau, welche ich Anfang des Jahres in meiner Church traf. Vielleicht war sie ja ein Engel gewesen, denn ohne sie wäre ich Anfang des Jahres nicht so oft in meine Church gegangen. Ich war immer noch baff, wenn ich daran dachte, was ich in einem Jahr alles von Gott gelernt hatte. Er hatte mich komplett transformiert und mein Leben neu geordnet. Gerade durch die Basis, das Verstehen der Dreieinigkeit, konnte ich so schnell wachsen. Nur weil ich Jesus als Freund kennenlernte, war ich während der Kontaktbeschränkungen wegen COVID nicht einsam. Außerdem zeigte er mir durch COVID, was wirklich wichtig war. 2021 wollte ich weiter auf sein Fundament bauen und ihn noch mehr kennenlernen. Für das kommende Jahr war es daher mein Wunsch, dass ich die Eigenschaften meines Vorbildes noch mehr annahm. Meine Beziehung zu Jesus sollte intensiver und selbstverständlicher werden, um seine Stimme klarer zu hören. Nur so würde ich noch mehr wahrnehmen, was sich mein Lehrer von mir wünschte. Oft hatte ich bis dato nur vage

Hinweise und war mir noch so manches Mal unsicher. Um dort, aber auch bei anderen Dingen, einen geistlichen Durchbruch zu erlangen und eine Begegnung mit Gott zu haben, entschloss ich mich, zum Jahreswechsel eine Woche lang nur mit Wasser und Tee zu fasten. Ich wusste, dass dies eine große Herausforderung werden würde, da ich noch nie gefastet hatte, aber ich wollte mein Bestes geben. Außerdem war es ein Training, sich auf den Heiligen Geist einzulassen. Ich wollte ihn richtig aktivieren und ihm Raum geben, sodass er kristallklar wurde. Er würde nicht nur über meinen Körper, sondern auch über das Fleisch meine alte sündige Natur herrschen. Schon David sagte, dass er seine Seele mit Fasten beugte (Psalm 35,13). So konnte sie still und der Geist dafür laut werden, denn der Unglaube war ein seelisches Problem. Mein Hunger nach anderen Dingen nahm somit ab und der Appetit konzentrierte sich auf das Geistliche. Außer den Glaubenshelden wie z. B. David hatte sogar Jesus damals vierzig Tage in der Wüste gefastet, bevor er wirkte. Auch Hanna fastete Tag und Nacht (Lukas 2,37). Eigentlich war auch sie ein Vorbild für mich, da sie Gott diente. Ein weiterer Grund für das Fasten war, dass ich mich so an die Menschen erinnern konnte, welche Hunger litten. Dies würde mein Herz weiter öffnen, da war ich mir sicher. Im Gespräch mit Jesus sagte er mir, dass er mich belohnen würde. Und dies stand sogar auch in Matthäus 6,18. Vielleicht würde es ja auch später etwas freisetzen. Das war jedenfalls nochmal ein besonderer Ansporn für das Fasten und ich war gespannt darauf.

Fasten

Den Silvesterabend verbrachte ich das erste Mal in meinem Leben allein, da ich zusammen mit Jesus ins neue Jahr starten und auch pünktlich zum Jahresbeginn mit dem Fasten beginnen wollte. Außerdem waren die COVID-Beschränkungen mittlerweile sehr stark. Was ich vorher nicht wusste, war, dass meine Church auch vom 01. Januar mit „31 Tage Fasten und Gebet" startete und dabei mit einem Booklet unterstützte. Das passte wieder einmal perfekt. Genau ein Jahr war mittlerweile seit meiner Umkehr vergangen und ich war so gespannt, was 2021 kommen würde. Für mich wusste ich jedenfalls, dass es ein entscheidendes Jahr werden würde. In einigen Gesprächen mit Gott gab er mir nochmal Hinweise auf das Tourismusprojekt. Er teilte mir mit, dass ich nicht mit einem Sabbatical planen, sondern dass ich einen Cut machen solle. Wenn er mit mir einen Plan hatte, würde ich ja sowieso nicht dauerhaft nach Berlin zurückkehren. Allerdings war ich dadurch auch nicht versichert und ich musste meine Wohnung sowie Arbeitsstelle kündigen. In Bezug auf das Land erhielt ich wieder zwei Hinweise auf Thailand. Schön war ebenfalls zu hören, dass Thailand seine Visabestimmungen lockerte. Was sein genauer Plan dort mit mir war, wusste ich noch nicht, aber er sagte mir, dass dieser mir gefallen würde. Zwischenzeitlich hatte ich sogar das Gefühl, dass ich eine Art Prediger werden sollte. Oder war es ein Hotelprediger? Sollte ich erstmal mit einem oder mehreren Airbnb-Appartements oder gleich einem Hotelprojekt starten? Als ich Jesus danach fragte, hatte ich den Rudi Carrell-Song „Lass dich überraschen" im Kopf. Jesus war einfach so lustig! ☺ Es zeigte mir aber auch, dass ich mich Gottes Willen unterordnen und ihm dort vertrauen solle. Danach würde er mich über Großes setzen und mein Partner in Crime sein. Gerade Vertrauen und Geduld brachte er mir im vergangenen Jahr durch die Aktien näher. In Bezug auf meine zukünftige Ehefrau hatte ich weiterhin das Gefühl, dass er jemanden für mich ausgesucht hatte, aber dass ich mich auch da noch ein wenig gedulden sollte. Auch wenn ich 2020 in einer Beziehung Gott nie so intensiv kennengelernt hätte, fehlte mir eine Frau. Wie es mit meinem Blog weiterging, wusste ich auch nicht. Noch war er überhaupt nicht bekannt. Waren es nur Aufzeichnungen für mich oder sollte ich später sogar ein Buch schreiben? Gott konnte jedenfalls Großes bewirken. Damit mein Glaube daran wuchs, startete ich wie geplant mit dem Fasten. Durch meine Kurzarbeit hatte ich viel Zeit, mich fast die ganzen Tage komplett mit Gott zu beschäftigen. Ich hörte mir diverse Predigten an, las das Jesus-Buch weiter, betete viel und schaute einige passende christliche Filme. So stieß ich auch auf diverse Bibelstellen, in welchen es um das Fasten geht. Besonders sprach mich am dritten Fastentag Jesaja 58 an, wo steht, wie man richtig fastet. Als ich darüber meditierte, fragte ich Gott, was er mir konkret sagen wolle. Ich blieb am Vers 10 hängen, wo es heißt: „Wenn du Hungernden das gibst, wonach du selbst Verlangen hast (...)" Am Folgetag hatte mich mein Gruppenleiter der ehemaligen Explore-Group (ab sofort Mittwoch-Group) zum Gottesdienst in eine Gemeinde eingeladen, welche trotz COVID noch Vor-Ort-Gottesdienste durchführte. Ich hatte das starke Gefühl, dass ich auf dem Weg jemanden begegnen würde. Tatsächlich sprach mich ein dunkelhäutiger Bettler direkt an und fragte nach Kleingeld für Essen. In Berlin sind Bettler nichts Ungewöhnliches, aber dass man auf dem Weg direkt angesprochen wurde und dazu noch von einem Dunkelhäutigen schon. Er war jedenfalls überglücklich, als ich ihm etwas gab. Ich war mir sicher, dass Gott ihn geschickt hatte. Allgemein war ich erstaunt, wie easy ich ohne Essen und auch ohne Rauchen auskam. Durch die Kurzarbeit war es im letzten Jahr zur Gewohnheit geworden, drei bis vier Zigaretten täglich zu rauchen. Mir war bloß kälter als sonst und ich fühlte mich schwächer. Trotzdem wurde ich auch beim Essen öfter in Versuchung geführt, gerade an dem einen Tag, als ich arbeiten musste. Jedenfalls spürte ich Gottes Unterstützung sehr. Es war wie ein Bootcamp und der Heilige Geist war mein Trainer. In dieser besonderen Trainingszeit prüfte mich Gott mit dem Bettler. Bei dieser Aktion sollte es aber nicht bleiben. In den Folgetagen war ich gegenüber Obdachlosen viel barmherziger. Neben Kleingeld übergab ich öfter auch die Missionszeitschrift. Außerdem forderte mich Gott auch beim Spenden heraus, als ich ihn fragte, wohin ich etwas geben könne. Ich stieß auf gleich zwei christliche Projekte. Ebenfalls machte er mir durch verschiedene Situationen deutlich, dass ich auch selbst helfen konnte. Daher meldete ich mich bei der Stadtmission, wo ich bereits im vergangenen Jahr aushalf. Dort bereitete ich Nothilfepäckchen für Obdachlose zu. Passend zur Fastenzeit las ich auch den Leseplan „Gebet und Fasten". Darin gab es zwei Übungen, bei denen ich die Gedanken und Impulse, welche mir im Gespräch mit Gott kamen, aus der Perspektive des Vaters aufschrieb. Dabei überschüttete er mich wieder mit seiner Liebe und drückte seine Nähe zu mir aus. Auch sein Zeitplan war perfekt abgestimmt, oft sogar auf die Minute. Dies merkte ich besonders während der Fastenzeit, nach der ich übrigens nur noch sechsundsechzig Kilogramm wog. Davor waren es dreiundsiebzig. Gerade beim Workout machte sich dies bemerkbar. Dieses musste ich noch immer draußen durchführen, da die Fitnessstudios aufgrund von COVID nach wie vor geschlossen waren. Eine Wiedereröffnung war noch nicht abzusehen. Im Gegenteil, der Lockdown wurde noch einmal verschärft, da die Infektionszahlen stiegen. Aber ich registrierte immer mehr, dass mich Gott schon weit vorher auf diesen Lockdown vorbereitete und mich zu diesem Outdoor-Workout durch die vorherigen Gruppen-Workouts motivierte. Außerdem gab er mir weiter Ideen für neue Übungen. Durch die Nähe zu ihm machte mir der Lockdown und die Kurzarbeit überhaupt nichts aus. So redete ich noch viel mehr mit Jesus, als wenn ich gearbeitet hätte, und es machte mir immer mehr Spaß.

Stellenanzeige seines Projektes

Auch nach der Fastenzeit beschäftigte ich mich sehr intensiv mit Gott und spürte, dass unsere Beziehung wuchs. Ich trug eine riesige Freude in mir und zeigte diese auch in meinen Smallgroups. Ich schwärmte richtig von meinen Erlebnissen mit Gott über den Jahreswechsel. In meiner Mittwoch-Smallgroup sollten wir unsere Ziele für 2021 aufschreiben. Da ich diese schon mit Gott besprochen hatte, fiel mir diese Aufgabe nicht schwer. Allerdings stellte ich fest, dass ich nahezu der Einzige war, der ausschließlich geistliche Ziele aufschrieb. Auch mein leiblicher Vater war über meine Freude in einem Telefonat überrascht. Ich hatte das Gefühl, dass ich mich meinem leiblichen und geistlichen Vater gleichzeitig annäherte. Gott wünschte sich einfach genau solch eine innige Beziehung mit mir und nur so konnte ich mir dies auch praktisch vorstellen. Je mehr die Beziehung wuchs, umso einfacher war es auch, mich auf seinen Geist einzulassen und von ihm leiten zu lassen. Irgendwie gab mir das Fasten diesbezüglich nochmal einen „Push". Außerdem erlebte ich danach auch Wunder. Während des Zoom-Meetings mit meiner Smallgroup bekam ich plötzlich Schüttelfrost und starke Kopfschmerzen. Da ich meinen Körper kannte, fühlte ich, dass ich krank werden würde. Daher erzählte ich es im Meeting und bat um Gebet. Schon am nächsten Tag fühlte ich mich nur noch ein bisschen schwach und am Folgetag ging es mir wieder richtig gut. Am dritten Tag nach dem Fasten hatte ich thailändisches Essen bestellt und wollte mich bezüglich des Info-Wochenendes von OMF im Februar informieren. Nun war auch klar, dass dieses aufgrund von COVID nur virtuell stattfinden würde. Dabei sah ich, dass es auch Stellenanzeigen auf der internationalen Homepage gab und stieß auf zwei Anzeigen für einen Gästehausmanager in Thailand. OMF suchte jeweils einen Manager in Bangkok und im Süden Thailands. Gerade das letzte Objekt sprach mich sofort an. Es bestand aus einem Haupthaus und einigen Apartments und lag direkt am Strand. Dort konnten Missionare Urlaub machen und einfach abschalten. Ich war mir sicher, dass dies der Hinweis war, auf den ich gewartet hatte, und war total überwältigt. Das war auf jeden Fall sein Projekt und ich wollte ein Teil davon sein. Dort konnte ich seinen Jüngern einen unvergesslichen Urlaub ermöglichen. Je mehr ich darüber nachdachte, umso mehr stieg meine Begeisterung dafür. Das war genau das Projekt, von dem er mir bereits so viele Hinweise gab. Trotzdem bat ich Gott nochmal um eine eindeutige Bestätigung und diese erhielt ich prompt am Tag darauf durch Psalm 23, welchen wir in unserer Montag-Smallgroup behandelten. Das Objekt war eine richtige Oase direkt am Golf von Thailand. Sogar Kühe grasten dort nebenan. Ich hatte bereits fünfzig Länder bereist, aber so etwas noch nie gesehen. Da passte der Vers 2 wie die Faust aufs Auge: „Er bringt mich auf Weideplätze mit saftigem Gras und führt mich zu Wasserstellen, an denen ich ausruhen kann." Wieder einmal gab mir Gott durch sein Wort einen klaren Hinweis. Somit wusste ich zum ersten Mal in meinem Leben, dass ich die Stelle bekommen würde, obwohl ich mich noch nicht einmal beworben hatte. Aber es war auch eine große Herausforderung, denn der Job war spendenbasiert und ich sollte vor Ort einen Gottesdienst arrangieren. Außerdem musste ich Thailändisch lernen. Ich war mir allerdings sicher, dass Gott mir helfen würde, denn es war ja sein Wille. Außerdem sicherte er mir bereits letztes Jahr Unterstützung beim Erlernen der Landessprache zu. Es war großartig zu wissen, dass ich Gottes Willen kannte und ihn somit noch besser praktisch umsetzen konnte, einfach ein Traum! ☺ Und ich wusste bereits, was er noch vorhatte. Die Idee, dass ich armen Menschen einen Urlaub ermöglich könne, kam ja von ihm. Wie sehr ihm diese Menschen am Herzen lagen, zeigte er mir während des Fastens. Sollte es einmal ein Resort für Missionare und Arme werden? Und wann sollte es losgehen? Da ich zuerst meinen Job kündigen musste und durch COVID an eine Reise momentan sowieso nicht zu denken war, konnte ich vor Herbst nicht damit rechnen und diesen Zeitraum hatte mir

Gott ja auch schon früher mitgeteilt. Meine Mietwohnung wollte ich ursprünglich eigentlich untervermieten, aber auch da gab er mir den Hinweis, dass ich diese kündigen sollte. Die Einrichtungsgegenstände könnte ich ja für eine Abschlagszahlung verkaufen. Sorgen um genügend finanzielle Mittel musste ich mir jedoch nicht machen, denn ihm gehörte ja alles Geld. Ich erinnerte mich auch an die finanziellen Wunder, die Markus Rode beim Bau des Open Doors-Hoffnungszentrums erlebte. Für sein Projekt hatte ich jedenfalls schon viele Ideen gesammelt und es kamen immer mehr dazu. Jesus sagte mir ebenfalls: „Think bigger!" Es konnte tatsächlich ein Resort werden, was man vorher so noch nicht kannte. Ich brannte richtig dafür, Gott zu dienen. Irgendwann wollte ich mit Jesus am Strand davorsitzen und ihm danken, was er alles möglich gemacht hatte. Ich war einfach sprachlos und konnte es kaum erwarten, obwohl ich noch nicht mal die Zusage von OMF hatte. Doch Gott ermutigte mich auch danach mit einer OMF-Predigt über einen Kurswechsel im Leben, passenden Worship-Songs und Bibelversen, wie z. B. 1. Petrus 13: „Deshalb kontrolliert eure persönliche Einstellung und seid immer zum Aufbruch bereit" oder auch bei Instagram mit einem Post über Lukas 5,5: „Wenn Gott es sagt, dann wage es." Passend dazu las ich die Geschichte von Peter Vandenberg, der für den Evangelist Reinhard Bonnke tätig war. Gott nutzte auch bei ihm die Ingenieursfähigkeiten, so wie ihm bei diesem Projekt meine Fähigkeit im Tourismusbereich dient. Der Heilige Geist leitete mich jedenfalls dazu, OMF Deutschland schon vor dem Info-Wochenende zu kontaktieren und so hatte ich bereits einige Tage später einen Zoom-Call mit einem Missionar sowie der verantwortlichen Koordinatorin.

Erkrankung an COVID

Die beiden Gespräche waren richtig gut und ich erfuhr somit auch nochmal ein paar wichtige Details. Auch dass am Ende der Gespräche gebetet wurde, faszinierte mich. Das war einfach solch ein Unterschied zu vorherigen Bewerbungsgesprächen. Es kristallisierte sich heraus, dass es noch ungefähr ein Jahr dauern würde, bis ich nach Thailand ausreisen könnte, aber letztendlich musste dies das thailändische Büro entscheiden. Bis dies soweit war, waren aber noch viele Schritte notwendig. OMF entstand damals aus der China-Inland-Mission, welche 1865 von Hudson Taylor gegründet wurde. Seitdem entwickelte sich eine große Missionsgemeinschaft mit zweitausendeinhundert Mitarbeitern (Stand 2022), welche sich speziell in Ostasien engagierte. Zu den Werten von OMF gehörte, dass man sich mit den Einheimischen vor Ort identifizierte. Daher bot OMF vor der Ausreise ein umfangreiches Training an, welches unter anderem in England und Singapur stattfand. Auch in Thailand selbst gab es nochmal ein spezielles Trainingszentrum. Ebenso empfahlen sie mir, vorher noch eine Bibelschule zu besuchen. Die Idee fand ich gut, jedoch musste es aufgrund meiner Arbeit im Schichtdienst ein flexibler Onlinekurs sein. Eigentlich wollte ich sogar einen englischsprachigen Kurs besuchen, damit ich bestmöglich vorbereitet wurde. Somit begann ich die Recherche dazu. Zu den Finanzrichtlinien von OMF gehörte, dass sie Gottes Versorgung stark vertrauten. Daher forderte OMF, dass ich einen Unterstützerkreis aufbauen, aber nicht direkt um Geld fragen sollte. Ehrlich gesagt fiel mir der Gedanke daran nicht leicht, jedoch wollte ich dort Gott vollstes Vertrauen schenken. Passend dazu hatte ich einen Traum, in dem ich in einer ungünstigen Situation plötzlich Geld fand. Etwas für mich Ungewöhnliches passierte auch an einem Sonntag Mitte Januar, als ich mit einigen Teilnehmern meiner Mittwoch-Smallgroup zu einer Church ging, wo noch Gottesdienste vor Ort stattfanden. Der Pastor hauchte einigen Gemeindebesuchern das Feuer vom Heiligen Geist ein und die Menschen fielen nacheinander um. Für mich war dies totales Neuland und daher auch seltsam mitanzusehen. Doch auch jemand aus meiner Smallgroup hatte dieses Erlebnis und dieser spürte regelrecht, wie seine Arme hochgezogen wurden. Trotzdem war ich dem „Ruhen im Geist" skeptisch gegenüber. Außerdem wurden im Gottesdienst auch Menschen geheilt. Dass dies möglich war, daran zweifelte ich nicht. Gott hatte mir erst kurz davor in einem nächtlichen Gespräch zum wiederholten Male gesagt, dass ich eine größere Autorität in ihm hatte, als ich denken würde. Ich musste mir nur mehr zutrauen und Angst durfte da keinen Platz haben. Kurz darauf hatte ich einen Traum von einem durch Äste versperrten Weg, welchen ich mir mit einer Handsäge frei machte. Mein Leben wollte ich in Bezug auf Gottes Willen einfach ohne Begrenzungen führen. Dazu zeigte mir Gott auch Predigten von Reinhard Bonnke sowie von Daniel Kolenda, welche beide hauptsächlich in Afrika evangelisierten. Auch das waren nochmal Bestätigungen von Gott, was er sich von mir wünschte. Etwa zur selben Zeit schrieb mir mein ehemaliger Jugendleiter zurück, den ich Ende letzten Jahres kontaktiert hatte. Er baute 2009 in Medellin (Kolumbien) das Zentrum Pa'mi Barrio auf, welches sich für Kinder aus armen Verhältnissen einsetzte. Da diese Einrichtung in einem gefährlichen Viertel lag und ich mich ja schon selbst in einer gefährlichen Situation in Medellin befand, fragte ich ihn danach. Er erzählte mir von einigen Wundern, welche er erlebte. Einmal war er mit einer Missionarin unterwegs, als sie von einer mit Messern bewaffneten Bande bedroht wurden. Die Missionarin drohte ihnen zurück und sagte: „Im Namen Jesu verschwindet hier, sofort!" Die Kriminellen drehten sich um und verschwanden. Ich hatte das Gefühl, dass mich Jesus immer mehr darauf vorbereitete, was alles mit seiner Autorität möglich war. Bis dato hatte ich keine Berührungspunkte mit solchen Dingen. Allgemein sprach man in Deutschland nicht viel darüber. Doch gerade in Thailand war es wichtig, denn dort waren viele Menschen durch ihren animistischen Glauben von Geistern befallen. Schon damals trieb Jesus Dämonen aus und gab diesen Auftrag in Markus 16,17 auch an seine Jünger und somit auch an uns. In Markus 9,23 ermutigt er uns: „Für den, der Gott vertraut, ist alles möglich." Es war nur wichtig, im vollen Glauben zu handeln und eine Einheit mit dem Heiligen Geist zu sein. Gott schenkte uns seinen Geist, damit wir selbst diese Power hatten. Nicht nur die Jünger taten es in der Bibel, sondern beispielsweise auch Paulus (Apostelgeschichte 16,18). Passend dazu schaute ich mir eine Predigt an, in der es um Dämonenaustreibung ging. Außerdem stieß ich auf den Missionsauftrag von Jesus in Matthäus 28,19: „Darum geht zu allen Völkern und macht die Menschen zu meinen Jüngern." In Bezug dazu las ich das Buch „Mit anderen Augen" von Jayson Georges. Während Christen im Westen eher die Erlösung von Schuld betonen, sehnen sich andere Kulturen eher nach Ehre, um Schande abzuwenden und nach Macht, um ihre Angst zu überwinden. Die Bibel geht auf alle drei Bedürfnisse ein – durch Gottes Gnade werden wir von Scham, Angst und Schuld geheilt. Diese dreidimensionale Beleuchtung des Evangeliums war extrem wichtig für meine Zeit in Thailand und ich dankte Gott für diese Vorbereitung. Dort gab es gerade einmal ein Prozent Christen, da musste einfach etwas passieren. Vielleicht waren auch neue Strategien notwendig. Einen interessanten Gedanken hatte ich dazu, als ich daran dachte, dass ich während meines Bangkok-Aufenthaltes 2019 Mitarbeiter der thailändischen Regierung kennenlernte. Vielleicht sollte das ja später in Bezug auf das Evangelium noch einmal von Bedeutung sein. Um den buddhistischen Glauben besser zu verstehen, beschäftigte ich mich näher damit. Aber auch da hatte ich durch die Begegnung mit den Mitarbeitern schon einen näheren Einblick erhalten. Ebenso in den Geisterglauben. Als ich damals in Bangkok war, wollte ich auf ein Hochhaus gehen, welches sich im Rohbau befand und nicht fertiggebaut worden war. Dieses Haus nannte man „Ghost Tower", da dort bereits ein Backpacker umkam und es auf einen ehemaligen Friedhof gebaut wurde. Als ich den Regierungsbeamten von meinem Vorhaben berichtete, spürte ich die Angst in ihren Augen und sie rieten mir dringend davon ab. Letztendlich war der Tower gesperrt und ich konnte nicht hochgehen.

Eine besondere Herausforderung war mittlerweile auch, dass mich meine letzte Ex-Freundin nach fast drei Jahren wieder kontaktierte. Ich wollte jetzt einfach keine Fehler machen. Also schrieb ich ihr von meinen Erlebnissen mit Gott und erinnerte sie an den Livestream meiner Church. Damals besuchten wir den Gottesdienst auch ein paar Mal gemeinsam, aber erzählen konnte ich ihr nicht viel, da ich ja selbst ohne Gott unterwegs war. Das wollte ich jetzt ändern und ich hatte das Gefühl, Gott gab mir den Auftrag dazu. Sein Geist konnte den Rest erledigen (Johannes 16,8). Es war einfach so viel mehr möglich mit ihm. Das erlebte ich auch in einem Gespräch mit einem Freund meiner Church. Er hatte sogar schon Himmelserfahrungen gemacht. Bis dato hatte ich von solchen Storys nur bei YouTube gehört, doch wenn eine vertraute Person solche Erlebnisse voller Freude erzählt, ist das nochmal etwas anderes. In der Folgewoche bekam ich Grippesymptome und erfuhr kurze Zeit später, dass ich Kontaktperson 1. Grades sei. Kurz danach bestätigte sich meine Befürchtung, denn das Testergebnis auf COVID fiel positiv aus. Glücklicherweise war ich nicht arbeiten und hatte auch sonst keine Mitmenschen angesteckt. Das bedeutete aber auch, dass ich mich für zwei Wochen in Quarantäne begeben musste, denn das waren die gegenwärtigen Regeln. Erstaunlicherweise machte mir dies überhaupt nichts aus. Die Symptome hielten auch nur vier Tage an und außer einer nachträglichen leichten Erkältung sowie Geruchsstörungen hatte ich keine Schwierigkeiten. Ich trug einfach immer noch solch eine Freude in mir und konnte mich somit dadurch sogar noch intensiver mit Gott beschäftigen. Als liebevoller Vater ermutigte er mich durch Bibelverse, wie 2. Korinther 12,9: „Meine Gnade muss dir genügen, denn meine Kraft ist in den Schwachen mächtig. Jetzt bin ich sogar stolz auf meine Schwachheit, weil so die Kraft von Christus auf mir ruht." Außerdem hatte ich so noch mehr Zeit, meine Bewerbung weiter vorzubereiten. Diese war nämlich sehr umfangreich. Ich musste viele theologischen Fragen beantworten, aber auch da erlebte ich die Hilfe vom Heiligen Geist. Außerdem musste ich mir einige Referenzen einholen. Obwohl ich die ganzen Tage zu Hause verbrachte, war es mir zu keiner Minute langweilig und ich investierte die Zeit nützlich. Mit dem Missionsleiter von OMF Deutschland hatte ich bereits das nächste Gespräch via Zoom und auch meinen Pastor involvierte ich in die Pläne. Meine Church war hier sehr wichtig, denn diese musste mich ja aussenden und war daher mein Rückhalt. Mein Pastor fand es toll, erzählte mir aber auch, dass er gleichzeitig der deutsche Geschäftsführer von Vision Ost sei. Dies war ebenfalls eine Organisation, welche sich unter anderen in Asien einsetzte. Plötzlich zweifelte ich, ob OMF wirklich Gottes Plan mit mir war oder ob dies eine neue Tür war, welche sich da öffnete. Oder nutzte Gott mich hier, um meinen Pastor zu inspirieren? Ich wusste es nicht hundertprozentig, aber tendierte doch eher zu OMF. Ebenso erzählte ich meiner Family von Gottes Plänen und war glücklich über die positiven Reaktionen. In vielen Dingen realisierte ich, dass Gott diesen Plan mit mir bereits Jahre zuvor vorbereitete. Er war einfach so großartig. Vor allem, dass zwei Smallgroups hinter mir standen, war gerade jetzt hilfreich. Für meine Mittwoch-Group bereitete ich das Thema „Waffenrüstung Gottes" vor. Diese Materie war einfach so wichtig und ich hatte diese ja bereits in meiner Montag-Smallgroup behandelt. Das war das erste Mal in meinem Leben, dass ich ein Thema vorbereitete, aber mir machte es richtig Spaß. Der Heilige Geist unterstützte mich wieder prima und meine Group fand es sehr hilfreich. Doch ich erlebte auch einen Angriff, den ich jedoch erfolgreich mit der Waffenrüstung abwehren konnte. Der Teufel oder auch „Satan" genannt, konnte mit meiner Entwicklung natürlich nicht zufrieden sein. In meinen beiden Smallgroups konnten wir uns gegenseitig immer wieder ermutigen und mit meiner inneren Freude trug ich einen wichtigen Teil dazu bei. Beide Groups involvierte ich in Gottes Plan mit mir und begeisterte sie dadurch. Ich merkte, dass ich durch meine Story bereits viele Menschen ermutigte. Oft erzählten mir die

Gesprächspartner auch, dass sie dabei Gänsehaut bekommen hätten. Durch diese Erfahrungen konnte ich auch in Thailand das Evangelium an Nicht-Christen verbreiten. Allgemein registrierte ich, dass wir in den beiden Groups alle in den letzten Monaten stark wuchsen. In den vergangenen Tagen merkte ich auch wieder, wie perfekt Gottes Zeitplan täglich abgestimmt war. Es passte einfach alles. Außerdem wurde ich durch das Verbringen in seiner Gegenwart immer sensibler für seine Stimme. Beim Lesen des Buches von Joyce Meyer „Wie man Gottes Reden hört" registrierte ich, dass Gott so viele Möglichkeiten hatte, mit uns zu reden. Trotzdem war es wichtig, nicht nur Gottes Stimme zu suchen, sondern ihn.

Zweites Ausbildungsjahr

Bei der Wahl der Bibelschule blieben aufgrund der Flexibilität am Ende nur zwei Schulen übrig, eine deutsche und eine englischsprachige. In die Entscheidung bezog ich selbstverständlich wieder Gott mit ein und erfuhr ein paar Tage später, dass die deutsche Schule eine Kooperation mit OMF hatte. Dies war mal wieder eine starke Bestätigung. Noch dazu sagte mir die englischsprachige Schule kurz darauf ab, da ich die Voraussetzungen nicht komplett erfüllte.

Der Kurs war allerdings auch sehr herausfordernd, denn ich musste täglich sehr viel Zeit investieren, um ihn innerhalb des Jahres abschließen zu können. Dies war zwar keine Voraussetzung, aber ich nahm es mir vor. Außerdem erfuhr ich von OMF, dass ich zu Beginn meines Thailandaufenthaltes das Sprach- und Kulturtraining (Daniel-Training) in Lopburi für ein Jahr besuchen und absolvieren sollte, was ich toll fand. Mir wurde bewusst, dass ich mich im zweiten Jahr in Gottes Ausbildung befand. Das erste Jahr hatte er genutzt, um mir die Basics beizubringen. Dieses Jahr sollte ich bibelfester werden und das kommende Jahr würde ich die Kultur und Sprache vor Ort kennenlernen. Also eigentlich eine dreijährige Ausbildung wie bei den Jüngern Jesu oder auch bei Paulus. Das zeigte mir auch, dass ich mit Februar 2022 rechnen konnte, nach Thailand auszureisen. Zwischendurch wollte ich unbedingt noch nach Israel fliegen. Leider wurde jedoch der Flug im März gestrichen. Daraufhin entschieden wir uns, den Urlaub auf Ende November zu verschieben. Für die Bibelschule benötigte ich Referenzen und fragte dazu unter anderem den Smallgroup-Leiter meiner Montag-Smallgroup. Mit ihm traf ich mich und wir tauschten uns intensiv aus. In nur ein paar Monaten hatte sich eine echte Freundschaft entwickelt. Wie war ich Gott dankbar, dass ich an der Smallgroup festhielt und den Lügen des Feindes widerstand! Gemeinschaft war einfach so wichtig. Daher wollte ich mich auch stärker in meine Church einbringen. Die Idee mit dem Hangout konnten wir aufgrund der COVID-Bestimmungen noch länger nicht umsetzen. Als ich Gott dazu befragte, gab er mir den Hinweis, dass ich hinter der Kamera mitarbeiten könne. Dort wurde sowieso gerade jemand gesucht und es würde auch eine Vorbereitung auf die Gemeindearbeit in Thailand sein, da Übertragungen per Livestream immer mehr an Popularität zunahmen und dadurch viele Menschen erreicht werden konnten. Vielleicht könnte ich auch Videoberichte aus Thailand für meine Unterstützer in Deutschland vorbereiten, denn laut OMF sollte ich regelmäßig Updates geben. Während meiner Reisen nahm ich bereits in der Vergangenheit ab und zu Videos mit meiner Actioncam auf. OMF lud mich Mitte Februar in die Deutschlandzentrale ein, wo ich den Leiter, aber auch andere Mitarbeiter noch einmal persönlich kennenlernen durfte. Die Gespräche waren sehr intensiv und lange, aber ich fühlte mich einfach so wohl. Es sollten allerdings weitere Gespräche mit ehrenamtlichen Mitarbeitern folgen. Diesen komplexen Bewerbungsprozess fand ich aber super, da es mir das Gefühl gab, dass ich bei OMF gut aufgehoben war. Ich hatte ein richtig gutes Gefühl, dass OMF das Richtige war. Eine Sache, bei der ich Gott sehr vertrauen musste, war die monatliche Summe, welche durch Spenden aufzubringen war. Diese Summe war viel höher als ich dachte, da neben Wohnen, Essen, Sprachstudium und Verwaltungskosten auch noch die Versicherungen sowie die Altersvorsorge finanziert werden mussten. Bei den Aktien erlebte ich ebenfalls Freude pur, als der Impfstoff von Novavax positive Ergebnisse meldete und die Aktie in die Höhe schoss. Außerdem löschte ich nun meinen Blog endgültig, da ich das Gefühl hatte, daraus würde später ein Buch entstehen. Vielleicht konnte ich dieses sogar in Thailändisch übersetzen lassen. Open Doors brachte unterdessen einen neuen Weltverfolgungsindex heraus. Leider hatten die Auswirkungen von COVID die Verfolgung und Diskriminierung von Christen noch einmal verstärkt. Passend dazu schaute ich mir den Film „Sheep Among Wolves" an, der dieses Thema ebenfalls veranschaulichte. Schon in Matthäus

10,16 sagte Jesus: „Ich sende euch wie Schafe mitten unter Wölfe." Die Welt wurde immer gefährlicher und das war noch nicht das Ende. In Matthäus 24,8 heißt es: „Doch das ist der Anfang, es ist wie bei den Geburtswehen." Dass der Teufel nichts unversucht ließ, merkte ich auch eines Tages, als meine Wasserflasche auf mein MacBook kippte. Mein Trackpad funktionierte danach nicht mehr und das war ein sehr ungünstiger Zeitpunkt. Ich trocknete das MacBook und betete. Einige Stunden später funktionierte wieder alles einwandfrei. Hallelujah! Die Früchte seines Geistes wuchsen immer mehr, weil ich sie goss, ähnlich wie ein Gärtner das tat. Sein lebendiges Wasser gab mir solch eine Kraft. Doch im Februar griff ich nach langer Zeit auch zu der falschen Frucht und ließ mich von pornografischen Inhalten verführen. Selbst wenn ich meinen „Aussetzer" nicht verstand, versuchte ich mich nicht mehr so anzuklagen wie früher. Das fiel mir noch nicht so leicht, aber durch das geistliche und körperliche Training von Jesus lernte ich nach vorne zu schauen. Ein tieferes Verständnis von seiner Gnade erreichte ich auch nochmal durch das Buch „Ein Leben im Sieg" von Dennis McCallum. Ich stand einfach nicht mehr unter dem Gesetz, sondern unter Gottes Gnade. Meine Identität konnte ich nicht auf mein Verhalten, sondern voll auf Christus stützen.

Beginn Bibelschule

Im März begann ich nun auch das Bibelstudium. Das Studium war ziemlich komplex und enthielt auch einen Praxisteil. Ein Vorteil war hier neben der Mitarbeit bei der Stadtmission, dass ich mittlerweile hinter der Kamera beim Gottesdienst mitwirkte. Auch bei vielen anderen Dingen merkte ich, dass Gott mich schon perfekt auf die Bibelschule vorbereitete. So hatte ich mir auch das gesamte letzte Jahr viele Notizen zu verschiedenen geistlichen Themen gemacht, die ich jetzt verwenden konnte. Beim ersten Thema, Beten, sollte ich einen Auszug aus dem Buch „Beten" von Timothy Keller lesen, welches ich bereits im vergangenen Jahr komplett durchgelesen hatte. Während des Studierens des Wort Gottes wollte ich auch noch mehr den Heiligen Geist einladen, um gemeinsam die Bibel zu lesen. Noch so manches Mal registrierte ich, dass ich Gottes Geschenk nicht immer einsetzte. So fragte ich den Heiligen Geist auch bei einem prophetischen Bild, welches für jemand anderen geteilt wurde, nach der Deutung, und prompt erhielt ich eine Antwort, welche die betreffende Person stark berührte. Mir wurde auch ein Mentor zur Seite gestellt. Dessen Aussagen gefielen mir allerdings nicht so richtig. Er sagte, dass mich Jesus nicht immer so an die Hand nehmen würde, wie ich es erlebt hatte. Dies beschäftigte mich, und ich fragte Jesus dazu. Seine Antwort haute mich komplett um, denn er sagte, dass er mich auf Schultern tragen würde. Das war einfach mal wieder so genial und gab mir eine tiefe Zufriedenheit. Außerdem sagte der Mentor, ich könne Jesus nicht unbedingt „meinen Freund" nennen. Doch genau so hatte ich ihn kennengelernt. Meine Smallgroups gaben mir dahingehend nochmal Bestätigung. Und auch in Johannes 15,15 nennt uns Freunde von Jesus. Natürlich war er gleichzeitig auch mein König und mein Lehrer. Passend dazu hatte ich einen Traum, in dem zum ersten Mal eine Versangabe vorkam. Nach dem Aufwachen schlug ich die Bibelstelle Johannes 20,16 nach und dort steht: „‚Maria!', sagte Jesus. Da drehte sie sich um und rief: ‚Rabbuni!' Das ist Hebräisch und heißt: ‚Mein Lehrer!'" Ja, das war er tatsächlich. Mittlerweile hatte auch unser „Get free" mit der Smallgroup begonnen und Gott zeigte mir durch verschiedene Situationen, woran ich noch arbeiten sollte. Eine Sache dabei war die Geduld. Gerade bei einigen noch fehlenden Dokumenten für OMF wurde ich nochmal auf die Probe gestellt. Doch Jesus sagte mir: „Be patient!" und wies mich auch auf Lukas 5 hin, wo er seinen Jüngern Vertrauen lehrte. Trotzdem entdeckte ich auch eine Eigenschaft von mir neu, die mir gar nicht so bewusst war. Da ich den Bewerbungsprozess so schnell vorantrieb, erhielt ich von verschiedenen Seiten sehr gutes Feedback. Wenn ich etwas wollte, dann klotzte ich auch ran. In einem Zoom-Call zwischen meinem Pastor und dem Missionsleiter sagte dieser mir, dass es in den letzten Jahren selten so einen schnellen Bewerber gegeben hätte. Aber ich musste auch vorsichtig sein, dass ich mich nicht übernahm. Eine OMF-Mitarbeiterin erzählte mir, dass sie ein Burnout hatte, weil sie so viel im Zielland umsetzen wollte. Zum Bewerbungsprozess bei OMF gehörte auch ein Termin bei einer Psychologin. Ich fuhr daher nach Hamburg und hatte ein wirklich tolles Gespräch. Die Psychologin, welche selbst einmal als Missionarin gearbeitet hatte, stellte mir eine positive Empfehlung für OMF aus. Außerdem bewarb ich mich beim Männergebetsbund, einer Gruppe christlicher Männer, welche regelmäßig für Missionare beteten. Noch vor einem halben Jahr traute ich mich nicht, vor anderen zu beten. Oft vergaß ich aber noch, sofort zu beten. Das merkte ich auch, als ich einen Frisörtermin vereinbaren wollte. Die Frisöre öffneten im März nach über zwei Monaten wieder und man konnte einen Termin in einem begrenzten Zeitraum vereinbaren. Dementsprechend war die Leitung besetzt. Nach fünf Minuten besetzter Leitung betete ich und sofort war die Leitung frei. Mit Gott war alles möglich und von ihm wollte ich auch während der Arbeit in der Stadtmission erzählen. Ich bat Gott darum, dass er mich an einen geeigneten Platz einsetzen sollte. Und dieses Gebet erfüllte er. Zwei Frauen, welche ebenfalls mithalfen, bedankten sich am Ende, dass ich ein Segen gewesen sei. Eine der beiden Frauen erklärte sogar ihre Bereitschaft, mich zukünftig zu unterstützen. Ich hatte noch nicht mal eine Zusage von OMF und schon vier Personen/Ehepaare, welche ich auf meine Unterstützerliste setzen konnte. Eine weitere Prüfung erhielt ich von Gott eines Nachts, als ich mit ihm sprach. Ich wollte mir seine Antwort im iPhone notieren und sah, dass sich innerhalb von fünfundvierzig Minuten zwei Interessenten auf ein christliches Buch gemeldet hatten, welches ich bei eBay Kleinanzeigen inserierte. Vorher meldete sich wochenlang niemand. Ein Interessent fragte, wie hoch die Versandkosten wären, und eine Frau fragte kurz vorher, ob ich ihr das Buch günstiger verkaufen könne, da sie einen behinderten Mann und fünf Kinder habe. Für mich stand sofort fest, dass ich der Frau das Buch geben wollte. Nach dieser Entscheidung spürte ich einen tiefen Frieden und wie sich Gott darüber freute. Ich setzte noch einen drauf und verschenkte das Buch und legte die Missionszeitschrift bei. Ein richtiges Wunder beim Missionieren erfuhr ich in einem Telefonat mit dem Freund, welchen ich letztes Jahr besucht hatte und der mir sagte, er wolle lieber in die Hölle kommen. Er erzählte mir, dass er angefangen habe zu beten. Was für eine Gebetserhörung! Eine Stunde vor dem Telefonat schaute ich mir noch Videos an, welche man zum Missionieren verwenden konnte. Somit war ich gut vorbereitet und konnte seine Fragen beantworten. Aber auch durch Träume stärkte Gott mich weiter. In einem Traum musste ich mit einem Freund vor einer Meute mit Hunden flüchten. Allerdings wurde nur er gebissen. Danach wollte er etwas über Gott erfahren, weil ich beschützt worden war. Der Heilige Geist machte mir verständlich, dass Gott mich immer beschütze und ich so auch Menschen in Thailand erreichen könne, welche Angst vor Geister hatten.

Erste Erfolge bei Heilung in der Autorität Gottes

Beim „Get Free" unserer Smallgroup ging es unter anderem auch um unsere Autorität. Tobi Teichen vom ICF München verglich sie mit einer Kreditkarte, welche Gott uns gibt. Ich musste mir dieser Vollmacht nur bewusstwerden und auch einsetzen. Noch immer machte mir mein Nacken zu schaffen. Die Verspannungen waren zwischenzeitlich wieder stark spürbar, obwohl ich immer noch regelmäßig die Übungen von Medical Fitness durchführte. Bei der Heilung wollte ich endlich einen Durchbruch erzielen, weil ich mittlerweile auch verstand, dass es Gottes Wille war. Im Geist hatte ich bereits Heilung empfangen. In Jesaja 53,4 heißt es: „Für unseren Frieden ertrug er den Schmerz, und wir sind durch seine Striemen geheilt." Eines Nachts sagte mir Jesus auch: „Ich will!" Passend dazu heißt es in 2. Korinther 1,20: „In ihm ist das ‚Ja' zu allen Zusagen Gottes!" Zur Heilung schaute ich mir den ganzen April über sehr viele Videos unter anderem von Andrew Wommack, Curry Blake, Kenneth Copeland oder Dan Mohler an. Gerade Andrew Wommack vermittelte das Thema sehr gut, und Gott sagte mir, dass er ein Mann des Glaubens sei. Dies war für mich eine Bestätigung, dass ich mir mehr von ihm anschauen sollte. Ich wollte die Autorität ergreifen und im Namen Jesu direkt zum Problem sprechen und in dem Moment glauben, dass ich Heilung empfing. In Markus 11,23–24 lehrte Jesus seinen Jüngern: „Ich versichere euch: Wenn jemand zu diesem Berg hier sagt: Heb dich hoch und stürz dich ins Meer! Und dabei keinen Zweifel in seinem Herzen hat, sondern fest darauf vertraut, dass geschieht, was er sagt, dann wird es geschehen. Darum sage ich euch: Worum ihr im Gebet auch bittet, glaubt, dass ihr es empfangen habt, dann werdet ihr es auch erhalten." Ich durfte nicht auf das Sichtbare schauen, sondern auf das Unsichtbare, so wie es auch in Hebräer 11,1 heißt. Die positive Vorstellungskraft oder Visualisierung (innere Bühne) war der Schlüssel im Empfangen von Gott im Glauben. Andrew

Wommack erzielte mit diesem Mindset einen Durchbruch und das nicht nur bei der Heilung. Auch welche Kraft positive Worte haben, erklärte er sehr gut. Gottes Wort ist die Wahrheit und ich wollte darauf bauen. Ich bat Gott um noch mehr geistliches Verständnis, da ich es ja nicht nur für mich selbst anwenden sollte. Solche Gebete sprach damals schon Paulus und ich orientierte mich oft daran. Das war auch ein Grund, warum ich schon an diesem Punkt angelangt war. Gott erhörte mein Gebet unter anderem mit der Biografie von Hudson Taylor, welche ich gerade las. Eines Tages machte ihm der Heilige Geist verständlich, dass er sich nicht selbst zur Rebe machen musste, sondern dass er die Rebe am Weinstock war. Er verstand, dass er ein Teil von Jesus ist und nur daran glauben und handeln musste. Er konnte aus seiner Fülle nehmen, was er brauchte. Das gab ihm noch einmal einen Schub. Passend dazu erhielt ich von meiner Mittwoch-Smallgroup ein prophetisches Bild, wo ich einen großen Hammer in der Hand hielt, welcher immer größer wurde und eine unheimliche Durchschlagskraft hatte. Außerdem schenkte Gott mir 7-Meilen-Stiefel und ich machte damit Riesenschritte mit übermäßiger Beschleunigung und erreichte Dinge viel schneller. Ich würde in seiner Autorität Menschen heilen und auch Dämonen austreiben. Im Zuge der Bibelschule las ich passend dazu das Neue Testament durch und konnte mir ein Beispiel an Jesus nehmen, wie er das damals tat. Ich fand es so spannend, tiefer in das Wort Gottes einzutauchen und auch zu sehen, wie die ersten Christen dem Heiligen Geist vertrauten. Auch wie Paulus und Petrus in der Apostelgeschichte heilten, war faszinierend. Und sie machten dabei immer den Namen Jesus groß (Apostelgeschichte 4,10). Es war nicht meine Kraft, sondern die Kraft des Heiligen Geistes, welche in mir wirkte. Ich musste nur den Lichtschalter betätigen, denn den Strom lieferte Gott. Er wies mich diesbezüglich auch auf mehrere Bibelverse hin, so unter anderem auf Epheser 3,20: „Dem, der so unendlich viel mehr tun kann, als wir erbitten oder erdenken, und der mit seiner Kraft in uns wirkt." Um noch besser mit dem Heiligen Geist zu kooperieren, gab ich das Rauchen nun endgültig auf. Zwischenzeitlich fing ich nämlich immer mal wieder an. Unter anderem entschied ich mich dafür, weil der Heilige Geist oft darauf aufmerksam machte, beispielsweise durch 1. Korinther 6,19. Mein Körper war sein Tempel. Außerdem ließ ich mich durch den Heiligen Geist wecken und stellte keinen Wecker. Und das funktionierte. Welche Kraft ich durch den Heiligen Geist hatte, zeigte mir Gott auch wieder einmal in einem Traum. Als ich auf einem Boot im Sturm war, konnte ich durch dessen Superkraft plötzlich sogar fliegen. Er wirkte einfach wie der bekannte Energydrink. Auch welche Kraft im Namen „Jesus" steckte, erfuhr ich nochmal neu. Dadurch traute ich mir immer mehr zu und befahl meinem Rücken Heilung im Namen von Jesus. Tatsächlich spürte ich nach einiger Zeit mehrmals eine deutliche Aufrichtung meiner Wirbelsäule. Allerdings war nach ein paar Sekunden der alte Zustand wieder erreicht. Zwischenzeitlich war ich darüber frustriert, aber ich verstand, dass es der Feind war, welcher mir sofort wieder Zweifel einredete. Diese Zweifel musste ich noch besser mit den Waffen Gottes abwehren. In 2. Korinther 10,5 heißt es: „Mit ihnen zerstören wir Gedankengebäude und jedes Bollwerk, das sich gegen die Erkenntnis Gottes erhebt, wir nehmen jeden solcher Gedanken gefangen und unterstellen sie Christus." Ein passendes prophetisches Bild erhielt ich erneut in meiner Smallgroup. Ich war in einem Raum, an dessen Wänden Lügen standen. Je mehr ich betete, desto mehr gingen die Wände auseinander.

An einem Tag kam mein Kleingruppenleiter zu mir und wir beteten zusammen. Als er seine Hand auf meinen Rücken legte, spürte ich eine richtige Wärme. Er sah mit seinen geistlichen Augen außerdem viele Fäden, welche meinen Nacken und Rücken wieder stärkten. Den Durchbruch erreichte ich allerdings noch nicht. Es war ein Prozess, und da war Geduld gefragt. Es gab einen Zeitfaktor zu beachten. Die Bestellung hatte ich bereits aufgegeben und die Betätigung dazu bereits erhalten. Die Bestellung würde kommen, da war ich mir sicher. Es war wie in Markus 11, wo Jesus den Feigenbaum verfluchte, dieser aber erst am nächsten Tag verdorrt war. Allerdings sah ich bei zwei

Freunden aus meiner Smallgroup auch sofort Erfolge, nachdem ich den Problemen in Jesu Namen befahl, zu verschwinden. Einmal verschwand ein Stechen sofort und ein anderes Mal die Nackenschmerzen. Das pushte mich nochmal und stärkte meinen Glauben.

Zusage bei OMF

Ende April erhielt ich nun auch die Zusage bei OMF. Anfangs freute ich mich gar nicht überschwänglich darüber, da ich irgendwie schon damit rechnete. Gott gab mir weiterhin so viele Hinweise und Tipps für die Umsetzung vor Ort. Z. B., dass ich auch ein Boot kaufen und dieses den Missionarsfamilien für Ausflüge überlassen könnte. Ich konnte einfach groß denken und mit meiner Vorstellungskraft auch daran glauben, da es Gottes Wille war. Die Tage darauf wurde mir bewusster, was die Zusage eigentlich Geniales bedeutete. Ich war nun auch ein Jünger von Jesus. Nun musste ich nur noch eine Strategie finden, wie und wann genau ich meine Arbeitsstelle aufgeben sollte. OMF wollte mich schon ab Oktober einstellen, damit ich mehr Zeit für die Bibelschule sowie mein Partnership Development hatte und ich somit gut vorbereitet im Februar 2022 ausreisen konnte. Anfangs plante ich eigentlich, dass ich erst im Dezember angestellt werden würde, aber ich erkannte immer mehr, dass es Gottes Wille war, dass ich ab Oktober beginnen sollte. Ich erinnerte mich auch daran, dass mir Gott dies bereits letztes Jahr sagte. Es waren einfach noch zu viele Vorbereitungen zu treffen. Vor allem musste ich noch viele persönliche Gespräche mit möglichen Gebetsunterstützern führen. Meine Smallgroups sagten mir diesbezüglich auch bereits zu. Jesus lehrte mich allerdings nicht nur durch die Bibelschule neue Dinge, sondern auch neue Strategien beim Evangelisieren, da ich ihn darum bat. So gab es die sehr erfolgreiche Strategie „Jesus at the door". Davon wollte ich mehr erfahren und ging an einem Tag mit ein paar Geschwistern aus einer anderen Church in einen Berliner Park. Dort erzählten wir fremden Menschen mit dem Konzept von „Jesus at the door" vom Retter. Jedoch hatte ich nicht den Mut dazu und hielt mich eher im Hintergrund. Da wollte ich wachsen und schaute mir den Film „Finger of God 2" an. In meiner Mittwoch-Smallgroup erhielt ich zudem ein ermutigendes prophetisches Bild. Der Heilige Geist würde mich befähigen, das Evangelium in der Sprache zu verkünden, welche die jeweilige Person sprechen würde. Was für eine kraftvolle Zusage von Gott!

Jakobsweg Caminho Portugues

Mit einem befreundeten ehemaligen Reiseleiterkollegen plante ich im Mai, den Jakobsweg von Porto nach Santiago de Compostela zu wandern. Durch die noch immer anhaltenden COVID-Beschränkungen wurde mein Rückflug allerdings insgesamt viermal storniert. Auch mein Hinflug wurde immer wieder verschoben, sodass mein Freund die Reise endgültig absagte. Dies fand ich sehr schade, da ich ihm auf den Weg gerne mehr von Jesus erzählen wollte. Aber so fanden wir eine andere Lösung. Auch wegen der noch immer geschlossenen Grenze zwischen Portugal und Spanien beschränkte ich meine Wanderung auf nur eine Woche Portugal. Danach wollte ich nach Münster fliegen und dort im Umland noch drei Tage mit ihm gemeinsam wandern. Außerdem freute ich mich auf die intensive Woche mit Jesus allein zu wandern und spürte seine Freude ebenso. So flog ich am Anfang Mai nach Porto. Es war schon ein besonderes Gefühl, nach eineinhalb Jahren wieder fliegen zu dürfen, nachdem ich früher fast jeden Monat irgendwo hinflog. Außerdem war es meine erste Auslandsreise nach meiner Umkehr mit Gott. Als ich ankam, ging ich das erste Mal nach langer Zeit wieder in ein Restaurant. Auch das war nun etwas Besonderes, denn in Deutschland hatten die Restaurants seit einem halben Jahr geschlossen. Da der Reiseverkehr gerade erst wieder langsam anlief, gab es kaum Touristen. Das Wetter war mit siebzehn Grad perfekt und es regnete die gesamte Zeit nicht. So begann ich meine erste Etappe von Porto nach Povoa de Varzim. Der Weg ging auf Holzstelen durchgängig an der Küste entlang und war einfach traumhaft. Einige Abschnitte wurden gerade neu gebaut, sodass man sie ein wenig umlaufen musste. So war es auch bei mir. Ich merkte, dass ich in meinem Leben auch noch manchmal Umwege ging, anstatt den direkten Weg zu nehmen. So ließ ich mich noch so manches Mal von Social Media ablenken. Es durfte mich einfach nicht beherrschen und ich wollte mich noch mehr auf Jesus fokussieren. Mir wurde auch immer mehr bewusst, dass mich die Kundenbeschwerden am Flughafen in den letzten Jahren immer negativer beeinflussten und Gott mich da rechtzeitig rausholte. Da ich den direkten Weg an der Küste wählte, kam ich erst nach siebenunddreißig Kilometern im Hostel an. Die letzten drei Kilometer schmerzte meine rechte Wade immer mehr, sodass ich bei der Ankunft kaum mehr auftreten konnte. Ich hatte mir gleich zu Beginn eine Zerrung eingefangen, und wenn ich weiterlaufen würde, konnte es sogar zu einem Muskelriss kommen. Am Tag zuvor schrieb mir meine Mittwoch-Smallgroup, dass ich gerne Gebetsanliegen teilen könne. Als ich nachts vor Schmerzen kaum schlafen konnte, schrieb ich mein Anliegen in unsere Gruppe und proklamierte selbst Heilung. Als ich am nächsten Morgen loslief, konnte ich noch immer kaum auftreten, aber ich fokussierte mich auf Jesus und nicht auf die Symptome. Es war definitiv nicht sein Wille, dass ich jetzt aufgab. Auf dem Weg postete ich einige Fotos unter anderem auf WhatsApp, was ich sonst nicht oft tat. Daher meldeten sich bei mir auch Menschen, zu welchen ich länger keinen Kontakt hatte. Das wiederum eröffnete mir Gelegenheiten, Treffen zu vereinbaren, denn ich wollte ja noch meinen Unterstützerkreis für OMF aufbauen. So meldete sich auch einer meiner Cousins, zu welchem ich sehr lange keinen Kontakt hatte. Meine Wade war am Abend nach 23 Kilometern schon wieder fast normal. Hallelujah! Die dritte Etappe wurde bergig, aber meine Wade war zum Glück wieder in Ordnung. Auch in meinem Leben würde es noch so manche Höhen und Tiefen geben, aber ich hatte stets Gott an meiner Seite und das musste ich mir immer wieder bewusst machen. Am Morgen der vierten Etappe nach Vila Praia de Ancora schickte mir jemand aus meiner Montag-Smallgroup ein prophetisches Bild. Der Wind, der von vorne kam, wurde zu Rückenwind umgelenkt. Und genau darum ging es an diesem Tag in meinem Leseplan, denn das Thema war „Durch Gegenwind kreuzen". Der Vers aus 1. Korinther 9,26 ermutigte mich noch einmal sehr: „Ich weiß genau, wofür ich mich mit aller Kraft einsetze. Ich laufe und habe dabei das Ziel klar vor Augen. Wenn ich kämpfe, geht mein Schlag nicht ins Leere. Ich gebe alles für diesen Sieg und hole das Letzte aus meinem Körper heraus. Er muss sich meinem Willen fügen. Denn ich will nicht andere zum Kampf des Glaubens auffordern und selbst als untauglich ausscheiden." Als ich losging, gab es tatsächlich Wind, welcher zuerst von vorne kam, aber dann zum Rückenwind wurde. Das ermutigte mich auch nochmal, Heilung über meinen Rücken zu proklamieren. Trotz der Last auf meinem Rücken tat dieser nicht so sehr weh, wie ich anfangs befürchtete. Außerdem bellte mich ein Hund aus einem eingezäunten Grundstück sehr aggressiv an. Ich befahl ihm im Namen Jesus, ruhig zu sein, und tatsächlich wurde er ruhig. Kurz danach kamen allerdings gleich zwei Hunde aus einem Grundstück auf mich zu und bellten mich an. Irgendwie hatte ich plötzlich nicht mehr den Mut dazu. Der Feind versuchte sofort, meinen Sieg wieder zunichtezumachen. Als ich Kitesurfer sah, wurde mir bewusst, dass ich mich immer von Gott treiben lassen und ihm vertrauen sollte. Ich merkte immer mehr, dass ich diese Auszeit einfach brauchte, denn die letzten Monate waren mit der Bewerbung, Bibelschule und Arbeit einfach echt viel. Auf der letzten Etappe traf ich ein deutsches Pärchen, mit dem ich ein Stück zusammen ging. Ich erzählte ihnen von Jesus und dass er mir auch im Lockdown Kraft gab und er immer da sei. Sie hörten gespannt zu, denn sie hatten schon einmal Berührung mit einer Kirche.

Im letzten Hotel gönnte ich mir ein Zimmer mit Balkon und Meerblick, denn Vila Praia de Ancora war ein kleiner Ort direkt am Meer. Allgemein waren die Hotels fast alle leer und dementsprechend günstig. Auch die Restaurants waren nicht gut besucht und ich konnte Fisch für zehn Euro essen und bekam sogar noch ein Glas Portwein dazu. Als ich mit dem Zug wieder zurück nach Porto fahren wollte, wartete ich am alten Bahnhof, welcher nicht mehr in Betrieb war. Doch das wusste ich nicht. Ich hörte vorher noch Gottes Stimme, dass ich mich nicht ärgern solle, wenn ich den Zug verpassen würde. Der Zug kam, aber hielt trotz meines ausgestreckten Armes nicht an. Der Lokführer bekam sich wahrscheinlich vor Lachen gar nicht mehr ein. Aber ich ärgerte mich nicht, sondern ging zum richtigen Bahnhof, welcher nur einen Kilometer weiter entfernt lag. Dort traf ich plötzlich das deutsche Pärchen wieder und wusste, warum ich den Zug verpasste. Wir konnten uns somit nochmal gut austauschen und vielleicht nutzte Gott dies ja als Erinnerung für ein Gespräch der beiden über ihn. Bevor ich zurückflog, verbrachte ich noch einen schönen sonnigen Tag in Porto. Erst am Abreisetag begann es zu regnen. Ich besuchte im Anschluss meinen Freund in Münster und wir wanderten zusammen drei Tage im Umland. Mit ihm hatte ich gute Gespräche und er öffnete mir auch nochmal die Augen bezüglich des Gästehauses in Thailand. Ich konnte groß denken und passend dazu war auch der Leseplan „Löse dich von deinen Limits". Gott ermutigte mich durch Epheser 2,10: „Denn was wir sind, ist Gottes Werk; Er hat uns durch Jesus Christus dazu geschaffen, das zu tun, was gut und richtig ist. Gott hat alles, was wir tun sollen, vorbereitet; an uns ist es nun, das Vorbereitete auszuführen." Durch mehrere Begebenheiten bekam ich nochmal ermutigende Hinweise für Thailand. So lag beispielsweise ein Schuh am Wegesrand. Ich war mir sicher, dass Jesus mich für die kommenden intensiven Wochen und Monate besohlen würde.

Proklamieren

Als ich zurück in Berlin war, geriet ich sofort wieder in Versuchung. Eine Arbeitskollegin machte mir Avancen, denen ich noch standhielt, aber den Pornos leider nicht. Eine schlechte Benotung in der Bibelschule entmutigte mich noch mehr, sodass ich ein kleines Tief hatte. Allerdings baute mich meine Kleingruppe wieder auf. Jeder von uns erlebte gerade Anfechtungen und wir konnten uns gegenseitig ermutigen. Wie wichtig doch Gemeinschaft mit Christen war! Die Bibel ermutigt uns in Jakobus 1,2: „Haltet es für reine Freude, meine Geschwister, wenn ihr in verschiedener Weise auf die Probe gestellt werdet." Auch die Benotung war nicht weiter schlimm. Entscheidend war, dass Gott mir ein gutes Zeugnis ausstellte (2. Korinther 10,18). Gott ermutigte mich am nächsten Tag auch mit dem Galaterbrief, welchen ich im Zuge meines Bibelstudiums las. Bei den folgenden Briefen von Paulus stand immer die Liebe im Vordergrund, und er betete dabei so kraftvoll, wie z. B. in Philipper 1,9: „Und ich bete auch darum, dass eure Liebe immer reicher an Erkenntnis und Verständnis wird, damit ihr euch entscheidet, worauf es ankommt, und am Tag des Christus rein und tadellos vor ihm steht." Durch Hebräer 13,1 machte mir Gott verständlich, dass ich diese Liebe auch weitertragen sollte: „Die geschwisterliche Liebe möge euch ganz erhalten bleiben!" An dem Tag, als ich diesen Vers las, erfuhr ich, dass ein Bruder meiner Gemeinde einen Achillessehnenriss erlitten hatte. Daraufhin besuchte ich ihn im Krankenhaus und betete für ihn. Ich liebte Gott immer mehr. Daher versuchte ich auch wieder öfter, spezielle Zeiten nur für ihn zu reservieren, in denen ich ihn in meiner Gegenwart wahrnahm. Oft durch einen tiefen Frieden verbunden mit Tränen. Trotzdem hörte ich seine Stimme nach dem Rückfall nicht mehr richtig und war mir anfangs nicht sicher, ob das eventuell Konsequenzen waren. In Hebräer 12,6 steht: „Denn wen der Herr liebt, den erzieht er streng, und wen er als Sohn annimmt, dem gibt er auch Schläge." Doch mein himmlischer Vater zeigte mir, dass er mich trotzdem belohnte und mit Liebe überschüttete. Mit meinem Herz wollte ich ja gar nicht sündigen und ich war immer ehrlich mit meinen Sünden. Allerdings lernte ich ihn durch die Sünden nicht richtig kennen. Allein schon das war ein Ansporn, noch standhafter zu bleiben. Wenn ich genau wusste, dass es sein Wille war, konnte ich ihm auch schon im Voraus danken. Ich musste meinen leiblichen Vater ja auch nicht um etwas betteln, wenn er mir eine Sache schon versprochen hatte. In der Arbeit musste ich nun auch meiner Chefin von meiner bevorstehenden Kündigung erzählen und war überrascht, wie verständnisvoll sie reagierte, auch wenn sie traurig war. Daraus entstand ein tolles Gespräch über Gott. Mein Mut wuchs und ich wollte ihm in allen Bereichen meines Lebens ohne Begrenzungen vertrauen. Daher proklamierte ich auch 2. Korinther 9,8 über mein Leben: „Gott aber ist mächtig, alle Gaben über mich auszuschütten, sodass ich nicht nur jederzeit genug für mich selbst habe, sondern auch noch anderen reichlich Gutes tun kann." Dieses „Proklamieren" hatte eine starke Kraft in der geistlichen Welt, weil es direkt ausgesprochen wurde und Jesus durch seinen Geist in mir lebte. Er vermittelte mir, dass es dadurch eine doppelte Kraft hatte. Wenn ich proklamierte, sprach also auch Jesus in die geistliche Welt. Meine Worte waren Aussprüche Gottes, wie es in 1. Petrus 4,11 steht. Er sagte mir sogar, dass je stärker man proklamierte, desto stärker man durch die geistliche Welt drang. Der Heilige Geist hatte dadurch viel mehr Raum, auch in der geistlichen Welt. Auch die Heilung würde erfolgreicher sein, weil der Feind alles versuchte, mir Zweifel einzureden. Alles musste nur Gottes Willen entsprechen, dann konnte ich es auch aussprechen. In Jesaja 51,16 sagt Gott, dass er uns Worte in den Mund legt. Gottes Wort aus meinem Mund war genauso stark wie bei Jesus, als er auf der Erde lebte. Er gab ja auch damals schon viele Befehle. Auch im Alten Testament finden wir Befehle, wie z. B. in Daniel 10,19: „Hab keine Angst!" Außerdem richtet man durch das Aussprechen der „Wahrheiten Gottes" seine Gedanken neu aus. Der Glaube wird durch Worte freigesetzt und das Wort Gottes wird so in uns wirksam. So sehr positive Worte aufbauen, so sehr können negative Worte alles niederreißen. Daher ist es wichtig, auf seine Worte zu achten. In Jakobus 3,4–5 steht: „Seht euch die großen Schiffe an, die von starken Winden getrieben werden. Von einem sehr kleinen Ruder werden sie dorthin gesteuert, wohin der Steuermann es will. So ist auch die Zunge nur ein kleines Glied und kann sich doch großer Wirkung rühmen. Und ein kleines Feuer kann einen großen Wald in Brand stecken."

Göttliche Beschleunigung

Die COVID-Beschränkungen wurden nun auch in Deutschland immer mehr gelockert. Aber man benötigte entweder eine Impfung oder man musste genesen sein. So gut, dass ich bereits COVID hatte. So öffnete z. B. auch mein Fitnessstudio nach über sechs Monaten wieder und auch die Gottesdienste in meiner Church fanden erneut vor Ort statt. Allerdings erlebten wir dort feindliche Angriffe, als zweimal hintereinander eingebrochen wurde und ein Großteil der Technik gestohlen wurde. In Asien sah die COVID-Lage dagegen ganz anders aus, denn dort breitete sich das Virus plötzlich durch eine Mutante aus. Einige OMF-Missionare, welche bereits in den Startlöchern saßen, mussten sich nun weiter mit der Ausreise gedulden. Noch war es zwar lange hin bis Februar, doch auch ich machte mir so meine Gedanken. Allerdings beruhigte Gott mich sofort, indem er mir zusicherte, dass er für rechtzeitige Ausreise sorgen würde. Mit dem schweizerischen Leiter von OMF Thailand hatte ich nun auch einen Zoom-Call, indem ich viele Infos zum Gästehaus erhielt. So gab es dort sieben Angestellte und die Aufgaben waren schon eine Herausforderung als alleiniger Manager. Eigentlich sollte bis zu meinem Beginn ein Missionarsehepaar die Aufgabe übernehmen, welches allerdings kurzfristig kündigte, sodass es momentan nur eine Notlösung gab. Das thailändische Team überlegte, ob zusätzlich noch ein anderes Ehepaar dort hingehen sollte, welches erst vor kurzem Interesse bekundet hatte. Es war auf jeden Fall spannend, was Gott bis zu meinem Start in eineinhalb Jahren noch arrangieren würde. Meine Vorbereitungen liefen jedenfalls richtig gut, auch wenn es sehr viel war. Gerade durch den Aufbau meines Unterstützerkreises waren viele Gespräche notwendig. So stellte ich mich auch persönlich beim Männergebetsbund auf einem Gebetstreffen vor und erlebte dort Gottes Wirken, indem er neue und gute Kontakte herstellte. Außerdem besuchte ich meine Cousins seit Langem wieder und erfuhr auch dort große Bereitschaft, für mich zukünftig zu beten. Um meine Gebetsunterstützer monatlich zu informieren, verschickte ich Mitte Juni meinen ersten Newsletter. In nicht mal zwei Monaten hatte ich bereits fünfunddreißig Beter gewonnen. Außerdem beendete ich nach nur vier Monaten den Pflichtanteil meines Bibelstudiums. Jetzt musste ich allerdings noch den genauso großen Wahlanteil absolvieren. Da ich aus der Kurzarbeit zurückgeholt wurde, war dafür weniger Zeit verfügbar, doch ich hatte das Gefühl, dass durch den Heiligen Geist nochmal ein Extraturbo ausgelöst wurde. Passend dazu träumte ich, dass ich in einen Zug einstieg, welcher eigentlich abgestellt war. Dieser fuhr plötzlich los und mit Höchstgeschwindigkeit und ohne Halt durch die Bahnhöfe. Jesus sagte mir kurz danach, ich solle mich anschnallen. Doch auch die Pausen musste ich mir gönnen. Aus meiner Montag-Kleingruppe erhielt ich gleich zweimal den Eindruck, dass ich nicht so ehrgeizig sein sollte. Aber er ließ mir auch ausrichten, dass er stolz auf mich war. Durch die Lockerungen konnten wir uns in den Kleingruppen nun auch wieder draußen treffen. An meinem Geburtstag feierten wir im Park und hatten eine sehr gesegnete Zeit. Ich spürte deutlich, dass Jesus mit uns feierte und es war daher der beste Geburtstag, den ich bisher hatte. Meine Smallgroup schenkte mir eine Karte, welche gottgeführt war und mich sehr berührte. Es war ein richtiger Liebesbrief von Gott an mich. Kurz darauf sagte Gott mir zum zweiten Mal, dass ich eine coole Socke sei. ☺ Mit meiner Family feierte ich das Wochenende danach in Brandenburg und erlebte auch dort Gottes Unterstützung. Am Nachmittag wollten wir eigentlich grillen, was durch die hohe Waldbrandstufe allerdings nicht möglich war. Erst ein paar Tage davor stieß ich auf einen Bootsvermieter, der tatsächlich noch ein Boot für zwölf Personen verfügbar hatte, welches man führerscheinfrei fahren konnte. Eigentlich war dies aufgrund des tollen Wetters unmöglich, aber Gott war immer für ein Wunder gut.

Den Himmel auf die Erde holen

Satan versuchte, mich immer wieder neidisch auf eine Teilnehmerin einer meiner Smallgroups zu machen, welche Gott gerade so sehr hörte und so viele Prophetien erhielt, dass sie gar nicht mehr mit dem Aufschreiben hinterherkam. Aber sie war für mich auch ein Vorbild, da sie so sehr für andere Menschen da war. Ihr Herz war daher so weich, dass sie die Stimme Gottes deutlich hörte. Es war aber auch notwendig, die Gegenwart Gottes zu suchen. Leider war dies in den letzten Wochen aufgrund des Workloads schwer möglich. Im vergangenen Jahr hatte ich viel Zeit, spezielle Zeiten für Gott zu reservieren, in denen er zu mir sprechen konnte. Gott nannte es „Qualitytime" mit ihm und so baute ich wieder mehr dieser Zeiten ein, wenn es irgendwie ging. Dabei brachte er mir nochmal seine Herzenshaltung nah. Er würde mich nie wegen irgendetwas verurteilen. Als ich das hörte, weinte ich sehr, denn das veränderte meine Beziehung zu ihm nochmal gewaltig. Diese konnte ich einfach noch lockerer sehen, denn er war kein strafender Gott. Ich wollte noch offener mit ihm sein, weil er mich besser kannte als ich mich selbst. Das meinte er also, dass ich nicht so ehrgeizig sein sollte. Seine Liebe zeigte er mir auch durch einen Film, den ich mir nach langer Zeit mal wieder gönnte. Ich fragte ihn vorher und er zeigte mir „Bedingungslos geliebt", wo es unter anderem um Hosea geht. Durch ihn hat Gott den Menschen seine Liebe so sehr gezeigt. Als sein Sohn Jesus auf der Erde war, hatte das auch nochmal Auswirkungen auf sein Herz. Er war den Menschen ja somit nochmal näher. Mein Vater wollte einfach, dass es mir hier auf der Erde so gut ging wie im Himmel. Ich konnte den Himmel auf die Erde holen und die Herrlichkeit durch Gottes Brille sehen. Der Himmel musste hereinbrechen, um das Reich der Finsternis zu verdrängen. In den Folgetagen setzte ich meinen Fokus darauf und nahm viele tolle Sachen, wie beispielsweise Vogelgezwitscher, wahr. Jesus regierte vom Himmel und durch mich von der Erde aus. Ich verstand immer mehr, wer ich in ihm eigentlich war. Sein Auftrag lautete, immer mehr Menschen von ihm zu erzählen, aber auch zu heilen. Wenn ich anderen die Hände auflegen würde, so würde es ja auch Jesus Hand sein. Das wollte ich mir noch mehr vorstellen, um meinem Glauben einen Push zu geben. Gott machte mir auch nochmal verständlich, dass ich ihn öfter im Namen von Jesus um etwas bitten könne. In Johannes 16,23 heißt es: „Wenn ihr dann den Vater in meinem Namen um etwas bittet, wird er es euch geben." Meinen Mitmenschen wollte ich gerade die lebendige Beziehung mit Jesus vermitteln. In den vergangenen Wochen ergaben sich dazu bereits unzählige Gespräche mit Freunden, Kollegen, Nachbarn oder auch im Fitnessstudio über Gott und ich konnte viele ermutigen und zum Nachdenken bewegen. Oft war ich über meinen Mut, aber auch die vielen positiven Reaktionen überrascht. Auch darüber, wie viele doch schon mal in irgendeiner Weise mit Gott zu tun hatten, faszinierte mich. Häufig bekam ich zu hören, dass anderen meine Veränderung bereits aufgefallen war. Einige hatten ernsthaftes Interesse, mehr über Gott zu erfahren. Vielleicht war auch gerade die Zeit wegen COVID günstig. Jedenfalls konnte ich bei so manchen das Feuer neu entfachen. Bereits jetzt hatte meine Berufung einen großen Impact in meinem Umfeld. Bezog sich Gott damals mit seiner Aussage darauf, ich hätte mir Gäste im Himmel geschaffen? Ich wusste es nicht, aber ich merkte immer mehr, dass ich nicht mehr zu dieser Welt gehörte. Ich fühlte mich einfach viel wohler, wenn ich in Gemeinschaft mit anderen Christen war und über Gott reden konnte. Durch den gemeinsamen Geist waren wir auf einer Wellenlänge. Selbst jetzt, als die Fußball-Europameisterschaft stattfand, war Jesus wichtiger für mich. Weiters sagte Gott mir nochmal, dass ich die Details für meine Zukunft mit ihm verhandeln könne. Irgendwie hatte ich immer mehr das Gefühl, dass das Gästehaus nicht sein endgültiger Plan mit mir war, aber ein guter Start sei. Noch immer hatte ich den Hinweis Gottes im Kopf, dass ich einen Urlaub für ärmere Menschen ermöglichen könne. In meiner Bibelschule sagte der Dozent im Fach „Missionskunde" passend, dass sich das Modell vom „Missional Business" gerade immer mehr etablieren würde. Dort hatte man z. B. ein eigenes Geschäft, welches man mit Mission verknüpfte. Bei meinen Aktien handelte ich in letzter Zeit überhaupt nicht mehr, hatte aber auch nicht das Gefühl, dass ich das tun sollte. Noch hatte sich beim Depotwert seit ein paar Monaten nicht viel getan. Er war eher gesunken, aber dadurch wuchsen meine Geduld und mein Vertrauen in Gott.

Gottes Zusagen

Ende Juni kündigte ich nun auch wie geplant meinen Job zum 30. September. Ich erfuhr daraufhin, dass die Kurzarbeit aufgrund der gesetzlichen Lage sofort entfallen würde. Dies gefiel mir auf der einen Seite gar nicht, weil gerade jetzt das Arbeitsvolumen immens war. Auf der anderen Seite hatte ich dadurch noch mehr Möglichkeiten, meinen Kollegen von Gott zu erzählen. Ich registrierte immer mehr, dass dies genau Gottes Plan war. Zusätzlich zu den monatlichen GebetsNews wollte ich nämlich auch viermal im Jahr eine Rundmail an nichtchristliche Freunde, Kollegen und Bekannte schreiben. In dieser würde ich über meine Arbeit berichten und Gott konnte genau das perfekt nutzen, damit ich seine Liebe weitergab. Aber ich merkte immer mehr, dass es absolut notwendig war, dass Gott mich aus dem Beschwerdemanagement rausholte. Seit bereits über zehn Jahren arbeitete ich im Servicebereich und die Beschwerden wurden immer verrückter. Ich wollte nicht mehr von so viel Negativität belastet sein, denn ich merkte, dass mir das nicht guttat. So ertappte ich mich beispielsweise wieder beim Aufregen. Meine Emotionen waren seelisch, aber ich wollte, dass der Heilige Geist sie kontrollierte. Dazu benötigte er noch mehr Raum. Im Juli nahm ich an einem viertägigen Treffen für neue Mitarbeiter in der OMF-Zentrale in Deutschland teil. Während des Treffens erfuhr ich viele hilfreiche Dinge und spürte Gott deutlich. Es war einfach wie eine Familie und ich fühlte mich sehr gut aufgehoben. Ich erfuhr allerdings, dass noch keine Spenden für mich eingegangen waren. Selbst wenn ich Gott vertraute, kamen doch manchmal Sorgen dazu. Aber auch hier sagte Gott mir, dass ich mich zurücklehnen solle und er dafür sorgen werde. Und diese Zusage bestätigte er gleich zweimal. Das erste Mal besuchte ich einen Bruder meiner Church. Bevor ich ihm meine Story erzählte, teilte er mir mit, dass Gott ihm gesagt hätte, er solle mich unterstützen. Das zweite Mal sprach er durch meine Montag-Kleingruppe, indem mir jemand ein geistliches Bild weitergab, wo ich duschte und das Wasser zu Geld wurde. Dieses wiederum wurde zu Segen und danach zu Herzen. Am Ende waren Wunderkerzen, welche bedeuteten, wie sehr ich leuchtete. Ich musste mir einfach keine Sorgen machen, sondern konnte Gott bereits danken, dass er es möglich machte. Sorgen kamen einfach nicht von Gott. Dies signalisierte er mir bereits nach meiner Umkehr mit dem Vers aus 1. Petrus 5,7. Dieses Mal zeigte er mir jedoch zwei weitere Bibelverse. Der erste Hinweis war Matthäus 6,33–34: „Euch soll es zuerst um Gottes Reich und um seine Gerechtigkeit gehen, dann wird er euch alles Übrige dazugeben. Sorgt euch also nicht um das, was morgen sein wird!" Auch diesen Vers hatte er mir schon einmal in Bezug auf die Dampflok gezeigt. Weiterhin wies er mich auf Markus 10,28 hin: „Da sagte Petrus: ‚Du weißt, wir haben alles verlassen und sind dir gefolgt.' ‚Ich versichere euch', erwiderte Jesus, ‚jeder, der meinetwegen oder wegen der guten Botschaft Haus, Brüder, Schwestern, Mutter, Vater, Kinder oder Äcker verlassen hat, wird das Hundertfache dafür empfangen.'" Was für eine Zusage! Gleich darauf tat sich in Bezug auf meine Wohnung etwas Großartiges. Der Plan war, meine Mietwohnung möbliert mit einem Abschlag abzugeben. Im Januar hatte mir Gott hier bereits seine Unterstützung zugesichert und sein Versprechen hielt er natürlich ein. Ohne meine Wohnung inserieren zu müssen, stimmte meine Arbeitskollegin zu, die Wohnung möbliert zu übernehmen. Das ersparte mir eine Menge Arbeit. Jetzt musste nur noch mein Vermieter zustimmen, aber auch das würde Gott regeln. Nebenbei traf ich mich weiter mit so vielen Freunden wie möglich. Es war einfach cool, was Gott alles tat, damit ich Gelegenheiten erhielt, von ihm zu erzählen. Und das fast täglich. In eineinhalb Jahren war so viel passiert, auch wenn ich oft noch mehr wollte. Gerade nach geistlichen Visionen streckte ich mich aus, aber Gott sagte mir, dass ich mich noch gedulden solle, denn ich würde schon sehr schnell wachsen. Es war gerade mal Halbzeit meiner Ausbildung, da würde sicherlich noch so einiges passieren. Ein Kind musste auch erst alles lernen, sonst konnte es sich ja nicht alles merken. Passend dazu hatte ich einen Traum, in dem einige Teilnehmer meiner Smallgroup für besondere Fähigkeiten einer Frau beteten. Plötzlich wurde die Frau blind und ich wachte mitten in der Nacht auf. Ich hatte erst den Gedanken, dass sie blind wurde, damit die anderen Fähigkeiten wachsen könnten. Dann wurde mir aber bewusst, dass ich noch dankbarer für das sein sollte, was ich bereits von Gott bekommen hatte. Vielleicht war ich noch blind für manche Dinge, die ich besaß. Durch einen Leseplan bei You-Version zeigte mir Gott erneut, dass das Herz dabei eine wichtige Rolle spielte. Er war einfach so kreativ. Es machte so viel Spaß, mit Jesus unterwegs zu sein. Er war nicht irgendjemand, nein, er war der König, aber gleichzeitig ein Freund auf Augenhöhe. Auch durch meine Montag-Smallgroup sprach er zu mir, als wir wieder das Hörende Gebet durchführten. Jeder schrieb das auf, was er von Gott empfing und gab den Zettel weiter. Am Ende hatte jeder von jedem Gottes Zusagen auf einen Zettel stehen. Und diese Zusagen waren einfach wieder überwältigend. Eine Zusage überraschte mich jedoch: „Ich habe dir eine andere Tür geöffnet als du denkst." Was hatte das zu bedeuten? Gott war einfach immer wieder für Überraschungen gut und ich wollte darauf vertrauen und vor allem im ständigen Austausch mit ihm bleiben. Eine schöne Zusage war auch, dass seine Leitung nie besetzt war. Das war in dem Falle auch lustig, da ich manchmal mit Gott telefonierte, wenn ich auf der Straße war und einfach mit ihm reden wollte. Ich nahm dazu mein iPhone und redete einfach mit ihm. ☺ Eine andere geniale Zusage war: „Was jetzt noch klein zu sein scheint, wird etwas Großes." Das passte mit der Zusage: Das Beste kommt noch und der Wein ist schon kaltgestellt. Außerdem erhielt ich die Zahl 86, konnte jedoch noch nicht viel damit anfangen. Sollte das heißen, dass ich sechsundachtzig Gebetsunterstützer bekommen würde? Dass ich Gottes geliebtes Kind sei und durch den Heiligen Geist fliegen könne, bekam ich gleich von verschiedenen Groupteilnehmern mitgeteilt. Für mich selbst schrieb ich, dass ich Gottes Reich bauen würde und Gott stolz auf mich sei. Was für ermutigende Zusagen!

Durchhalten in stürmischen Zeiten

Unterdessen war die Inflation bereits in vollem Gange, was mich nicht wirklich überraschte. Die Großhandelspreise stiegen innerhalb eines Jahres um zehn Prozent. In Westdeutschland gab es außerdem eine große Flutkatastrophe, aber auch im Mittelmeerraum, in den USA, in China und Indien starben durch Hochwasser und Waldbrände viele Menschen. Zudem versank Myanmar nach dem Militärputsch immer mehr im Chaos. Das Gästehaus war nur dreiundzwanzig Kilometer von der Grenze Myanmars entfernt. Doch diese ganzen negativen News beeinflussten mein Leben nicht mehr. Noch vor einem Jahr sah das ganz anders aus. Gott ermutigte mich durch viele Gespräche oder Ereignisse. So sah ich beispielsweise bei dem Bruder, welcher eine Verbindung zu finsteren Mächten hatte, einen erstaunlichen Change. Mir wurde bewusst, dass diese Wandlung so richtig Fahrt aufnahm, als ich vor zwei Monaten die Hand bei ihm auflegte und den Mächten im Namen von Jesus gebot, von ihm zu weichen. Ich war fasziniert von der Kraft Gottes und welche Autorität wir durch ihn hatten. In unserer Mittwoch-Group waren wir aufgrund von zwei Schwangerschaften und einem Wegzug indessen nur noch zu dritt. Daher beteten wir, dass Gott uns eine passende Person schenkte. Am Sonntag darauf traf ich nach dem Gottesdienst eine Schwester, welche ich seit einem halben Jahr nicht gesehen hatte. Bei ihr sah ich eine erstaunliche Wandlung, registrierte aber auch, dass ihr die Gemeinschaft fehlte. Daher fragte ich sie, ob sie unsere Smallgroup bereichern wollte und sie war sofort bereit. Beim darauffolgenden Treffen gestaltete ich das Thema „Heilung in der Autorität Jesu" und genau dieses Thema sprach sie direkt an, da sie unter starker Migräne litt und sich damit beschäftigte. Gottes Zeitplan war einfach perfekt. Heilung war sehr wichtig und dadurch konnte Gott so wirken, wie er es auch im Neuen Testament tat. Im August erfuhr ich, dass ein Arbeitskollege an Darmkrebs erkrankte und erzählte ihm daraufhin von Gottes Liebe. Allerdings öffnete er sich nicht so sehr dafür. Ich verstand immer mehr, dass es nicht an mir lag, sondern es allein das Wirken Gottes war. Dies galt auch bei all den Kollegen, Freunden und Nachbarn, welchen ich bereits von ihm erzählte. Ich wollte einfach daran glauben und dafür beten. Den ersten Schritt musste allerdings ich gehen und wurde dabei immer mutiger. Der OMF-Gemeindecoach, ein Bindeglied zwischen OMF, der Gemeinde und mir besuchte meine Church und meine beiden Smallgroups. Diese beiden Groups erklärten sich bereit, mich als Missionsteam zu unterstützen, was ich toll fand. Der Austausch war so gesegnet, dass alle Teilnehmer danach von ihm schwärmten. Was für eine Gebetserhörung. Er sagte aber auch, dass man als Missionar nach einigen Wochen oder Monaten eigentlich immer ein Tief im neuen Land erleben würde. Auch wenn ich nicht so sehr daran glaubte, erlebte ich diese Höhen und Tiefen in den vergangenen Tagen öfter. Es gab auch in meinem Leben stürmische Zeiten, gerade jetzt, wo ich so viel von Gott erzählte. Arbeitsmäßig war es sehr stressig und vieles von Negativität geprägt. Wir hatten den Beschwerderekord nach acht Jahren geknackt und ich ließ mich doch noch so manches Mal vom Stress beeinflussen. Erst war ich traurig darüber, da ich dachte, ich sei schon weiter, aber dann registrierte ich, dass ich schon viel besser reagierte als noch vor zwei Jahren. Es war eben ein andauernder Prozess und ein Kind fiel beim Laufen lernen auch mal hin. Es hatte auch etwas Gutes, denn dadurch würde mir der Abschied nicht so schwerfallen. Gott arbeitete auch weiter an meiner Geduld, indem ich mehrere wichtige Antworten erwartete, aber ebenso durch meine Aktien, die weiter sanken anstatt zu steigen. Ein weiteres Problem war die Ablenkung. Oft war es dabei Instagram, wo ich einfach zu viel Zeit verbrachte. Wenn der Teufel es nicht schaffte, dass ich sündigen würde, hielt er mich beschäftigt. Gott ermutigte mich unter anderem mit Hebräer 12,1: „Wir sind also von einer ganzen Wolke von Zeugen umgeben. Deshalb wollen auch wir den Wettkampf bis zum Ende durchhalten und jede Last ablegen, die uns behindert, besonders die Sünde, die uns so leicht umschlingt." Das Internet war jedenfalls wie eine geladene Waffe. Da jede Waffe auch eine Sicherung benötigte, lud ich mir nun doch einen Filter für sexuelle Inhalte herunter. Für Apple-Geräte gab es sogar eine integrierte Funktion. Lange dachte ich, es würde auch ohne gehen. Ich wusste jedenfalls, dass Jesus mit in meinem Boot saß und mich ein Sturm zwar durchschütteln, aber nicht sinken lassen würde. Ähnlich war es damals bei den Jüngern in Markus 4,37. Durch diese Prüfungen wuchs ich ja auch und im Himmel würde ich Gott einmal dafür danken. Passend dazu fiel mir in meiner Church ein Spruch an der Wand auf: „Sometimes God will put a Goliath in your life, for you to find the David within you." Es war erstaunlich, wie viele Möglichkeiten Gott nutzte, mich in diesen stürmischen Zeiten zu ermutigen. Unter anderem auch mit einem Podcast über Paulus, welcher auch schwere Zeiten durchmachte. Ich musste einfach durchhalten und die Brücke von Jesus über die Täler nutzen. Er würde mich auf Schultern darüber tragen. Jesus trug mich, indem er Brücken baute. Ich registrierte, dass ich oft selbst für die Täler verantwortlich war.

Door Opener

Ich war Gott jedenfalls dankbar für seine Gnade. Obwohl ich nicht alles richtig machte, beschenkte er mich. Ich musste mir einfach nichts verdienen. Leider sollte nun auch der OMF-Vorbereitungskurs in Singapur im Februar nur online stattfinden, dies sollte meine Ausreise nach Thailand auf April des kommenden Jahres verzögern. Ebenfalls wurde mir mitgeteilt, dass die medizinischen Dokumente, welche ich bereits im April fertig erstellt hatte, noch immer nicht zur OMF-Zentrale geschickt worden waren. Aber Gott hatte den besten Plan und alles in der Hand. Daran wollte ich festhalten. Ich stieß erneut auf Daniel 12,10, wo es heißt: „Gott wird viele Menschen auf die Probe stellen, er wird sie läutern, damit ihr Glaube sich bewährt." In Jakobus 1,2–3 steht: „Wenn in schwierigen Situationen euer Glaube geprüft wird, dann freut euch darüber. Denn wenn ihr euch darin bewährt, wächst eure Geduld." Und er nutzte auch mich weiter als Door Opener, indem ich fast täglich Chancen erhielt, meinen Kollegen und Freunden von ihm zu erzählen. Öfters entstanden daraus auch tiefgründige Gespräche über den Glauben. Meinem muslimischen Schneider schenkte ich nach einem längeren Gespräch auch eine Bibel. Bei den Gesprächen erlebte ich immer die Hilfe des Heiligen Geistes. Gerade als mich mein Bruder mit seiner Freundin besuchte und wir über den Glauben sprachen, hörte ich die Stimme des Heiligen Geistes deutlich. Mein Bruder erzählte mir, dass er einem Freund von mir erzählt hätte und dieser dadurch wieder anfing, die Bibel zu lesen. Es war einfach toll, wie der ausgestreute Samen ohne mein Zutun aufging, wuchs und Frucht brachte (Markus 4,27). Überrascht war ich auf meiner Arbeitsstelle, als ich erfuhr, dass es eine Handvoll Kollegen gab, welche bereits in eine christliche Gemeinde gingen bzw. an Gott glaubten. All die Jahre hatte ich davon nichts gewusst. Auch bei den Obdachlosen wurde ich immer mutiger und sagte manchmal sogar, dass Jesus sie lieben würde. Einem pöbelnden Obdachlosen gab ich die Missionszeitschrift und plötzlich bedankte er sich bei mir. Nie hätte ich gedacht, dass meine Mission bereits in Deutschland so stark beginnen würde. Da waren die Gebete anderer Geschwister natürlich ein entscheidender Faktor. Mittlerweile hatte ich vierzig Gebetspartner und in meiner Church war meine zukünftige Arbeit noch gar nicht so bekannt. Um dies mehr publik zu machen und auch um noch mehr Menschen zu ermutigen, drehten wir ein Kurzvideo, in dem ich von meiner Umkehr sowie von meiner Berufung erzählte. Dieses Video sollte im Gottesdienst und auf YouTube ausgestrahlt werden. Außerdem erzählte ich meine Story bei einem Fußballturnier mit Männern vom ICF und legte den Fokus dabei auf die Pornografie. Am Ende applaudierten die Männer sogar und ich registrierte, dass mich Gott immer mutiger machte, vor anderen Menschen zu sprechen. In einem Jahr war da einfach Unglaubliches passiert. Bei dem Fußballturnier bat ich Gott auch vorher, dass ich viele Tore schießen würde. Und tatsächlich passierte dies, obwohl ich schon seit drei Jahren nicht mehr Fußball gespielt hatte. Das machte mir wieder deutlich, dass ich Gott um alles bitten konnte. Mir wurde auch bewusst, dass ich mich bei Fürbitten für andere Menschen mit den Personen identifizierte und meine Liebe somit wuchs. Und natürlich lernte ich ihn auch besser kennen, wenn ich mit ihm kommunizierte. Dass Gott Gebete erhörte, erlebte ich auch in meinen Kleingruppen. Die Schwester mit den Migräneanfällen und ihren Mann berief Gott sogar in die Mission nach Uganda.

King Jesus

Im Zuge meines Bibelstudiums las ich nun auch das Alte Testament von Mose bis 2. Könige am Stück und merkte, dass es total spannend war, die Geschichten im Kontext zu lesen. Ich registrierte, dass es seit Saul immer Könige gab, von denen wir uns viel abgucken konnten. Vor allem von guten Königen wie David. Das veränderte noch einmal mehr meine Sichtweise und mein Weltbild. Ich wollte die Bibel noch mehr als Grundlage nehmen, denn wir lebten noch immer in derselben Welt. Die Könige setzten ja auch Verwalter, Lehrer oder Führer ein, damit es den Menschen gutging und das Königreich sich vergrößerte. Und diese Diener behandelten sie immer fürstlich. Im Neuen Testament handelte Jesus als König ebenfalls so. Dieses Prinzip musste ich nur in die geistliche Welt übertragen, wo Jesus als König regierte. Als Christen sind wir ein Anteil der Regierung Gottes. Er setzt uns Christen als Verwalter ein, um sein Reich zu vergrößern und seinen Willen durchzusetzen. Jeder von uns hat seinen eigenen Verantwortungsbereich. Wenn wir nun als gute Verwalter unserer Verantwortung im Kleinen gerecht werden und seine Weisungen befolgen, dann wird sich unser Einflussbereich vergrößern, genauso wie es damals war. Deshalb ist es auch heute noch so wichtig, dass in den Regierungen und Firmen Christen sitzen. Mein Wunsch war es, ihm in seiner Autorität als Menschenfischer zu dienen, um mehr Anhänger für ihn zu finden. In Lukas 9,2 heißt es: „Er beauftragte sie, überall die Botschaft von Gottes Reich zu verkünden und die Kranken gesund zu machen." Ich repräsentierte ihn ja hier auf dieser Erde und war gleichzeitig auch ein Krieger, denn der Fürst der Welt versuchte immer wieder, seinen Plan zunichtezumachen. Allein war ich jedenfalls nicht, denn Jesus war durch seinen Geist immer anwesend und er setzte neben anderen Christen auch zusätzlich noch seine Engel ein. Obwohl Jesus als König auf dem Thron saß, begegnete er mir stets auf Augenhöhe. Er war ja quasi auch mein großer Bruder und mein Vorbild. Das Respektvolle durfte dabei allerdings nicht verlorengehen, so wie die Geschwister auch damals ihren Bruder entgegentraten, wenn dieser König war. Insgesamt wurde mir bewusst, dass ich noch tiefer in das Alte Testament eintauchen wollte. Ich verspürte einen starken Drang, Gott weiter kennenzulernen, und ich liebte diesen Einzelunterricht mit Jesus als meinem Privatlehrer. Es war bloß notwendig, dass ich ihm dafür Zeit gab und ihm vertraute. Daher wurde mir auch der Sabbat, die Qualitytime, immer wichtiger. Ich wollte einfach so viel Zeit mit ihm wie möglich verbringen und meinem Unglauben keine Beachtung mehr schenken. In Markus 9,24 heißt es: „Ich glaube, hilf meinem Unglauben." Wenn ich um etwas bitten würde, sollte es auch eintreten. So betete ich im Glauben, dass unser auf November verschobener Israelurlaub stattfinden konnte. Wir hatten jetzt September und das ganze Land war für Touristen aufgrund hoher COVID-Zahlen weiter gesperrt. Mir wurde immer bewusster, dass es gut war, dass ich noch nicht im März in Israel gewesen bin, da ich in der Zwischenzeit noch mehr dazulernte. Passend dazu erschien die Serienverfilmung „The Chosen" auf Deutsch. Dort wird Jesus genau so dargestellt, wie ich ihn kennengelernt hatte. Daher bin ich ein großer Fan und verbreitete diese Serie an Freunde und Kollegen. Im Zuge meines Bibelstudiums führte ich auch einen Persönlichkeitstest durch, mit dem ich mich noch besser einschätzen konnte. Der Birkman-Test bestätigte meine Fähigkeiten, wo mich Gott einsetzte, bestätigte mir aber auch nochmal, dass ich die Ruhe brauchte, um voranzugehen.

Fokus auf Jesus

Mitte September war nun auch mein letzter Arbeitstag. Am meisten berührte mich, dass mich ein ehemaliger Kollege besuchte, welcher noch vor ein paar Monaten durch eine schwere Krankheit im Sterben lag. Insbesondere damals betete ich für ihn und erzählte dies seiner Freundin, welche meine Arbeitskollegin war. Als er mich nun besuchte, bedankte er sich bei mir mit Tränen in den Augen für die Gebete. Allgemein hatte ich in den acht Jahren im Unternehmen sehr viele Kollegen näher kennengelernt. Zum Abschied verschickte ich daher eine Rundmail an zweihundertfünfzig Kollegen, in der ich auch meine Umkehr und die lebendige Beziehung zu Gott erwähnte. Ich erhielt daraufhin gutes und ermutigendes Feedback und einige Kollegen abonnierten meinen Newsletter. Fast zeitgleich wurde auch das Video über mein Zeugnis bei Instagram und YouTube veröffentlicht. Das Video erreichte innerhalb kurzer Zeit viele Klicks. So musste ich gar nicht vor vielen Leuten stehen und erzählen, denn davon war ich bis dato nicht so der Fan. Gott nutzte die sozialen Medien, damit ich von ihm erzählen konnte – sozusagen als „Christfluencer". Auch ein anderer ehemaliger nichtchristlicher Arbeitskollege war total begeistert und zeigte es seinem Freund, welcher vor einiger Zeit unter Panikattacken litt. Dieser spürte jedes Mal einen Frieden, wenn er an einer Kirche vorbeiging und auf das Kreuz schaute. Seitdem sprach er auf seinem Arbeitsweg jedes Mal ein kurzes Gebet genau an der Kirche, welche im Video zu sehen war. Wie kreativ war da wieder einmal Gott, denn in Berlin gibt es vierhundert Kirchen! Er und der Kollege wollten nun Genaueres erfahren, ich konnte ihnen bereits mehr erzählen sowie das Neue Testament überreichen. Es war auch interessant, wie viele Christen ich durch den Film ermutigen konnte. Es ging nicht nur um die Äußere, sondern auch um die innere Mission. Passend dazu sprach Gott durch die Natur zu mir, als ich an meinem Sabbat einen Pilgerweg in Brandenburg wanderte. Auf einem Feld waren eigentlich fast alle Sonnenblumen verwelkt, nur wenige blühten leicht und eine besonders stark. So war es auch in dieser Welt. Jesus leuchtete durch mich, damit andere geistliche Geschwister wieder aufblühten. Alles war dabei Gottes Verdienst und daher wollte ich auch nur ihn groß machen und meine Krone vor ihm ablegen. Die Medien waren in meiner Kindheit oft angeprangert worden und natürlich konnten diese Medien auch zu Götzen werden, aber man konnte sie ebenso evangelistisch einsetzen. Genau das taten die RealLifeGuys. Sie waren im September in Berlin und ich konnte mich gut mit Christopher Schacht austauschen. Er schrieb das Buch „Mit 50 Euro um die Welt", welches ich bereits vor meiner Umkehr las. Er nutzte seinen immer großer werdenden Bekanntheitsgrad und erzählte von Jesus. Der Fokus lag aber schon in meiner Kindheit auf Jesus, auch wenn ich oft hörte, dass man sich kein Abbild von Gott schaffen sollte. Man bezog sich dabei auf 2. Mose 20,2, wo steht: „Du darfst dir kein Götterbild machen, kein Abbild von irgendetwas im Himmel, auf der Erde oder im Meer!" Jetzt studierte ich es genauer und schlug es in der englischen Übersetzung nach. Dort hieß es „Image" und noch deutlicher wurde es in der hebräischen Übersetzung mit den Wörtern „Pessel" und „Tmuna". Das Bilderverbot musste man also im Kontext mit dem Götzendienst sehen. Andere Götter gab es auch in der heutigen Zeit viele. Das wurde mir durch Gespräche in den vergangenen Wochen immer bewusster. Viele Menschen entwickelten sich spirituell in eine falsche Richtung. Unter anderem erzählte mir ein Bekannter vom Theta Healing. Genau das waren aber Irrlehren. Passend dazu wurden in meinem Bibelstudium die verschiedenen Religionen behandelt. Die Menschen hielten sich an so viele Götter und Medien, aber nutzten nicht den „Filter" Jesus. Nur er ist Gottes Sohn, den Gott auf die Erde sandte. Somit haben wir durch ihn ein Licht in der dunklen Welt und einen „Filter". Nicht nur in Thailand herrscht der Buddhismus, auch in Deutschland breitete er sich immer mehr aus, da er die Trends der Gesellschaft einfach mitaufnahm.

Nach drei Jahren traf ich mich nun auch mit meiner Ex-Freundin, da ich ihr mehr von dem lebendigen Jesus erzählen wollte. Aber irgendwie spürte ich auch, dass sie mich noch mochte und auch mir war sie nicht egal. Ich erinnerte mich auch immer öfter an unsere intimen Zeiten, denn ich liebte einfach Erotik, und Jesus wusste genau, wie es mir erging. Er konnte sich in meine Situation hineinversetzen. Der Feind zeigte sich wieder und versuchte alles, um mich vom Weg abzubringen. Doch für solche Situationen hatte mich Gott trainiert und daher griff ich nach dem Schwert des Geistes, genau wie Jesus es in Matthäus 4 machte. Gerade Psalm 101,3 ist dabei kraftvoll: „Keine unheilvollen Dinge stell ich mir vor Augen. Ich hasse es, Unrecht zu tun. So etwas soll nicht an mir kleben." Sünde beeinflusste einfach nur meine Beziehung zu Jesus und sie tat ihm weh, weil er das Urteil selbst an sich vollstreckte. Passend dazu schaute ich eine Predigt von Todd White, in der er sagte, dass man den Heiligen Geist betrüben konnte. In Epheser 4,30 heißt es: „Tut nichts, was den Heiligen Geist traurig macht." Der Heilige Geist durfte nicht nur in der Abstellkammer, sondern im Wohnzimmer Platz haben. Meinen Blick wollte ich zu hundert Prozent auf meinen Erlöser richten, so wie es auch in Hebräer 12,2 steht. Es klang alles so einfach, aber in der Praxis sah es dann doch anders aus. Deshalb hieß es für mich „Dranbleiben".

Berufung in Gottes Team

Seit Anfang Oktober war ich nun ein berufstätiger „Vollzeit-missionar". Jesus war jetzt mein direkter Chef und ich durfte ihm in Vollzeit dienen. Was für ein Privileg, dass er mich auf der Erde einsetzte. Trotzdem war ich jetzt nichts Besseres. Bei Gott war der eine nicht wichtiger als der andere. In Römer 2,11 heißt es: „Denn bei Gott gibt es keinerlei Bevorzugung." Seit langer Zeit prüfte ich auch mal wieder mein Aktiendepot. Der gewünschte Erfolg blieb weiter aus, doch ich wusste, dass mein Depot durch Gott gut aufgestellt war. Ich freute mich, dass ich diesen materiellen Dingen nicht mehr so viel Gewicht schenkte. Ich war bereits jetzt reich, allerdings geistlich, und das war weitaus wichtiger. Das merkte ich auch, als ich seit langem mal wieder in eine Fußballkneipe ging, um dort ein Spiel meines Lieblingsvereins Borussia Dortmund zu verfolgen. Der BVB verlor und ich war kurzzeitig traurig, aber gleich nach dem Spiel erhielt ich eine Nachricht des Arbeitskollegen, welchem ich das Neue Testament schenkte. Er schrieb, dass er und sein Freund darin zu lesen begannen. Diese Nachricht war mir wichtiger als das Fußballergebnis. Noch vor einem Jahr hätte ich ganz anders reagiert, aber in Gottes Reich geht es einfach um weitaus mehr. Gottes größter Wille ist es, dass so viele Menschen wie möglich errettet werden. Die Ernte ist reif. Die Menschen um uns herum sehnen sich nach einer Begegnung mit Jesus. Daher wollte ich ein Mähdrescher sein. Wenn wir Christen jetzt noch unseren Mitmenschen mit Liebe begegnen und ihnen vergeben würden, wäre es auch in der geistlichen Welt vergeben. Der Teufel hätte dadurch immer weniger Einfluss und Gottes Reich könnte noch lebendiger unter uns werden. Unser Wert stieg durch Versöhnung. Da wir aufgrund der COVID-Bestimmungen noch immer kein Abendmahl in meiner Church durchführen konnten, feierte ich es mit Jesus allein. Ich wollte mich nochmal bewusst erinnern, dass Gott so gnädig war und für uns „Sünder" seinen einzigen Sohn opferte. Aber mussten wir uns als Christen wirklich noch als „Sünder" bezeichnen? Aus menschlicher Perspektive würden wir eigentlich erwarten, dass nach einem Vertragsbruch ein Knebelvertrag folgen würde. Aber bei Gott war das anders! Mir wurde immer bewusster, dass die Sünden der Menschen Jesu Leib zerbrochen hatten. Er ist das lebendige Brot und ich hatte Hunger nach seinen Eigenschaften. Durch sein Blut sind wir gereinigt und müssen keine Opfer mehr tun wie im Alten Testament. Mit dem Blut (Wein) erinnerte ich mich an Jesus DNA, die DNA des Lebens. Ich war bereit, vor Jesus meine Knie zu beugen, um auch vor dem Rest der Welt meine Knie zu beugen und ihm zu dienen. Dafür mussten wir aber auch manchmal leiden, so wie Jesus am Kreuz litt. Dieses „Leiden" konnte überall anders aussehen. Ich bewunderte den Mut, das Vertrauen und den Glauben von Christen, welche aufgrund ihres Glaubens verfolgt wurden und das sind dreihundertsechzig Millionen Menschen (Stand 2023) weltweit. Als Christen wussten wir jedenfalls, dass uns Jesus über alles liebte. So gerne wollte ich mit Jesus zusammen anstoßen. Ich spürte stark, dass Jesus gemeinsam mit mir feiern wollte. Er hatte alles vollbracht und saß jetzt auf dem Thron beim Vater. Jesus hatte dieselben Eigenschaften, denn er war das wahre Abbild Gottes in menschlicher Gestalt. Und das Beste war, dass ich durch seinen Geist mit ihm verbunden war. Diese Beziehung wollte ich mir noch lustiger und freundschaftlicher, vielleicht auch kumpelhafter, aber mit Demut vorstellen. Die Serie „The Chosen" machte mir dies durch die lockere Art noch deutlicher, aber auch Jesus zeigte es mir immer wieder auf ganz unterschiedliche Weise. Er wollte Spaß und begegnete mir stets auf Augenhöhe. Ich musste nicht zwingend „Herr Jesus" sagen oder mich beim Beten immer hinknien, wenn ich es im Herzen fühlte und im Geist kniete. Um sich der Demut bewusstzuwerden, war dies allerdings manchmal hilfreich. Hier aber gab der Heilige Geist die richtigen Impulse, denn durch ihn sprach Jesus über Gedanken zu mir. Ich tanzte und pries ihn zu verschiedenen Worship-Songs. Dabei merkte ich, dass ich sehr gut tanzte. Es war, als ob der Heilige

Geist mich führte. Ich hatte das Gefühl, dass es eine riesige Party in der geistlichen Welt gab. Durch den Heiligen Geist konnte ich den Himmel schon jetzt auf die Erde holen. Er zeigte mir jedenfalls immer mehr, dass ich aufgrund des neuen Bundes alles in Anspruch nehmen konnte, so auch die Heilung. Bei meinem Rücken hatte ich noch immer nicht den Durchbruch erzielt, doch Jesus war auch für meine Krankheiten gestorben und sein Geist machte alles heil. Außerdem gab er mir ja schon persönlich diese Zusage. Durch Jesu Triumph über den Tod und Satan konnte ich auch den Sieg über den Teufel in Anspruch nehmen. Die Ketten waren gelöst. Ich war einfach frei und lebte im Sieg! Bereits jetzt hatte ich von Gott alles erhalten und ich musste mich daran erinnern und darauf schauen. Leider ließ ich mich noch so manches Mal ablenken. Dies zeigte mir Gott auch in einem Traum, wo ich einen Halbmarathon lief, der durch eine Autoausstellung führte. Dort gab es einen Lamborghini und ich setzte mich kurz hinein. Ich musste einfach das Wichtige fokussieren und nicht alles gleichzeitig machen. Eigentlich waren es oft Wiederholungen der Ankerbotschaften von Jesus an mich, aber es drang tiefer und wurde runder.

Das gesprochene Wort Gottes

Ich registrierte immer mehr, dass es ohne Weisheit einfach nicht ging, denn mit dem bereits Gelernten konnte ich sonst gar nicht umgehen. In Sprüche 21,5 steht: „Wer aber allzu schnell etwas erreichen will, hat nur Verlust." Auch wenn ich wusste, dass Gott wollte, dass ich schnell wuchs, brauchte ich einfach die notwendige Weisheit. Daher war mir klar, dass es Gottes Willen entsprach, wenn ich genau wie Salomo in 1. Könige um Weisheit betete. Dazu erhielt ich einen lustigen Eindruck. Es war wie bei Mc Heaven, wo ich eine Portion Weisheit bestellte und mich bei Gott dafür bedankte. Trotzdem bestimmte er immer noch den Zeitpunkt und in welcher Intensität ich etwas erhalten würde. Ich wünschte mir jedenfalls zu Weihnachten von Gott eine Extraportion. Aber auch, um Gottes Willen noch besser zu verstehen, brauchte ich Weisheit. In 1. Johannes 5,14 heißt es: „Deshalb können wir auch voller Zuversicht sein, dass Gott uns hört, wenn wir ihn um etwas bitten, das seinem Willen entspricht. Und wenn wir wissen, dass er uns bei allem hört, was wir erbitten, können wir auch sicher sein, dass er uns das Erbetene gibt – so, als hätten wir es schon erhalten." Eines war jedenfalls klar: Ich wuchs nicht durch meine eigene Leistung, sondern allein durch Gottes Antrieb. Das Bild der Dampflok erhielt nochmal eine tiefere Bedeutung, nämlich dass ich mich in den Luxuswaggon setzen und die Reise mit Jesus genießen konnte. Und diese Reise war mehr als spannend. Ich fragte meinen Smallgroup-Leiter, ob er beim damaligen Bild auch Waggons sah und er teilte mir mit, dass die Dampflok mindestens fünf Waggons zog. Das bestätigte nochmal diese Bedeutung. Durch mein Bibelstudium verstand ich auch, dass Jesus bereits bei der Schöpfung existierte. Er schuf alles.

Passend dazu ging es in einer Predigt meiner Church. In Johannes 1 heißt es: „Am Anfang war das Wort. Das Wort war bei Gott, und das Wort war Gott selbst. Von Anfang an war es bei

Gott. Alles wurde durch das Wort geschaffen; nichts ist ohne das Wort entstanden." Mein Pastor erklärte in einer Predigt passend, dass selbst die Wissenschaft herausfand, dass die Welt durch Schallwellen entstand. Aus Schallwellen entstanden wiederum Wörter. Das Wort heißt auf Griechisch „Logos" und ist weitaus komplexer als nur die Sprache. Es ist alles enthalten, was man berechnen kann. Als ich Gott danach fragte, erklärte er es mir noch tiefer. Jesus war das Wort und er war zuerst da. In Kolosser 1,15 heißt es: „Er war bereits da, noch bevor Gott irgendetwas erschuf, und ist der Erste aller Schöpfung." Durch ihn war alles entstanden, weil Gott es aussprach und so der Heilige Geist wirkte. Noch dazu war so die Bibel entstanden. Wenn ich also etwas aussprach, was dem Willen Gottes entsprach, hatte das eine Macht, da es auch Bestand hatte und die absolute Wahrheit war. Jesus selbst ist das Wort. In Johannes 1,4 heißt es weiter: „In ihm (Wort) war das Leben, und dieses Leben war das Licht für alle Menschen. Es leuchtet in der Finsternis, und die Finsternis hat es nicht auslöschen können." Jesus war das Licht in mir und ich wollte es noch mehr zum Leuchten bringen. Mit diesen Erkenntnissen konnte ich nochmal kraftvoller beten und proklamieren. Außerdem betete ich, dass ich seinen Willen noch besser verstehen würde. Eines wusste ich zumindest: Gottes Wort entsprach seinem Willen. Also konnte ich sein geschriebenes Wort, aber auch die bereits gehörte Zusagen Gottes an mich proklamieren. Wichtig war, dass ich keine negativen Worte aussprach. Das wurde mir bewusst, als ich von meinen Ex-Kollegen erfuhr, dass sie mittlerweile in den Beschwerden untergingen. Das Problem war, dass ich vor meinem Austritt einer Kollegin sagte, dass sie noch untergehen würden. Dies sagte ich eher beiläufig, aber es hatte doch eine große Wirkung in der geistlichen Welt. Daher nahm ich es zurück und brachte es ans Kreuz. Gott zeigte mir dies auch noch auf einem anderen Weg. Aufgrund meiner Vergangenheit sagte ich zu Gott: „Ich bin es eigentlich gar nicht wert ..." Weiter konnte ich nicht reden. Auf einmal vergaß ich, was ich eigentlich sagen wollte. Der Heilige Geist stoppte mich und wies mich daraufhin, dass ich das nicht aussprechen solle. Stattdessen formulierte ich es positiv. Psalm 91 war z. B. ein guter Psalm zum laut Lesen. Ich konnte laut in die geistliche Welt aussprechen: „Ja, ich will, was Gott will!", „Ich nehme Gottes Zusagen in Anspruch!" oder „Ich glaube!" Wenn ich etwas „im Namen von Jesus" proklamierte, hatte das eine starke Macht. Sein Wort war das Schwert des Geistes und es war schärfer als das schärfste zweischneidige Schwert (Hebräer 4,12). Das machte mir die Durchschlagskraft in der geistlichen Welt einmal mehr bewusst, denn auf der Erde war ich sein Vertreter. In einem OMF-Zoom-Treffen wurde näher darauf eingegangen, dass Gott für jeden bestimmte Aufgaben vorgesehen hatte. Ich konnte ja nicht alles machen, denn dann würde ich an einem Burnout erkranken. Um mehr darüber zu erfahren, machte ich einen Test zum fünffältigen Dienst, und das Ergebnis war, dass ich mit fast derselben Prozentzahl ein Evangelist und Hirte war. Gott gab mir also gleich zwei Aufgaben. Ich konnte Menschen für Jesus begeistern, aber auch ermutigen. Das war die optimale Vorbereitung für das Gästehaus, in dem ich ja für die Missionare da war. Auch in Bezug auf Pornografie konnte ich meine Erfahrungswerte weitergeben. Selbst wenn ich nach langer Zeit an einem Abend aus heiterem Himmel trotz Filter wieder zur verbotenen Frucht griff, machte ich Fortschritte und ging sofort danach zu Jesus, indem ich es ans Kreuz brachte. Er arbeitete durch meine Fehler an mir. Wenn ich ihm sofort alles bekannte, was ihn traurig machte, konnte der Heilige Geist noch besser wirken. Durch seine Gnade war alles vergessen und ich brauchte nicht traurig zu sein. Daher dankte ich Gott dafür. Ich konnte mich freuen, dass Jesus alles bereitwillig auf sich genommen hatte. Für seine Gnade wollte ich noch ein tieferes Verständnis entwickeln, denn sie und nicht das Gesetz veränderte mich. Mit einem wohlgefälligen Leben konnte ich ihm dafür danken. In Titus 2,11 und 12 heißt es: „Denn die Gnade Gottes ist jetzt sichtbar geworden, um allen Menschen die Rettung zu bringen. Sie erzieht uns dazu, die Gottlosigkeit und die weltlichen Begierden abzuweisen und besonnen, gerecht und mit Ehrfurcht vor Gott in der heutigen Welt zu leben."

Passend dazu las ich auch ein Buch von Timothy Keller, in dem dieser schreibt: „Wir werden erst frei, wenn wir die Güte Gottes und seine Liebe in Jesus Christus, die ihn so viel gekostet hat, begreifen." Er zitierte darin auch den Theologen Sinclair Ferguson, welcher äußerte: „Es gibt nur ein echtes Heilmittel für die Gesetzlichkeit. Es ist die gleiche Medizin, die das Evangelium für den Antinomismus (Gesetzlichkeit) verschreibt: dass wir Jesus Christus selber kennenlernen und Gemeinschaft mit ihm haben. Dies führt uns in eine neue Liebe und einen neuen Gehorsam zum Gesetz Gottes."

Lehrplan

Gott hat für jeden verschiedene Arten, um ihm ähnlicher zu werden. Er passt sich jedem unterschiedlich an, um uns nah zu sein. Wenn wir uns noch mehr darauf einlassen, werden wir seine Eigenschaften automatisch annehmen und die negativen Eigenschaften verlieren. Deshalb weiß er besser, zu welchem Zeitpunkt etwas dran ist, denn jeder ist ja unterschiedlich weit. Jesus zeigte mir nicht alles sofort, weil er an mir arbeitete und mich andere sonst wahrscheinlich für verrückt erklärt hätten. Das waren einfach so viele neue Dinge, denen ich selbst vor einem Jahr noch skeptisch gegenüberstand, weil ich teilweise noch nie davon gehört hatte. Alles ging nach seinem Lehrplan, den er für jeden Christen kreiert hatte. Daher war es auch Quatsch, sich mit anderen Christen zu vergleichen. Er erinnerte mich auch wieder an die Übungen für meinen Rücken, die ich in letzter Zeit vernachlässigte. Auch da bestimmte er den Zeitpunkt der vollständigen Heilung, da er mir bezüglich der Autorität noch mehr zeigen wollte. Ich hatte wiederholt das Gefühl, er wollte mir erstmal im Fitnessstudio zeigen, wie ich mit geradem Rücken trainieren sollte. Das war also der Lehrplan im Sportunterricht. Ich konnte um etwas beten, aber den Zeitpunkt bestimmte immer noch Gott. Er kannte mich einfach am besten und daher wollte ich mich noch mehr nach dem Plan richten, auch wenn ich groß denken sollte. Er zeigte mir immer wieder, wie wertvoll ich für ihn war und dass er an mich glaubte. Daher konnte ich noch mehr mit seinem Segen rechnen, weil ich bereits seinen Geist hatte und es im Geist in Anspruch nehmen konnte. Ich konnte es mir schon vorstellen und daran glauben. Um dies zu verinnerlichen, betete ich ein Sprachengebet und merkte, dass ich immer wieder das Wort „Raka Schasisis" sagte. Als ich es übersetzte, stockte mir der Atem, denn es hieß „Lehrplan". Das war so ein Wunder, da er mir diesen ja genau zu diesem Zeitpunkt zeigte. Jesus war einfach so lieb und diese Liebe kam auch in „The Chosen" gut rüber. Er sagte mir, dass er dort einen sehr großen Einfluss hatte. In unserer Montag-Smallgroup schauten wir gemeinsam die Folgen und tauschten uns darüber aus. Dabei entdeckten wir immer mehr interessante Einzelheiten. Dieser Austausch mit anderen Christen wurde mir immer wichtiger und ich lernte auch fortwährend mehr Geschwister kennen, hauptsächlich in meiner Church, aber auch auf anderen Events. So besuchte ich im Oktober die Social Media Night in Berlin, wo sich die christliche Social-Media-Szene traf. Dort lernte ich, dass man über Instagram, aber auch über die Videoplattform TikTok viele junge Menschen erreichen konnte. Da ich bereits in Asien gewesen bin, wusste ich, dass die junge Generation das mobile Internet dort noch viel mehr nutzte. Was hatte Gott dort noch mit mir vor und war das vielleicht die Tür, die er öffnete? Auf der Social Media Night lernte ich viele interessante Influencer kennen. Auch Christopher Schacht traf ich wieder. Wir hatten nochmal gute Gespräche und ich lud ihn und ein paar andere „Christfluencer" ins ICF zum Mittaggottesdienst am darauffolgenden Sonntag ein. Tatsächlich kam er mit noch fünfzehn anderen Influencern der christlichen Szene und wir hatten eine gesegnete Zeit nach dem Gottesdienst. Auch wenn ich lernte, dass die Szene den Begriff „Christfluencer" nicht so mochte, holte ich mir nochmal wichtige Infos ein. Das Beste war, dass uns Gott alle gleich liebte, egal wie viele Follower wir hatten. Im Abendgottesdienst wurde nun auch mein Video ausgestrahlt. Was ich nicht wusste, war, dass in diesem Gottesdienst auch Millane Friesen saß, ebenfalls eine „Christfluencerin", die zu dem Zeitpunkt mehr als fünf Millionen Follower auf TikTok hatte und deren Seminar ich am Tag zuvor auf der Social Media Night besuchte. Nach dem Gottesdienst beteten wir noch gemeinsam, denn gerade sie hatte einen extremen Einfluss. Fakt war jedenfalls, dass ich durch TikTok selbst etwas in Thailand starten und so Jesus authentisch rüberbringen könnte. So könnte die thailändische junge Generation durch die Liebe von Jesus verwandelt werden. Für sie wäre ich so etwas wie eine lebendige Bibel. Ich verstand auch immer mehr, dass

OMF den Zug nicht verpassen durfte. Die Missionsgemeinschaften und die meisten Kirchen waren auf TikTok noch gar nicht präsent. Ich selbst lud mir nun erstmal die App TikTok herunter und informierte mich ein wenig darüber, doch Gott würde mich schon anlernen, da war ich mir sicher.

Geistliche Welt

Mir wurde immer bewusster, welches Privileg es eigentlich war, dass mich Gott für die Mission in sein Team berufen hatte. Nur weil er so gnädig war und an mich glaubte, war dies möglich. Er sah das Potential in mir und setzte auf mich. Weil ich ihm vertraute, setzte er mich für Großes ein. Um mich geistlich weiter auf Thailand vorzubereiten, erhielt ich diese Spezialausbildung. Es gab einfach so viele Parallelen zwischen mir und den Glaubenshelden der Bibel. Abraham oder Paulus waren allesamt große Sünder und machten viel Schlechtes, bevor Gott in ihr Leben trat und alles zum Guten wendete. Sie lernten aus den Fehlern, so wie ich es lernte, und Gott arbeitete mit den Erkenntnissen. Alles zu seiner Zeit ... Gott schrieb mit mir Geschichte, so wie er es damals tat. Aber auch die Glaubenshelden litten oft. Ich war bereit, das Kreuz ebenfalls auf mich zu nehmen, so wie Jesus es unter anderem in Matthäus 16,24 fordert und wie er es auch den Menschen zeigte, als Simon von Kyrene das Kreuz trug. Ich war mir bewusst, dass ich durch diese Berufung noch größeren Anfeindungen ausgesetzt war, denn ich sollte an der Front für ihn kämpfen. Der Teufel würde alles versuchen zu verhindern, dass ich das bereits von Gott Gelernte umsetzte, und mich attackieren. Passend dazu erhielt ich in meiner Montag-Smallgroup ein geistliches Bild, in dem ich tief Luft holte und dann länger mit Jesus unter Wasser abtauchte. Er gab mir zwar immer wieder Luft, aber ich war eine längere Zeit unter Wasser. Allerdings wurde es am Ende wunderschön. Kurz danach zeigte Gott mir den Vers aus Jesaja 43,2: „Musst du durchs Wasser gehen, bin ich bei dir, und durch reißende Ströme – sie überfluten dich nicht. Musst du durchs Feuer gehen, wirst du nicht versengt, diese Flamme verbrennt dich nicht." Außerdem hatte ich mehrere Träume, wo mir jemand schaden wollte, aber ich Jesus Autorität ergriff und dadurch den Schutz Gottes spürte. Was kam da noch auf mich zu? Waren dies Kämpfe in der geistlichen Welt? Jesus sagte mir, dass ich bereits sehr vielen Angriffen ausgesetzt war, aber ich die Waffenrüstung schon gut einsetzen würde. Das bestätigten auch nochmal einige Predigten von Vladimir Savchuk, der sich auf dem Gebiet gut auskannte. Wenn Gott Feuer sandte, schickte der Teufel Regen. Satan versuchte beispielsweise, durch andere Menschen zu schaden. Schon in Matthäus 16,23 sagte Jesus zu Petrus, dass der Teufel durch ihn sprach. Aber Dämonen konnten auch in Gegenständen oder Tieren sein. Gerade in verunreinigten Dingen. Dies können wir auch in Markus 5 nachlesen, als Dämonen in Schweine fuhren. In Apostelgeschichte 19,12 heißt es, dass auch der Heilige Geist in Gegenständen war: „Die Leute nahmen sogar Schweißtücher oder Schürzen, die er getragen hatte, und legten sie auf Kranke, woraufhin die Krankheiten verschwanden und böse Geister ausfuhren." Die Bibel und das Kreuz waren jedenfalls starke Symbole in der geistlichen Welt. Ich musste zumindest keine Angst haben, denn Gott war stets bei mir. Alles gehörte ihm, denn er hatte das ganze Universum erschaffen. Dort war überall sein Geist präsent. Die Sünde kam erst nach der Schöpfung durch Adam und Eva in die Welt. Ursprünglich stattete er sie mit einem freien Willen aus. Aber als sie sein Gesetz missachteten, kam die Sünde auf die Welt. Durch das Opfer seines Sohnes gab er den Menschen eine neue Chance. Er ließ den Menschen die Wahl, aber sie mussten die Chance auch nutzen. Ich war einfach so dankbar, bereits ein Kind Gottes zu sein. Für mich wurde immer klarer, dass die Sünden mich nicht länger gefangen halten mussten. Ich war neu geboren und hatte seinen Geist. Ich erinnerte mich an ein Video von Andrew Wommack, in dem er Körper, Seele und Geist erklärte und schaute es mir erneut an. Mittlerweile hatte ich viel dazugelernt und verstand es dieses Mal daher noch besser. Meine Seele war das Ventil und sie musste Gottes Wahrheiten noch mehr annehmen, um mit dem Heiligen Geist noch mehr übereinzustimmen. So konnte seine Kraft noch mehr fließen und das Unsichtbare sichtbar werden. In Psalm 103 heißt es: „Lobe den Herrn, meine Seele!" Meine Seele musste „Ja" zu Gottes Willen sagen, damit meine Sinne weiter erneuert würden. In Römer 12,2 heißt es, dass wir durch die Erneuerung unseres Sinnes verwandelt werden. So würde mein Körper die Wohltat noch mehr erfahren, welche ich bereits im Geist besaß. Deshalb war es auch so wichtig, Gottes Wort über mich und andere zu proklamieren. Darauf wollte ich mich im wahrsten Sinne des Wortes stellen. An dieses „Proklamieren" erinnerte mich Jesus immer wieder und ging mit mir auch tiefer. Dadurch wuchs auch meine Autorität in der geistlichen Welt. Er sagte mir ja bereits, dass, wenn ich etwas in seinem Namen proklamierte, es eine stärkere Kraft hatte. Mein Wort drang direkt in die unsichtbare Welt ein. Wenn ich in Sprachen proklamierte, war dies besonders kraftvoll, weil der Heilige Geist selbst durch mich sprach. Es vertrieb die Finsternis und zog das Licht an. Wenn ich einem anderen Menschen etwas in seine sichtbaren Ohren sagte, drang es direkt in die Gedanken- oder Gefühlswelt. Genauso hatte es eine Kraft, wenn ich negative Sachen sagte, mich über irgendetwas aufregte oder sonst irgendwie „sündigte". So gab ich dem Teufel nur unnötige Power. Weil man letztendlich oft innerlich aufgewühlt war, hatte der Heilige Geist oft nicht mehr so viel Kraft. Man gab ihm einfach keinen Raum mehr. Deshalb half gerade in solchen Situationen Worship sehr, denn wenn ich mich mit Gott beschäftigte, war das Gegenteil der Fall. Dass das gesprochene Gebet eine Kraft hatte, wurde mir bei einem Treffen mit einem anderen Missionar bewusst. Er arbeitete unter Vietnamesen in Deutschland und wir trafen uns daher im Dong Xuan Center in Berlin. Dort waren fast ausschließlich Vietnamesen anzutreffen und wir beteten in einem Restaurant für weitere Kontakte. Ich war noch nicht fertig mit dem Beten, da kam die Kellnerin und fragte den anderen Missionar nach seiner Telefonnummer, da sie Hilfe bei einer Übersetzung benötigte. Eine weitere Gebetserhörung erfuhr ich, als nun endlich die Wohnungszusage meiner Kollegin kam. Auch Israel öffnete nach eineinhalb Jahren tatsächlich Anfang November seine Grenzen. Was war das wieder für ein Zeitmanagement Gottes, denn so konnten wir Ende November tatsächlich nach Israel fliegen.

Publikum

Ende Oktober fand in der OMF-Deutschlandzentrale ein Missionsfest für die haupt- und ehrenamtlichen Mitarbeiter statt. Trotz der rund hundert Mitarbeiter war es wie eine Familie und als ob wir uns schon ewig kannten. Vorne auf der Bühne sollte ich auch ein bisschen von meiner Umkehr erzählen. Eigentlich war ich ja kein Fan davon, aber ich spürte Jesus an meiner Seite und erzählte sogar vom Social Media Event und dass OMF mit auf dem Zug aufspringen müsse. Ich erzählte mehr, als ich sagen wollte, aber es war einfach sehr vom Geist geführt. In meinem Bibelstudium wählte ich aufgrund des bevorstehenden Israelurlaubes das Fach „Israel in Geschichte und Prophetie", aber lenkte mich nebenbei mit anderen Dingen ab. Nach den ersten Einheiten ärgerte ich mich selbst darüber, da der Stoff durchaus spannend war. Nachts weckte mich Jesus und sagte mir, dass ich durch die Ablenkungen wichtige Botschaften verpassen würde und dass ich die Einheiten nochmal wiederholen solle. Ich tat es und freute mich über meinen Gehorsam. Mein Wunsch war es, noch mehr auf ihn zu hören sowie auf seine Ressourcen zuzugreifen. Als ich Jesus danach befragte, sagte er, ich solle daran glauben und es visualisieren. Außerdem sagte er mir erneut, dass ich den Heiligen Geist als Helfer hätte und ich ihn im Unterricht verwenden dürfe. Ich spürte deutlich, dass Jesus neben mir war und das zeigte er mir gleichzeitig durch den Worship-Song „Close to you". Dazu tanzte ich, und ich spürte, dass nicht nur Jesus anwesend war, und fühlte mich so, als ob sich der Himmel mit mir freute. Als ich aus dem Fenster schaute, war der komplette Baukran gegenüber voll mit zwitschernden Amseln. Bisher hatte ich stets nur Krähen dort gesehen, aber nun war es so, als ob die Amseln für mich singen würden. Jesus erklärte mir auch, dass im „Vaterunser" noch mehr steckte. Gottes Reich und sein Wille sollten nicht nur im Himmel regieren, sondern ebenso hier auf der Erde. Unser Vater stand über allem, denn er hatte alles so genial konstruiert und dafür liebte ich ihn so sehr. Auch wenn mir Gott Stück für Stück mehr erklärte, war sein Werk nur schwer zu begreifen. Aber das war normal, denn in Prediger 3,11 heißt es: „Aber das Werk Gottes vom Anfang bis zum Ende kann kein Mensch begreifen."

Dachboden voller Segen

Ich verstand immer mehr, dass es eine Spannung zwischen der Gerechtigkeit und der Gnade Gottes gab. Nur Jesus vereinte beides. Aufgrund seiner Gnade war ich gerecht. Auch wenn ich es wegen meiner Vergangenheit nicht verdient hatte, beschenkte mich Gott aufgrund seiner unendlichen Gnade. Diese Gnade erklärte er mir immer mehr. Es war einfach so beeindruckend, da man normalerweise für ein Vergehen bestraft wurde. Nicht so bei Gott, der mir nicht nur vergab und mich errettete, sondern auch noch beschenkte. Auch wenn ich groß betete und wusste, dass mir Gottes Ressourcen zur Verfügung standen, wollte ich noch mehr an seine Gnade denken. In meinem Bibelstudium las ich allerdings einen Bericht, in welchem gegen das sogenannte Wohlstandsevangelium geschrieben wurde. Viele Christen waren der Meinung, sie dürften sich nichts leisten. Sofort kamen Zweifel hoch, denn ich hatte ja bisher von Gott das Gegenteil gelernt. Der Teufel griff wieder an und versuchte, mich zu verunsichern. Um dem entgegenzuwirken, war es wichtig, das Lehrbuch noch mehr mit einzubeziehen und zu prüfen. Nur so würde ich auf festem Grund stehen und die Stimmen noch besser unterscheiden. Daher beschäftigte ich mich intensiver mit diesem „Wohlstandsevangelium" und erkannte, dass es nur falsch war, wenn man gierig wurde. Einige predigten sogar, dass, wenn man viel spendete, man viel bekommen würde. Jedoch war der Umgang wichtig, denn Gott wollte, dass wir ihn mit in die Finanzen nahmen. Wir waren ja nur seine Verwalter, wie es das Gleichnis aus Lukas 16,11 beschreibt. Auch Epheser 2,10 las ich erneut: „Was wir jetzt sind, ist allein Gottes Werk. Er hat uns durch Jesus Christus neu geschaffen, um Gutes zu tun." Er war die Quelle und alles Geld gehörte ihm. Es gab also den göttlichen und den gottlosen Weg. Wie froh war ich, dass ich dahingehend schon so viel gelernt hatte. Passend dazu behandelte ich in meinem Bibelstudium den Segen Gottes als Wahlfach. Mir war bis dato gar nicht bewusst, wie oft der Segen in der Bibel vorkam. Sogar kurz vor Himmelfahrt segnete Jesus seine Jünger (Lukas 24,50). In Sprüche 10,22 heißt es: „Der Segen des Herrn allein macht reich, und nichts tut eigene Mühe hinzu." David und Salomo waren ebenfalls reich, weil sie Gott an erste Stelle setzten. In 1. Chronik 29,11 steht, dass der Reichtum von Gott kommt und in Epheser 1,3 heißt es: „Gelobt sei Gott, der Vater unseres Herrn Jesus Christus, der uns durch ihn mit dem ganzen geistlichen Segen aus der Himmelswelt beschenkt hat." Schon bei der Schöpfung in 1. Mose 1,28 segnete Gott die Menschen: „Gott segnete sie dann und sagte zu ihnen: ‚Seid fruchtbar und vermehrt euch! Füllt die Erde und macht sie euch untertan! Herrscht über die Fische im Meer, über die Vögel am Himmel und über alle Tiere, die auf der Erde leben!'" Dieser Vers bestätigte zudem unsere Autorität. Gott hatte die Erde so geschaffen, dass wir sie uns untertan machen sollten. Auch Psalm 114,3–4 macht dies deutlich: „Das Meer sah es kommen und floh, und der Jordan staute sich zurück. Die Berge hüpften wie Böcke, die Hügel wie Lämmer." Die Natur gehorchte Gott. Bezüglich des Segens zeigte mir Gott außerdem einige Predigten von Andrew Wommack aus seiner Lehrreihe „Leben in Gottes Fülle". Gerade nach Krisenzeiten segnete Gott oft, wie beispielsweise bei Josef. Mein Pastor erklärte es damit, dass Gott manchmal den harten Boden nutzte, damit man danach wieder höher sprang. Man richtete sein Herz neu aus und klammerte sich wieder fester an Jesus. Ich hatte schon so viele Lesepläne über den Segen Gottes gelesen, und Jesus vervollständigte dies, indem er mir Folgendes erklärte: Der Himmel ist wie ein Dachboden, der Gott gehört und wo viele Fässer gelagert sind. Jedes Fass ist mit dem Segen Gottes gefüllt. Alles können wir aus Gnade empfangen und in Anspruch nehmen. Diese Fässer können wir vom Dachboden herunterholen und unsere Fässer in der Autorität auffüllen, welche noch nicht voll waren. Jesus möchte unsere Fässer stets mit dem Besten füllen, so wie er es bei seinem ersten Wunder tat, indem er Wasser zu Wein verwandelte. Wir können unserem Vater also bereits im Voraus danken, dass uns die Fässer zur Verfügung stehen. Die Vorräte sind gut gefüllt, so wie es in Psalm 114,13 steht. Auch in der Geschichte aus 2. Könige 4 floss das Öl so lange, bis keine Gefäße mehr da waren. Diesen Segen konnte ich in das Reich Gottes hier auf die Erde holen, weil Gott vor zweitausend Jahren den Himmel aufriss (Vorhang zerriss in Matthäus 27,51) und durch Jesus herabkam. In Matthäus 16,19 zeigt Jesus uns, dass er uns die Schlüssel zum Reich Gottes gegeben hat. Zu Petrus sagte er: „Ich werde dir die Schlüssel zu dem Reich geben, in dem der Himmel regiert." Dieser Schlüssel zum Dachboden ist das Kreuz. Ich durfte Gott einfach nicht limitieren und konnte groß denken! In Psalm 2,8 heißt es: „Nenne mir eine Forderung, ich will sie erfüllen! Ich gebe dir alle Nationen zum Erbe, die Erde bis an ihr äußerstes Ende soll dein Besitz sein!" Wie grenzenlos unser Gott bloß ist! Wiederholt zeigte er mir auch den Vers aus Epheser 3,20, wo es heißt: „Gott aber kann viel mehr tun, als wir jemals von ihm erbitten oder uns auch nur vorstellen können." Gab ich nun Gott und seinen Träumen und Gedanken Raum in meinem Leben oder glaubte ich all den anderen Stimmen? Ich wollte nicht nur so beten, wie ich es mir vorstellen konnte, sondern die Barrieren um mich herum durchbrechen und eigene Grenzen sprengen, weil Gott es liebte, mutig zu beten. Josua befahl sogar der Sonne, still zu stehen (Josua 10,12–13). Ich wollte glauben, dass Gott die Schleusen des Himmels öffnete und mich mit einer Flut seines Segens überraschte. Es wartete so viel mehr, als ich momentan sah, weil Gott mich immer einen Schritt weiterführte und Neues freisetzte. Den Segen konnte ich entdecken, indem ich mich so anschaute, wie Gott mich sah. Und diesen Segen wollte ich natürlich weiterhin anderen weitergeben, so wie es Jesus mit den Broten in Matthäus 14,19 tat. Auch an Menschen, die nicht richtig handelten, so wie es ebenfalls Jesus in Matthäus 5,44 sagte („Segnet, die euch fluchen"). Gerade bei der Liebe wollte ich ein guter Verwalter sein. Leider merkte ich nämlich, dass ich einigen Mitmenschen in letzter Zeit nicht mit der notwendigen Liebe begegnete, die sich Gott von mir wünschte. So war es ja auch oft in einer menschlichen Liebesbeziehung. Es war notwendig, mein Herz wieder neu auszurichten, und das zeigte er mir zum rechten Zeitpunkt durch Römer 15,11: „Jeder von uns soll auf den anderen Rücksicht nehmen, damit es ihm gut geht und er gefördert wird." Wenn die Liebe zu anderen Menschen größer wurde, konnte man auch mehr für die anderen empfangen. Immer wenn ich im Lehrplan hinterher war, griff Jesus ein. Ich hatte den Eindruck, nochmal alles zur Liebe Gottes nachzulesen, was ich hier schon aufgeschrieben hatte und stieß dabei auf meine Ziele, welche ich vor eineinhalb Jahren aufschrieb. Es war interessant, wie viel ich bereits umgesetzt hatte, es war wie eine Auswertung in der Schule Gottes. Auf das konnte ich schauen und genau diese Ziele proklamieren. Es war so spannend, wie mich der Heilige Geist immer wieder auf das Proklamieren und das Aussprechen positiver Worte hinwies. Dieses Unterrichtsfach war für Gott sehr wichtig, denn ich merkte, wie der Feind immer wieder versuchte, mich daran zu hindern. Genau das beschrieb auch Derek Prince, von dem ich ein Buch las. Oft ertappte ich mich noch dabei, Dinge negativ zu formulieren, aber sofort erinnerte mich der Heilige Geist, und so formulierte ich es positiv. In Jakobus 3,9–10 heißt es: „Mit unserer Zunge loben wir Gott, unseren Herrn und Vater, und mit derselben Zunge verfluchen wir unsere Mitmenschen, die doch nach Gottes Ebenbild geschaffen sind. Segen und Fluch kommen aus ein und demselben Mund. Aber genau das, meine lieben Brüder und Schwestern, darf nicht sein!" Auch in Epheser 4,29 steht geschrieben: „Lasst kein hässliches Wort über eure Lippen kommen, sondern habt da, wo es nötig ist, ein gutes Wort, das weiterhilft und allen wohltut."

Gehorsam

Im November ging ich nach zwei Jahren auch mal wieder in einem Club feiern, weil ich das noch einmal in Berlin erleben wollte, bevor ich wegzog. Natürlich betrank ich mich nicht mehr wie früher. Ich bat Gott um Schutz und er erhörte das Gebet. Auch merkte ich, dass mir das „Ausschlafen" richtig guttat. In meinem alten Job musste ich teilweise schon um 3:30 Uhr aufstehen. Bei OMF erhielt ich nun endlich auch meine medizinische Bestätigung aus Singapur. In dem OMF-Zoom-Format „Weltmission im Wohnzimmer" wurde ich interviewt und merkte, wie der Heilige Geist mich auch hierbei führte. Dabei wurde mir bewusst, dass der Psalm 23 noch eine größere Bedeutung für das Gästehaus hatte, denn die Missionare tankten dort auf und das gefiel dem Teufel gar nicht. Deshalb war ich auch sehr angefochten, aber bekam in meiner Kleingruppe auch mehrmals das Bild, das zeigte, dass um mich herum eine Schutzhülle war. Außerdem erhielt ich das geistliche Bild, dass ich den Missionaren erfrischendes Wasser reichen würde, das Wasser des Lebens. Er bereitete mich einfach weiter auf Thailand vor, auch indem ich an einem Wochenende ein Leiterschaftstraining vom ICF absolvierte. Dort wurde mir bewusst, dass die kulturellen Unterschiede mit den thailändischen Mitarbeitern im Gästehaus eine Herausforderung sein würden. Von einer OMF-Mitarbeiterin erfuhr ich ein paar Tage davor ebenfalls, dass es einige Probleme mit Angestellten des Gästehauses gab, diese aber mittlerweile gekündigt hatten. Ich wusste zwar noch nicht, was mich alles in Thailand erwarten würde, wollte da aber Gott vertrauen. In meiner Smallgroup erhielt ich zwei Eindrücke dazu: Einmal, dass es unfassbar sei, wie sehr Gott mich gebrauchen würde und dass ich mir das ganze Ausmaß noch gar nicht vorstellen könnte. Die Leitung des Gästehauses war für mich jedenfalls eine große Ehre, und ich wollte, dass die Missionare gerne dorthin kamen. Der zweite Eindruck handelte davon, dass der

Baum Wurzeln schlagen würde und ich Stabilität hineinbringen würde, wie ich es mir noch nicht vorstellen könnte. Ich konnte mich mit Gottes Plan jedenfalls sicher fühlen und auch das wollte ich so proklamieren. Jesus führte mich in den verschiedenen Themen Schritt für Schritt vorwärts. Ohne, dass er mir alles von Anfang an beibrachte, hätte ich das gar nicht verstanden. Der Lehrplan war bei mir anders gestrickt, weil ich in die Mission ging. Das wurde mir auch bewusst, als wir in meiner Mittwoch-Group das Thema „Prophetie" hatten. Noch immer empfing ich nicht die gewünschten geistlichen Bilder, welche ich mir wünschte. In einer Übung, bei der ich in der Mitte war und mit verbundenen Augen für jemanden prophezeien sollte, baute ich mir so einen Druck auf, dass ich keine Vision oder Wort von Gott wahrnahm. Doch diese Gabe hat jeder Christ, weil wir alle den Heiligen Geist haben. In 1. Korinther 14 wird auch deutlich, dass Weissagen wichtig ist, da es zur Auferbauung, Ermutigung und zum Trost dient. Da ich nichts wahrnahm, ermutigte mich meine Kleingruppe, erneut in die Mitte zu gehen, und betete für mich. Nach einer Weile erhielt ich plötzlich einen Eindruck, indem es viele bunte Pfeile gab, welche zum Kreuz führten. Dies wiederum berührte eine Person meiner Group sehr. Die Gabe konnte sich also entfalten, wenn ich weiter üben würde. In Römer 8,25 heißt es: „Wenn wir aber auf etwas hoffen, das wir noch nicht sehen können, warten wir geduldig, bis es sich erfüllt." Auch in Johannes 16,12 sagt Jesus: „Ich hätte euch noch so viel zu sagen, aber ihr könnt es jetzt noch nicht tragen." Geduld war noch so manches Mal noch eine Herausforderung für mich, doch durch das Warten kam ich noch mehr in seine Abhängigkeit. Meine Smallgroup feierte jedenfalls meinen Gehorsam. Mir wurde bewusst, dass ich in letzter Zeit oft gehorsam war und Gott gehorchte. So auch nach einem Traum, in dem ich ins Stadion gehen wollte, aber ein großer Sturm aufzog. So blieb ich zu Hause, und das war die Antwort Gottes auf meine Frage, welche ich ihm am Tag zuvor gestellt hatte. Meine Church fragte mich nämlich, ob ich am Weihnachtsmusical eine der Kameras übernehmen könne. Allerdings war dies genau der Tag, an dem ich eigentlich nochmal in Berlin ins Stadion gehen wollte, da dort Borussia Dortmund spielte. Nach dem Traum entschied ich mich allerdings für das Musical, weil das Gottes Wunsch war. Aufgrund der steigenden COVID-Zahlen konnte es sowieso sein, dass die Fußballspiele erneut ohne oder zumindest mit nur sehr wenigen Zuschauern stattfinden würden. Trotzdem gehorchte ich einmal auch nicht seiner Stimme. Am Abend nach der Prophetieübung war ich irgendwie doch frustriert und durch einen Bericht eines Artikels mit erotischem Inhalt ließ ich mich wieder zur Pornografie verführen. Ich durfte mich einfach nicht unnötig in Versuchung begeben. Kurz vorher sagte mir Gott noch: „Lass die Finger von Emanuela!" Das hatte er mir ja schon einmal gesagt. In Philipper 2,13 heißt es: „Denn Gott bewirkt den Wunsch in euch, ihm zu gehorchen, und gibt euch auch die Kraft, zu tun, was ihm gefällt." Allerdings richtete ich mein Herz nach der Sünde sofort wieder mit Worship neu aus. Zudem sprach mir Gott danach viele Ermutigungen zu, z. B. durch den Leseplan, wo Jakobus 5,16 zitiert wurde: „Bekennt also einander die Sünden und betet füreinander, damit ihr geheilt werdet." – Sündige Muster können durchbrochen werden, wenn wir sie ans Tageslicht bringen und gemeinsam an Gott abgeben. Daher tat ich dies und bekannte es auch vor meiner Smallgroup. Gott sah einfach mein Herz und meinen Willen, und das zählte. Er sah das Gute in mir und deshalb baute er auf mich.

In Anspruch nehmen

Kurz bevor wir nach Israel flogen, beendete ich mein Bibelstudium. Auch da erfuhr ich, dass ich bisher einer der Schnellsten war. Insgesamt hatte mir das Studium unendlich viel gebracht. Trotzdem war ich froh, dass ich es abgeschlossen hatte, weil mein Zeitplan noch so vollgestopft war. Ich wollte noch viele Freunde treffen, welche in Berlin wohnten. Jesus sagte mir auch, dass ich die zweite Staffel von „The Chosen" anschauen solle. Außerdem nahm ich mir vor, das Markus-Evangelium nochmal zu lesen. Die Bibel war noch voller Geheimnisse und Entdeckungen. So konnte ich sein Wort auch besser weitergeben. Ich könnte für TikTok auch Storytelling nutzen und beispielsweise den Dachboden mit den Fässern erklären. Dazu wollte ich mehr erfahren und schaute im Bibellexikon nach, wo überall Fässer, Gefäße oder Körbe vorkamen. Es war interessant, dass bei der Speisung der 4000 noch sieben Körbe und bei der Speisung der 5000 sogar zwölf übrig waren. Diese beiden Zahlen waren Zahlen der Vollkommenheit und es zeigte den unerschöpflichen Vorrat, den der Herr darreicht, wenn er uns segnet. Jesus schenkt immer mehr, als wir brauchen. Das alles war nur durch sein Werk am Kreuz möglich, als der Vorhang zerriss und der Himmel sich öffnete. So führte Gott uns ein zweites Mal aus der Sklaverei in Freiheit. In Hebräer 10,19 heißt es. „Wir haben also jetzt einen freien und ungehinderten Zugang zum wirklichen Heiligtum, liebe Geschwister. Jesus hat ihn eröffnet durch sein Blut." Jesus war die neue Brücke zwischen Himmel und Erde. Weil sein Leib zerbrochen wurde, floss seine Herrlichkeit um uns herum. Irgendwie wurde das gerade in Deutschland jedoch oft nur auf die Sünden begrenzt. Doch wir dürfen Gott nicht limitieren. Durch den neuen Bund sind wir alle gesegnet (Galater 3,8). Jesus starb auch für unsere Krankheiten oder Ängste. Dies war natürlich für die Thais wichtiger, welche oft in Ängsten gefangen waren und wo Taten zählten. Krankheiten oder Ängste existierten in

Gottes Reich einfach nicht. Dort herrschte nur seine Liebe. All dies zeigte Jesus auch, als er hier auf der Erde lebte. Die Erde konnte ich mir so vorstellen, wie Gott sie geschaffen hatte. Ich wollte den Himmel einfach noch mehr mit der Erde verknüpfen. Der Himmel oder auch mein Dachboden war ja bereits offen. Alle Reichtümer Gottes standen mir somit zur Verfügung, wenn ich sie im Glauben durch das Gebet ergriff. So verstand ich auch Markus 11,24 besser: „Darum sage ich euch: Worum ihr im Gebet auch bittet, glaubt, dass ihr es empfangen habt, dann werdet ihr es auch erhalten." Ich konnte den Inhalt der Fässer in Anspruch nehmen. Jesus sagte mir, dass ich dies aktiv formulieren solle: „Ich nehme die Fässer in Anspruch, welche Gott mir zur Verfügung stellt. Alles, was von Gott kommt!" Die Heilung, sein Wille, all das stand mir stets zur Verfügung. Das war die Autorität in Jesus. Wenn ich die Fässer auffüllen wollte, musste ich meinen eigenen Willen gegen den Willen Gottes eintauschen. Genau das war der Tausch am Kreuz. Es sollte fließen, bis die Fässer übergeflossen waren, um den Inhalt auch weiterzugeben. Bloß den Zeitpunkt bestimmte immer noch Gott. Sein Timing stand im Vordergrund.

Israel

Ende November flogen mein Vater, mein Bruder, mein Schwager und ich nun endlich nach Israel. Um dort hinzukommen, sollten wir kurz vor unserer Reise einen PCR-Test durchführen und online ein Einreiseformular ausfüllen. Noch am Flughafen Tel Aviv mussten wir einen zweiten PCR-Test machen und uns sofort danach in Isolation begeben, bis das Testergebnis da war. Aber alles funktionierte ohne Probleme und größere Wartezeit. Auch das Ergebnis hatten wir bereits am selben Abend vorliegen. So konnten wir wie geplant den ersten Tag in Jerusalem verbringen. Wir hatten uns für die ersten zwei Tage einen gläubigen Reiseführer gebucht, welcher uns alles anhand der Bibel erklärte. Durch die scharfen Einreisebestimmungen gab es in Israel so gut wie keine Touristen, sodass wir nirgendwo warten mussten. Unser Guide erzählte uns, dass man normalerweise zwei Stunden anstand. Am zweiten Tag fuhren wir in unserem Mietwagen mit dem Guide ans Tote Meer und machten einige Stopps, unter anderem in Qumran, wo man die Schriftrollen fand. Der dritte Tag war Schabbat und wir besuchten einen messianischen Gottesdienst und fuhren im Anschluss nach Tel Aviv, auch weil wir für unsere Rückreise einen weiteren PCR-Test benötigten, diesen aber aufgrund des Schabbats in Jerusalem nirgends durchführen lassen konnten. Am vierten Tag fuhren wir zum See Genezareth und besuchten die Stellen, wo Jesus die Bergpredigt abhielt und die Brote vermehrte. Passend dazu lasen wir die dazugehörige Bibelstelle aus Markus 6,41: „Und er nahm die fünf Brote und die zwei Fische, blickte auf gen Himmel, segnete und brach die Brote und gab sie seinen Jüngern." Auch ich wollte beim Tischgebet die Hungernden mehr mitaufnehmen, indem ich das Essen segnete und Gott dankte, weil Segen „Vermehren" bedeutete. Da wir noch ein wenig Zeit hatten, mieteten wir uns ein Boot und fuhren damit auf dem See Genezareth. Es war einfach alles so interessant und die Bibel wurde richtig lebendig. Allerdings erfuhren wir auch, dass Israel die Grenzen aufgrund einer COVID-Mutation aus Südafrika für sämtliche Touristen erneut schloss. Was für ein Segen, dass wir noch einreisen durften. Meine Eltern waren vier Tage vor unserer Reise sogar noch in Südafrika gewesen, aber alle Tests fielen negativ aus. Außerdem erfuhren wir, dass viele meiner Verwandten an COVID erkrankt waren. Mein Vater hatte einige davon sogar noch vor unserer Reise besucht. Von der ersten bis zur letzten Minute war alles so von Gott geführt und wirklich großartig. Jesus freute sich einfach so sehr über unsere Reise. Auch das Apartment mitten im Zentrum von Jerusalem war perfekt. Untereinander verstanden wir uns richtig gut. Allerdings reagierte ich nicht immer richtig, bekannte es aber sofort Jesus. Ich bat ihn, dass dies nicht mehr auftreten würde, weil es einfach nicht zu mir gehörte. Oft animierte ich auch zum Beten, weil mir das so wichtig war und ich Gott loben wollte. Ich spürte, wie er sich darüber freute. Dieses „Fühlen" von Gottes Gegenwart nahm ich mittlerweile immer öfter wahr. Unterdessen wurden auch in Deutschland die COVID-Beschränkungen verstärkt. In Berlin durften nur noch maximal fünftausend Menschen bei Veranstaltungen teilnehmen. Somit war auch klar, dass ich sowieso nicht zum Fußballspiel zwischen Hertha BSC und Borussia Dortmund gehen konnte. Das bedeutete also der Traum vom Sturm. Auch die Clubs schlossen wieder. Ich war froh, dass ich im November nochmal eine Party besuchen durfte. Die Impfpflicht in Deutschland wurde nun für bestimmte Berufsgruppen angekündigt. In Nachbarländern wie Österreich trat diese bereits für alle Menschen in Kraft, was Proteste erzeugte. Auch in Deutschland kam es immer öfter zu Demonstrationen.

Abschied aus Berlin

Der Dezember war für mich nun nach zehn Jahren der letzte Monat in Berlin. Und genau da brachen zwei Federn meines Sofas, welches ich meiner Nachmieterin überlassen wollte. Aber auch das hatte Gründe, welche mir Gott einige Zeit später klarmachte. Der erste Grund war, dass mein Schwager gerade zu Besuch war und wir gemeinsam versuchten, es zu reparieren. Das war Teamwork und das stand auch auf dem Lehrplan. Außerdem verstand ich dadurch, dass die einzelnen Bauteile das Sofa zusammenhielten. Nur durch die Verbindung der Bauteile wurde es zu einem Meisterstück. Genauso sollte meine Wohnung, mein Körper, ein perfektes Meisterstück sein, so wie es in Epheser 2,10 heißt: „In Jesus Christus sind wir Gottes Meisterstück. Er hat uns geschaffen, dass wir tun, was wirklich gut ist, gute Werke, die er für uns vorbereitet hat, dass wir damit unser Leben gestalten." Mein Pastor brachte dies in einer Predigt passend auf dem Punkt, indem er sagte: „Wir beten oft für das fertige Möbelstück, aber Gott gibt uns teilweise nur das Holz und will uns formen."

Durch den Urlaub in Israel konnte ich nun auch die biblischen Geschichten besser visualisieren. Die Bauteile, welche ich bereits besaß, mussten sich noch mehr verbinden, damit alles standhielt, so wie es auch in 1. Korinther 3,14 steht: „Hält das, was er auf das Fundament gebaut hat, stand, wird er belohnt." Meine Bauteile durften einfach nicht kaputtgehen und das Bauwerk sollte stattdessen wachsen. Ich war gespannt, welche Wohnung er mir während des Sprachtrainings in Thailand geben würde. In einem Zoom-Gespräch mit dem Leiter des Trainingszentrums teilte dieser mir mit, dass er noch auf der Suche nach einer geeigneten Wohnung wäre. Er sagte mir auch, dass es am besten wäre, wenn ich Ende März ausreisen würde, und dafür betete ich. Das war nicht selbstverständlich, da durch die COVID-Mutation erneut viele Reisebeschränkungen in Kraft traten. Eine Missionarin von OMF, welche nach Japan ausreisen wollte, wartete bereits seit neun Monaten auf ihre Ausreise. Im Dezember fand auch eine Woche lang ein OMF-Vorbereitungsseminar statt. Dieses sollte eigentlich in London sein, wurde wegen COVID aber kurzfristig virtuell auf Zoom verlegt. Da wir insgesamt sechs deutsche Kandidaten waren, fuhren wir stattdessen zum OMF-Office nach Hessen. Das Seminar wurde komplett auf Englisch abgehalten und war eine erste Herausforderung. Da ich mein Zeugnis und eine Andacht auf Englisch vorbereiten sollte und ich durch den Israelurlaub wenig Zeit hatte, machte ich mir wieder Stress. Doch dieser war total unnötig, denn alles verlief viel besser als gedacht. Ich spürte oft die Unterstützung des Heiligen Geistes, was eine wahre Gebetserhörung war. Mein Zeugnis erzählte ich mittlerweile immer öfter und das war erst der Anfang. So fragte mich auch ein „Christfluencer", den ich im Oktober auf dem Event kennenlernte, ob ich für TikTok ein Kurzvideo für seinen Account aufnehmen könne. Ich erzählte somit in Kurzform meine Story, welche innerhalb von zwei Wochen tausendfünfhundert Aufrufe erhielt. Da der Dezember mein Abschiedsmonat aus Berlin war, fand auch meine Aussendung vom ICF-Berlin statt. Auch dort wurde mein Video nochmal gezeigt und ich erzählte etwas zu Thailand. Durch die Hilfe des Heiligen Geistes hatte ich gar keine Angst, auf der Bühne zu stehen. Das hätte ich mir noch vor ein paar Monaten nicht vorstellen können, auch weil ich manchmal rot wurde. Aber Gott machte mich mutig und ich errötete nicht. Angst kam einfach nicht von ihm. Der Missionar, welcher unter Vietnamesen in Deutschland arbeitete und mich am Vorabend besuchte, gab mir nochmal einen hilfreichen Tipp, wie ich das Thema Mission anhand von Essstäbchen rüberbringen konnte und dies kam sehr gut an. Dass etwas im Gedächtnis besser hängenblieb, wenn man es auf der Bühne anschaulich machte, hatte ich im ICF gelernt. Dem Missionar konnte ich sogar mit den Besitzern eines Asia-Shops bekannt machen, in dem ich während der letzten Jahre oft einkaufte.

Von meinen beiden Smallgroups musste ich mich nun ebenfalls verabschieden, was mir nicht leichtfiel. Ich erhielt nochmal ermutigendes Feedback, auch dass ich durch meine Offenheit und Ehrlichkeit etwas in der Gruppe losgelöst hätte. Diese Offenheit war einfach notwendig, um füreinander beten und vergeben zu können. Durch meine Erlebnisse mit Gott, welche ich immer teilte, konnte ich viele ermutigen. Genauso wie Jesus damals durch Geschichten andere ermutigte. Durch das Näherbringen der lebendigen Beziehung festigte sich sein Reich. Alle segneten mich auch hier noch einmal für die bevorstehende Zeit und teilten einige geistliche Eindrücke. Das erste Bild war ein Fluss mit Kurven. Nicht immer ging es geradeaus und es würde auch Angriffe geben, aber Jesus war jederzeit da und ich musste ihm vertrauen. Eine weitere Vision war eine Schatzkarte. Auch wenn nicht immer klar war, was passierte, würde der Heilige Geist mich als Kompass leiten. Das passte auch zur Vision mit einem Stern, der mir den Weg wies. Gott würde sich immer um mich kümmern. Dass ich selbst wie ein Stern schien, wurde mir schon des Öfteren gesagt. So sollte ich mir auch den Song „Shooting Star" von Boyzone anhören. Ein weiterer Eindruck war, dass ich ein Wachssiegel vom Heiligen Geist auf der Stirn hatte, und wenn ich durch Bangkok lief, man es in der geistlichen Welt sehen würde. So steht es auch in 2. Korinther 1,22. Außerdem gab Gott mir weiter, dass ich manchmal nicht sehen würde, wie der Samen aufging, aber irgendwann dann auf einmal doch ein Baum da war. Jesus drehte die Sanduhr um und dann käme meine Zeit, ich musste nur Geduld haben. Außerdem würde ich wie eine Blume genau am richtigen Ort blühen und die Wurzeln dabei so tief sein, dass ich auch in trockenen Phasen genug Nährstoffe hatte. Meine Smallgroups waren nochmal eine Art Sprungbrett und ich war Gott so dankbar für diese wertvolle Gemeinschaft, mein Wachstum und die vielen Eindrücke. An diese Zusagen wollte ich mich immer erinnern und beten, dann würde sich meine Perspektive von innen nach außen noch mehr verändern. Eine Sichtweise aus dem Königreich heraus. Die Schwester, welche ihr gesamtes Leben an Migräne litt, erzählte mir, dass ihr Jesus den Namen „die Geheilte" gab und diesen über sich proklamierte. So verschwand ihre Migräne innerhalb weniger Monate. Auch Jesus gab mir den Namen „Patrick, der Sprinter". Ich wollte sein Schaf sein, welches vor der Herde vorneweg in Jesus Arme sprintete und andere Schafe mit in seine Arme brachte. Ich realisierte auch, dass ich immer mehr für andere betete und dadurch auch Heilungserfolge sah. Ich war bereit, Dinge zu tun, welche mir mein Hirte aufgab.

Da das Bibelstudium beendet war, fing ich einen Onlinekurs über effektives Beten an, welcher von Waterwalkers angeboten wurde. Dahinter steckten auch Personen aus meiner Church. In der ersten Einheit pushte mich vor allem nochmal der Vers aus Johannes 10,27: „Meine Schafe hören auf meine Stimme; ich kenne sie, und sie folgen mir." Das passte wieder genau und machte deutlich, dass er zu mir sprach. Ich wollte ihn so wahrnehmen, wie ich atmete. Meine GebetsNews verschickte ich im Dezember per Post, da ich noch ein paar OMF-Utensilien für Weihnachten verschenken und mich mit einer Karte persönlich bedanken wollte. Daraufhin erhielt ich gutes Feedback. Auch für meine Nachbarn schrieb ich Weihnachts- und gleichzeitig Abschiedskarten, und war überrascht, als ich von einem Nachbarn eine Karte zurückerhielt, wo er seine Freude darüber ausdrückte, dass ich die frohe Botschaft nach Thailand bringen würde. Hatte der Weihnachtskorb an ihn aus letztem Jahr schon solch eine Wirkung erzielt? Ebenfalls ergaben sich mit einigen Freunden und ehemaligen Kollegen nochmal gute Gespräche über den Glauben und ich erfuhr so, dass sich die Beschwerdelage in meinem ehemaligen Team deutlich verbessert hatte. Und noch ein Wunder geschah. Der ehemalige Arbeitskollege, der noch vor ein paar Monaten im Sterben lag (siehe Kapitel „Fokus auf Jesus") ließ mir eine Weihnachtsmail zukommen, in der er schrieb, dass es keinerlei Anzeichen mehr dafür geben würde, dass er jemals ein Leberzirrhosepatient mit Nierenversagen, Anämie und Aszithis war. Die Ärzte konnten sich dies nicht erklären. Er bedankte sich noch einmal für meine Gebete, weil er glaubte, dass diese der Grund waren. Dieses Heilungswunder stärkte mich sehr und gab auch den Anlass, dass ein weiterer Freund bereit war, für sich beten zu lassen. Er hatte durch eine Nierenkolik und Thrombose starke Schmerzen. Ich freute mich riesig, dass der Freund überhaupt dazu bereit war, da ich ihn schon lange kannte. Gott wirkte jedenfalls in mehr Menschen, als ich dachte.

Das Geschenk

Weihnachten verbrachte ich mit meinen Eltern, meiner Schwester mit ihrem Mann, den Kindern und ihren Schwiegereltern sowie mit meinem Bruder. Auf dem Weg dorthin musste ich ein Stück mit der U-Bahn fahren und gab einem Obdachlosen einen Briefumschlag mit einem etwas größeren Geldbetrag sowie einigem christlichen Material. Vorher hatte ich Jesus gebeten, mir eine Person zu zeigen, welche es nötig hatte. Zwei Stationen später kam er plötzlich mit Tränen in den Augen zurück und war regelrecht sprachlos vor Dankbarkeit. Ich freute mich, dass sein Weihnachten durch ein Geschenk gerettet worden war. Ich hatte mein größtes Geschenk durch Jesu Werk am Kreuz bereits bekommen. Alles, was er mir dadurch bereitstellte, konnte ich in Anspruch nehmen. Bei der Weihnachtsgeschichte wurde mir nochmal klar, dass die Hirten zum Stall kamen, um das Lamm zu sehen. Sie richteten den Blick immer in Richtung des Lichts und das war auch in diesen Zeiten einfach notwendig. Immer mehr hörte ich von ganzen Familien, die sich an Weihnachten nicht mehr trafen, weil sie verschiedene Meinungen zu COVID vertraten oder sich nicht impfen lassen wollten. Wie froh war ich, dass meine Familie zusammenhielt. Während der drei Tage gab es nicht eine Situation, in der wir uns stritten. Mir wurde nochmal bewusst, dass Vergebung solch ein großes Thema innerhalb vieler Familien war. Wenn man nicht vergibt, frisst die Bitterkeit einen auf, so wie bei einer Eisscholle, die auseinanderbricht und immer weiter in zwei verschiedene Richtungen triftet. Den Jahreswechsel verbrachte ich mit meinen Eltern und wir beteten zu Neujahr gemeinsam. Außerdem ließen wir das vergangene Jahr Revue passieren und ich konnte nochmal einige Wunder erzählen. Dabei registrierte ich, dass sich nochmal etwas bewegte, seitdem ich Bibelverse über mich proklamierte. Daran wollte ich festhalten und proklamierte nochmal ein paar Dinge über mein

Leben, unter anderem, dass ich nach einem Jahr Sprach- und Kulturtraining perfekt Thailändisch sprechen würde. Ich wollte Gott einfach nicht begrenzen. Zwei Dinge wollte ich jedoch definitiv komplett abgeben und das waren Pornos und das Rauchen. Ich fing zwischendurch nämlich immer mal wieder an zu rauchen, aber konnte auch ohne damit auskommen. Den Kurs über effektives Beten beendete ich und war dankbar, dass dieser mit dem bereits von Gott Gelernten übereinstimmte. Auch die Wichtigkeit des Sprachengebets wurde noch einmal hervorgehoben. Dieses Sprachengebet entfernte Verunreinigungen meiner Seele. Als ich daraufhin in Sprachen betete, weinte ich das erste Mal dabei. Im Kurs wurde außerdem ein schönes Bild vermittelt: Wir würden mit einem Eimer in einem Brunnen lebendigen Wassers schöpfen. Auch mein Wissen über das Gebet vertiefte ich weiter. So wurde nochmal deutlich, dass Gott von unseren Gebeten abhängig war. Natürlich konnte er auch alles allein machen, aber er wollte mit uns zusammenarbeiten. Ich wollte Gott noch häufiger fragen, was ich beten sollte. Er sollte mir seine Perspektive zeigen, so wie er es in Jesaja 42,9 sagt: „Seht, was ich früher sagte, traf ein. Nun kündige ich Neues an. Noch ehe es aufsprosst, hört ihr es von mir." Danach wollte ich es ihm anbefehlen, so wie es in Jesaja 45,11 heißt: „So spricht Jahwe, der heilige Gott Israels und sein Schöpfer: ‚Fragt mich über das, was kommt! Doch meine Kinder und das Werk meiner Hände lasst mir anbefohlen sein!'" Solche Befehle zeigte Jesus schon damals seinen Jüngern.

Vorbereitung auf Thailand

Seit Januar 2022 wohnte ich nun bei meinen Eltern und genau das zählte zu Gottes Plan. So konnte ich ihnen noch detaillierter erzählen, was Gott mir alles beibrachte. Mein leiblicher Vater bedankte sich bereits nach den ersten Tagen im Gebet für meine Impulse und erwähnte später, dass sich für ihn nochmal einige Dinge in ein anderes Licht gerückt hätten. Selbst in einer Predigt, welche mein Vater in der Gemeinde hielt, baute er Dinge ein, die ich ihm gesagt hatte. Und genau wie ich meinen leiblichen Vater noch mehr miteinbezog, so wollte ich meinen himmlischen Vater noch mehr miteinbeziehen. Ich spürte die Freude meines himmlischen Vaters so deutlich und er richtete mir erneut aus, dass er stolz auf mich war. Er liebte es, seinen Sohn wachsen zu sehen und behielt alles im Blick. Diese Liebe brachte er mir weiterhin immer näher. Als ich ein Sprachengebet sprach, hatte ich erneut den Eindruck, es zu übersetzen, und war überrascht, als sieben Mal hintereinander „Papa" erschien. Irgendwie hatte ich immer noch Schwierigkeiten, Papa zu sagen, aber ich konnte es zumindest denken. Er zeigte mir somit, wie ich ihn noch mehr lieben konnte, und er liebte es, Zeit mit mir zu verbringen. Wenn sich dieses Verständnis seiner Liebe noch mehr entwickelte, konnte ich einfach gar nicht mehr Dinge tun, welche ihn traurig machten. So veränderte sich mein Herz noch einmal mehr in Richtung Gottes Herz. Ich wollte mir noch deutlicher vorstellen, dass er immer da war, auch wenn ich ihn nicht bewusst einlud. Es musste einfach selbstverständlicher werden und mein Glaube weiterwachsen. Um auch dort weitere Durchbrüche zu erzielen, begann ich das neue Jahr, ähnlich wie das vergangene, mit einer Woche Fasten. Dieses Mal entschied ich mich allerdings für das „Daniel-Fasten", also nur mit Obst und Gemüse, so wie es Daniel auch am Königshof tat. Passend dazu las ich das Buch Daniel. Auch er wurde drei Jahre ausgebildet. Außerdem machte ich viel Sport und erhielt dazu von meiner ehemaligen Mittwoch-Group ein prophetisches Bild. In diesem machte Jesus die Übungen mit mir zusammen und unterstützte mich, um unter anderem meinen Rücken zu schonen.

Da OMF viel Wert auf eine optimale Vorbereitung legte, boten sie mir diverse E-Learning-Kurse, vorbereitende Bücher und ein zweiwöchiges Praktikum in der OMF-Zentrale in Hessen an. Auch wollte ich meine bisherigen Aufzeichnungen sowie die vielen OMF-Dokumente nochmal durchzulesen. Um mich mit all dem vielen Input nicht zu übernehmen, plante ich täglich von jedem ein bisschen etwas ein. Gerade die Bücher waren Gold wert, da sie hilfreiche Tipps für die Zeit in Thailand enthielten. Besonders durch den „Fettnäpfchenführer Thailand" konnte ich viel lernen. Aber ebenso einige Bücher, welche von Missionaren geschrieben wurden. So gab es z. B. ein Buch von dem OMF-Missionar Larry Dinkins, welcher 1979 auch nach Thailand ging. In diesem Buch beschrieb er unter anderem, wie es zu Durchbrüchen kam, als in der Autorität Jesu gebetet wurde. Er erlebte gerade im ersten Jahr viele Anfechtungen. Die Herausforderung wurde mir dadurch immer bewusster, aber ich war ja nicht allein. Gott sprach oft durch Bücher zu mir. Auch durch ein anderes Buch, welches ich las, da ich in letzter Zeit mehrmals Hinweise darauf erhielt: Es trägt den Titel „Die Treppe". Das Buch hatte meine Mutter gelesen und war ausgesprochen genial.

Fabienne vom ICF München war im Geist dreißig Tage im Thronsaal von Gott. Das Spannende war, dass ihr Gott ähnliche Dinge wie mir zeigte, auch wenn der Lehrplan natürlich mehr auf sie zugeschnitten war. Eine Aussage fand ich besonders gut: „Gottes Begrenzungen sind lediglich dafür da, dich für den Zeitpunkt vorzubereiten, an dem er alle Schranken aufheben und dich in die Grenzenlosigkeit entlassen kann." Ich wollte ihm erlauben, meinen Horizont zu erweitern und mich nicht an eigene Vorstellungen klammern. Auch das Proklamieren kam im Buch vor. Als Fabienne einmal in einen Sturm kam, erinnerte sie sich an den Brief, den ihr Jesus vorher zugesteckt hatte. Darin waren Bibelverse aufgeschrieben, welche sie laut las und woraufhin sich der Sturm legte.

Auch die zweite Staffel von „The Chosen" schaute ich mir an, wie von Jesus empfohlen. Auf Gottes Lehrplan standen ebenso nochmal einige Predigten, wie beispielsweise eine Serie über Engel von Leo Bigger. Ich hatte das Gefühl, Gott wollte mir mehr über Engel beibringen. Auch Daniel hatte viele Engelsbegegnungen und Leo erzählte in einer der Predigten, dass man Orte kreieren konnte, an denen der Himmel besonders offen war. Das war der vierte Hinweis innerhalb kurzer Zeit, dass ich mir solch einen Ort schaffen sollte. Spätestens in Thailand wollte ich dies umsetzen. Während der zweiwöchigen Zeit im Deutschland-Büro von OMF erhielt ich nochmal viele gute persönliche Tipps von ehemaligen Missionaren. Was mich bei OMF so faszinierte, war, dass immer gleich gebetet wurde. So betete z. B. jemand, dass ich weitere Gelegenheiten erhalten würde, Freunden Gott näherzubringen. Einen Tag später rief mich ein Freund an, welcher sich dem Buddhismus öffnete und Ende letzten Jahres den Jakobsweg ging. Damals betete ich für ihn, dass Gott ihm dort begegnen möge. Er berichtete mir, dass er an einem Tag bereits dreiundvierzig Kilometer gelaufen war, weil alle Unterkünfte ausgebucht waren. Als er die letzte mögliche Unterkunft telefonisch kontaktierte, teilte man ihm mit, dass man eine Reservierung auf seinen Namen vorliegen hätte. Der Freund hatte die Unterkunft jedoch noch gar nicht kontaktiert, aber dadurch hatte er ein Bett. ☺ Durch diese Story konnte ich ihm von weiteren Wundern Gottes erzählen. Durch meine Zeit in der Heimat hatte ich auch Gelegenheiten, alte Bekannte zu besuchen, welche ich lange nicht gesehen hatte. Leider musste ich auch hier feststellen, dass der Buddhismus sich auch in Deutschland verbreitete. Wie schön war es, dass es gerade eine von OMF organisierte Onlinegebetsaktion für die Welt des Buddhismus gab.

Finanzwunder

Wunder erlebte ich immer mehr. Eines Tages erhielt ich einen Anruf der Finanzabteilung von OMF, mit dem man mir mitteilte, dass mir jemand eine Großspende überwiesen hatte. Die Summe möchte ich hier nicht preisgeben, aber sie war gigantisch. Ich war so gerührt, dass ich in Tränen ausbrach und meinen „Jireh" (der Herr wird dafür sorgen) lobte. Der Person war ich nur einmal nach einem Gottesdienst kurz begegnet. Es war so grandios, wie reich Gott mich beschenkte, auch wenn es in meinem Aktiendepot ganz anders aussah. Allgemein gerieten die Aktienmärkte immer mehr unter Druck und es war der schlechteste Januar seit den Aufzeichnungen. Trotzdem ging ich erstaunlich easy damit um, denn ich vertraute weiterhin auf Gott. Dies wäre noch vor einem Jahr undenkbar gewesen. Natürlich verfiel ich jetzt nicht unbedingt in einen Freudentaumel, aber Gott beruhigte mich, indem er mir nochmal Geduld und Vertrauen zusprach. Freude bereitete mir allerdings das Verfassen meiner monatlichen GebetsNews sowie der viermal jährlich erscheinenden Rundmail. Gott legte mir hierzu immer wieder Dinge ans Herz, die ich miteinbaute. So entstanden kurze Passagen, welche andere ermutigen konnten. Auch für TikTok hatte ich immer wieder Ideen, wie ich den Thais später einmal Jesus näherbringen konnte. In vielen Dingen registrierte ich, dass mich Gott schon Jahre zuvor durch meine Auslandsaufenthalte sowie Couchsurfing auf Thailand vorbereitete. Und auch, dass ich nochmal in Sachsen bei meinen Eltern wohnte, war von Gott so geplant. Denn dadurch ergaben sich auch Einladungen in zwei Gemeinden sowie zwei Kleingruppen, in denen ich Zeugnis gab. Es war so genial, dass ich dabei eine große Leichtigkeit spürte und dass Gott mir auch im Vorfeld durch verschiedene Situationen Mut machte. Irgendwie fehlten mir aber auch meine beiden Berliner Kleingruppen. Aber es gab ja auch Videocalls und so traf ich mit verschiedenen Geschwistern. Eine Schwester meiner Group hatte eine sehr ausgeprägte Gabe der Prophetie. So gab sie mir auch dieses Mal einige ermutigende Bilder weiter. Im ersten Bild sah sie einen Wanderweg bei Frühlingswetter. Dann kam plötzlich ein Sturm, und der Weg wurde kleiner und schmaler. Davon und auch von den Menschen am Wegesrand ließ ich mich nicht ablenken, sondern richtete meinen Fokus auf Jesus. Kurz danach wurde das Wetter wieder schön und der Weg breiter. Beim zweiten Bild empfing mich Jesus mit offenen Armen und nahm all mein Gepäck ab. Dann legte er seinen Arm um mich und wir scherzten zusammen. Was für ein Freund! Im dritten Bild lag mir Jesus die thailändische Sprache wie eine Oblate auf die Zunge. Das machte mir echt Mut, denn die Sprache war mit vierundvierzig Konsonanten, zweiunddreißig Vokalen und fünf verschiedenen Tönen tatsächlich nicht einfach. Mit meiner Mutter schaute ich mir den Film „Die Hütte" an und Gott machte mir dadurch nochmal deutlich, dass ich ihn gerne „Papa" nennen konnte. Irgendwie registrierte ich in den letzten Tagen, dass ich bereits unbewusst oft „Papa" sagte. Die Zeit mit meinen leiblichen Eltern genoss ich weiterhin sehr, aber reagierte auch manchmal über. Wie froh war ich, dass sie ruhig blieben. Auch ich konnte noch so einiges von ihnen lernen. Trotzdem entschuldigte ich mich, denn diese Wichtigkeit hatte mir Gott beigebracht und so hatte der Teufel als Staatsanwalt keinen Anklagepunkt mehr. In den Gemeinden gab es indes leider immer mehr Konflikte, da die Meinungen zum Thema Impfen nicht akzeptiert wurden. Als ich mit Jesus darüber sprach, spürte ich seine Traurigkeit darüber und musste selbst weinen. In Epheser 4,2 heißt es: „Begegnet den anderen freundlich, habt Geduld miteinander und ertragt euch gegenseitig in Liebe." Dieses Thema baute ich auch in meine Gebets-News mit ein. Ich war so dankbar, dass Gott mich bereits so veränderte, dass ich mich selbst nicht mehr so mitreißen ließ. So konnte ich auch mit meinen Eltern sachlich und mit Liebe über biblische Themen diskutieren, welche wir anders sahen. So waren meine Eltern der Ansicht, dass eine Frau in der Gemeinde nicht predigen sollte. Diese Meinung vertrat ich so nicht und war auch dankbar, dass dies OMF nicht so sah. In einer Erklärung von OMF heißt es: „Wir glauben, dass Gott Männer und Frauen geschaffen hat, um in gleichwertiger, sich ergänzender Partnerschaft zusammenzuarbeiten, um ihren von Gott gegebenen Dienst zu erfüllen." Ich hatte Gott mittlerweile einfach so kennengelernt, dass ich es bereits ohne das Wort Gottes wusste, aber auch anhand des Neuen Testaments wurde es deutlich: Hanna, die Prophetin, sprach zu allen über Jesus (Lukas 2,38) und auch die Frau am Jakobsbrunnen erzählte allen von ihrer Begegnung. Jesus machte keine Unterschiede bei ihr. Natürlich gab es auch Bibelstellen, wie beispielsweise 1. Timotheus 2,12, wo es heißt: „Zu lehren erlaube ich einer Frau jedoch nicht, auch nicht, über den Mann zu herrschen, sondern ich will, dass sie sich still zurückhält." Doch erstens war dies Paulus Meinung, da er in der Ich-Form sprach und zweitens musste man die Zusammenhänge kennen. Zu dieser Zeit gab es selbst innerhalb der Gemeinden Prostitution. Gott zeigte mir dazu noch eine Predigt von Leo Bigger, welche die damalige Situation bestens beschrieb. Auch Leo vertrat meine Meinung.

Atem Gottes

Von meiner ehemaligen Smallgroup erhielt ich allerdings auch ein geistliches Bild, was ich nicht richtig deuten konnte. Ein durchsichtiges Mädchen saß auf einer Schaukel an einem Baum und ging nicht herunter, obwohl andere Kinder, welche nicht durchsichtig waren, auch schaukeln wollten. Der Baum war darüber traurig. Ich musste von alten toten Dingen loslassen und Platz für Neues, das Leben schaffen. Bloß was war das genau? Im ersten Moment dachte ich an Leistung. Seit nun über einem Monat hatte ich weder pornografischen Inhalte angeschaut noch geraucht. Darüber freute ich mich zwar, aber dieses Leistungsdenken war nicht der Schlüssel. Erst kurz davor sagte mir ein älterer Bruder, dass Gott auch etwas erwarten würde, wenn er mich so sehr beschenkte. Obwohl mir klar war, dass diese Aussage nicht richtig war, redete ich mit Jesus darüber. Dieser bestätigte mir auf seine humorvolle Art, dass es überhaupt nicht um Leistung ging. Ich bat Gott, mir mehr zu diesem Bild zu erklären. Den Schlüssel zum Dachboden musste ich einfach richtig anwenden. Am Tag darauf hatte ich einen Termin zur Zweitimpfung gegen COVID. Als ich im Wartebereich saß, hörte ich ein Gespräch zwischen zwei Mitarbeitern. Einer sagte, dass der Kaffee so schwarz sei wie seine Seele. Darüber war ich erschüttert und segnete ihn in Gedanken. Aber genau das war der Schlüssel. Meine Seele war mein Verstand, das Gewissen, mein Wille oder auch meine Emotionen. Sie war das Ventil und musste sich noch mehr öffnen, damit alles Leben und alle Kraft vom Heiligen Geist direkt zu mir fließen konnten, denn dann würde ich es automatisch auch verstehen. Er war das lebendgebende Element und musste meine Seele vollständig durchdringen, um weiter meine Sinne zu erneuern. In Römer 12,2 heißt es: „Und passt euch nicht diesem Weltlauf an, sondern lasst euch verwandeln durch die Erneuerung eures Sinnes, damit ihr prüfen könnt, was der gute und wohlgefällige und vollkommene Wille Gottes ist."

So konnten die Früchte des Geistes noch besser wachsen. Es war wie der Atem, der die Brücke vom Physisch-Körperlichen zum Geistig-Seelischen darstellte. Der Atem versorgte und reinigte uns. In Psalm 104,29–30 steht: „Du verbirgst dein Gesicht: Sie werden verstört. Du entziehst ihren Atem: Sie sterben dahin und kehren wieder zum Staub zurück. Du sendest deinen Lebensgeist: Sie werden geboren. So erschaffst du der Erde ein neues Gesicht." Der Heilige Geist war der Atem des Lebens und ihn wollte ich als mein Helfer noch stärker aktivieren, denn dadurch war noch sehr viel mehr möglich. Das Gebet und das Proklamieren war das Einatmen. In Lukas 3,21–22 heißt es: „Zusammen mit den vielen Menschen hatte auch Jesus sich taufen lassen. Als er danach betete, riss der Himmel auf, und der Heilige Geist kam sichtbar auf ihn herab, anzusehen wie eine Taube." Ich wollte beim Ausatmen noch mehr loslassen und beim Einatmen den Himmel aufreißen. Am Beispiel der Heilung sprach ich zu meinem Rücken und drang mit dem Wort bis dorthin durch. Ich musste mir vorstellen, wie die Kraft des Heiligen Geistes ins Sichtbare, in meinen Rücken, floss. Letztendlich kam es auf den Glauben an. Ich wollte mir noch mehr vorstellen, als hätte ich die Heilung bereits erhalten, auch im Sichtbaren (Markus 11,24). Oft stellte ich es mir nur im Unsichtbaren vor, doch meinen Glauben wollte ich auf das setzen, was mir Gott aus seiner Gnade bereits geschenkt hatte. Auf dem Lehrplan stand also der Heilige Geist, welchen Gott mir noch näherbringen wollte. Das „Atmen" war eine gute Hilfestellung, wie auch die anderen Hinweise von Gott. All diese Secrets musste ich zusammenfügen. Erneut schrieb ich den Heiligen Geist beim Aufschreiben meiner Notizen in mein iPhone aus Versehen klein, aber verstand auch warum. Gott wollte mir deutlich machen, dass ich seinen Geist groß machen sollte. Ich war abhängig von Gott und wollte mich nicht auf das Wunder selbst, sondern auf das Kreuz fokussieren, da Jesus für alles am Kreuz gestorben war. Das Kreuz war der Schlüssel und er steckte bereits im Schloss. Ich musste ihn nur umdrehen. Mein Gebet war von nun an, dass mir Gott zeigen möge, wie ich den Schlüssel umdrehen sollte.

Urlaub in Ägypten

Zusätzlich zum Seminar, welches bereits im Dezember stattfand, gab es von OMF ein einmonatiges Vorbereitungsseminar, welches eigentlich in der Hauptzentrale in Singapur abgehalten werden sollte. Aufgrund von COVID war bereits seit einigen Monaten klar, dass dies nur online stattfinden konnte. Am 25. März sollte der letzte Schulungstag sein und der Plan war, direkt danach auszureisen. Ich vertraute Gott, dass die Ausreise wegen COVID möglich und auch mein Visum bis dahin fertig bearbeitet sein würde. Es war schön zu sehen, dass ich Gott immer mehr vertraute. Manchmal wiesen mich erst andere Leute darauf hin. Auch meine Familie konnte ich somit mitreißen. Seit Oktober wurde mein Visum für Thailand nun schon bearbeitet. Für Missionare konnte man in Thailand ein religiöses Visum für ein Jahr beantragen, welches viele Behörden durchlaufen musste. Mein Vertrauen wurde auch dadurch bekräftigt, als ich auf Gottes Zusage aus letztem Sommer stieß, in der er mir zusicherte, dass ich mir keine Gedanken wegen meiner Ausreise machen sollte. Thailand lockerte unterdessen weiter die Einreisebestimmungen, aber die COVID-Mutante war dort auch noch nicht wirklich angekommen. In Deutschland war die Mutante hingegen mittlerweile wieder leicht am Abklingen und es wurden erste Lockerungen verlautbart. Allerdings gab es noch eine andere Sache, durch die man sich leicht ablenken lassen konnte. Der Ukraine-Russland-Konflikt spitzte sich immer mehr zu, und als ich darüber mit Jesus sprach, hatte ich den Eindruck, dass es zu einem Krieg kommen würde. Ich spürte dabei Gottes Traurigkeit und musste richtig weinen. Die Gas- und Ölpreise stiegen durch den Konflikt auch immer stärker und die Börse sackte immer weiter ab. War dies der Beginn des großen Crashs? Durch meine veränderte Perspektive hatte ich mittlerweile allerdings eine erstaunliche Ruhe. Da meine Eltern ihren sechzigsten Geburtstag feierten, wünschten sie sich, dass wir vor meiner Abreise als Familie inklusive meiner Schwester, meinem Schwager, den Kindern sowie meinem Bruder mit Freundin noch einmal zusammen in den Urlaub fliegen würden. Wir entschieden uns aufgrund der Kosten und des Wetters für Ägypten. Auch wenn es wegen COVID im Vorfeld viele Risiken gab, glaubte ich fest an den Urlaub und ging mit einer Leichtigkeit an die Sache. Irgendwie hatten die vergangenen Ereignisse meinen Glauben weiter gepusht.

Mit dem Hinflug klappte alles wunderbar und wir hatten eine sehr gesegnete Woche zusammen. Das Wetter spielte mit und wir machten einige Ausflüge. Auch nach Kairo flog ein Teil von uns für einen Tag. Dort besuchten wir das ägyptische Museum und die Pyramiden. Dadurch konnte ich mich noch besser in das Alte Testament reinversetzen. Passend dazu erhielt ich von meiner ehemaligen Mittwoch-Group gleich drei prophetische Bilder. Sie wussten von meinem Gebet mit dem Schlüssel, aber nicht von dem Urlaub in Ägypten. Das erste Bild handelte von Mose, der nicht selbst das Volk Israel aus der Gefangenschaft in Ägypten führte. Gott war es, der den Pharao dazu brachte, den Schlüssel umzudrehen. Das zweite Bild handelte von mir, wie ich feine Kleider anzog, die für mich hergerichtet waren, und dann ganz selbstverständlich einen Schlüssel von einem Schlüsselbund nahm und die Tür aufschloss. Gott hatte alles für mich vorbereitet. Im letzten Bild war ich auf einem Segelboot, rollte aber die Segel zusammen und ließ mich nur von den Wellen zu der Insel treiben, die ich ansteuern wollte. Ich konnte mich geduldig zur Ruhe legen und mich auf Gott verlassen, dass er sich um alles kümmerte. Das sagte sich allerdings leichter als es war. Oft hatte ich einfach noch immer einen zu großen Ehrgeiz. In Philipper 2,3 heißt es: „Tut nichts aus Streitsucht oder Ehrgeiz, sondern seid bescheiden und achtet andere höher als euch selbst!" Doch irgendwie gaben mir die Bilder auch eine Ruhe. Der Schlüssel war bereits umgedreht, da Jesus am Kreuz gestorben war und alles vorbereitet hatte. Ich musste es einfach nur durch Glauben in Anspruch nehmen.

Während des Urlaubs freute ich mich über meine Schwester, die mir sagte, dass ich so ruhig und ausgeglichen war. Es war schön, wenn anderen meine Veränderung auffiel. Am Abreisetag zog ein großer Sturm über Deutschland, sodass unser Rückflug gecancelt wurde. Daher konnten wir erst einen Tag später zurückreisen. Auch hier nahm ich es wieder sehr gelassen. Letztendlich zeigte der Urlaub mir auch nochmal, worauf man alles im Hotelbusiness achten musste. Somit nutzte Gott diese Urlaubswoche auch als Vorbereitungszeit für Thailand.

Krieg in der Ukraine

Kurz bevor das Vorbereitungsseminar am 23. Februar losging, wurde mein Visum bewilligt. Daher buchte ich meinen Flug für den 26. März, einen Tag nach dem Ende des Seminars. Auch eine Wohnung in Lopburi wurde nun für mich gefunden, auch wenn ich anfangs erstmal im Gästehaus des Trainingszentrums unterkommen sollte. Ich war Gott für seinen Zeitplan einfach so dankbar, denn jetzt konnte ich mich auf das Seminar konzentrieren. In der Nacht hatte ich noch einen lustigen Eindruck, indem ich den Sprechchor aus der berühmten Werbung hörte: „Was wollt ihr denn?" Die Antwort war allerdings „Holy RAM", also seinen heiligen Speicher. Genau den benötigte ich jetzt und ich hatte das Gefühl, dass Gott mir seine Speicherkarte gab.

Einen Tag nach Beginn des Seminars griff Russland die Ukraine an. Bereits nach ein paar Tagen kristallisierte sich heraus, dass dies ein langer Krieg werden würde. Daraufhin wurden täglich mehr wirtschaftliche Sanktionen gegenüber Russland verhängt. Aber auch der gesamte Westen wurde durch diese Sanktionen immer tiefer mit hineingezogen. Die Benzinpreise kletterten in Deutschland über zwei Euro pro Liter, und das war noch nicht das Ende. Auch für Thailand war dies ein herber Schlag, denn dort machten viele russische Staatsbürger Urlaub. Der Angriff konnte sich tatsächlich zur weltweiten Wirtschaftskrise entwickeln.

Aber was war hier eigentlich die Wahrheit? Die Berichterstattung war jedenfalls sehr einseitig. Bereits nach kurzer Zeit konnte man beobachten, dass ein ungeheuerlicher Hass gegenüber Russland geschürt wurde. Sogar in Deutschland kam es zu Übergriffen auf russische und ukrainische Bürger. Gott erinnerte mich an Römer 12,9–21, wo steht, wie man sich gerade in solchen Situationen verhalten soll. Bereits in der ersten Woche machten sich über eine Million ukrainische Flüchtlinge auf dem Weg in den Westen, was wiederum eine große Welle der Solidarität auslöste. Da ich einige Bekannte in der Ukraine und in Russland hatte, nahm ich Kontakt auf und betete für sie. In beiden Ländern war ich schon öfter. In Moskau hatte ich sogar kurzzeitig einmal bei meiner Ex-Freundin gelebt. Durch die Kontaktaufnahme ergaben sich auch Gespräche über den Glauben. Trotzdem fühlte ich mich irgendwie hilflos und wollte auch praktisch mehr tun. Aufgrund des Seminars konnte ich aber nicht viel helfen. Daher spendete ich zumindest an mehrere Hilfsorganisationen und teilte Gebetsanliegen auf meinem Instagram-Account. Ich hatte den Eindruck, dass sich Gott darüber sehr freute. Passend zum Krieg las ich das Buch „Der letzte Aufbruch" sowie dessen Folgebuch „Der Ruf", welche einen extrem guten Einblick in die geistliche Welt gaben. Rick Joyner teilte darin prophetische Visionen, die deutlich machten, dass wir in den letzten Tagen lebten. Hinter den Konflikten standen dämonische Mächte und leider trugen nicht alle Christen die vollständige Waffenrüstung. In den Büchern ging es um die Hierarchie in der Himmelswelt und dass man die größte Verantwortung hatte, wenn man berufen war, mit Gott zu regieren. Durch die Bücher zeigte mir Gott seine majestätische Seite noch deutlicher. Das, was man im irdischen Leben tat, hatte Auswirkungen auf die ewige Stellung im Himmel, doch auch alles, was einen im Himmel zum König machte, wurde auf der Erde als gering geachtet. Der Mantel der Demut war jedenfalls der höchste Rang. Stolz und Ehrgeiz waren gefährliche Sünden. Und genau dort griff der Feind bei mir an, nachdem er in der Pornografie nicht mehr den gewünschten Erfolg hatte. Denn diese Prüfungen bestand ich in letzter Zeit. Sobald ich Psalm 101,3 proklamierte, verflogen die schlechten Gedanken. Ich hätte nie im Leben gedacht, wie kraftvoll Worte sind. Auch das Rauchen hatte keinen Einfluss mehr auf mein Leben. Ich verteidigte mich nicht nur, sondern griff mit dem Schwert des Geistes an. Zum Angriff von Stolz und Ehrgeiz las ich 1. Petrus 5,5: „Gott widersteht den Hochmütigen, den Demütigen aber schenkt er Gnade." Mein Vertrauen durfte ich nicht in mich, sondern komplett auf Gott setzen. Das wichtigste Gebot war noch immer, dass man den Herrn lieben und ihm dienen sollte, und nicht den Menschen. Ich vertraute darauf, dass Gott mich in den verwandelte, der ich in seinen und nicht in meinen Augen sein sollte. Vielleicht war es noch gar nicht an der Zeit, zu marschieren. Gott schickte mich erst in die Kaserne, denn er sah Dinge, die ich selbst aus meinem Blickwinkel heraus niemals sehen konnte. Ich musste lernen, wie man sich im Lager zurüstete und wie man aufmarschierte. Am Ende gab er den Befehl zum Angriff. Mein Blick durfte jedenfalls nicht von Jesus abschweifen und ich wollte ihn mit meinem Herzen sehen. Ihn wollte ich noch mehr suchen, und nicht seine Gegenwart oder auch Wunder. Auch wenn ich andere Menschen anschaute, wollte ich Jesus noch mehr entdecken. Der Sieg wurde daran gemessen, wie sehr ich Jesus gesucht hatte. Im Buch wurde auch nochmal deutlich, dass die eigene geistliche Autorität auch Gefahren mit sich brachte. Denn wenn man sich von der Liebe und Demut abwendete, konnte man tief fallen. Liebe war die Quelle des Mutes. Meine Autorität war seine Autorität, und um sie zu gebrauchen, sollte ich eins mit ihm sein. Irgendwie war das gar nicht so einfach, weil ich ja einerseits in der Autorität wachsen und Gott nicht beschränken, aber andererseits auch nicht ehrgeizig sein wollte.

Die Antwort auf diese Frage lieferte mir der Leseplan, den ich gerade las. Ich durfte und sollte immer wieder Wunder erwarten. Doch es ging in erster Linie nicht darum, ob das Wunder dann auch geschah, sondern darum, dass ich das Wunder erwartete. Denn Gott suchte immer wieder Herzen des Glaubens. Ich wollte noch mehr auf die Gerechtigkeit Jesu achten, denn dann konnte ich demütig groß denken. Das Ziel des Lebens war jedenfalls die Liebe und daher bestellte ich eine Portion davon bei Gott. Sie war die Macht, welche die Werke des Teufels zerstörte. Ich wollte das Herz meines Königs noch mehr kennenlernen, denn dann würden sich auch die Augen meines Herzens weiter öffnen. Diese waren notwendig, um geistlich zu sehen. Je mehr sie geöffnet waren, umso kraftvoller und nützlicher konnten die bildhaften Eindrücke sein.

Doch es war allein seine Kraft. In 2. Könige 6,17 heißt es: „Der Herr öffnete die Augen."

Abschied aus Deutschland

Der OMF-Vorbereitungskurs war doch intensiver als ich dachte, aber die Sessions spiegelten genau das wider, was Gott mir durch die Bücher gelehrt hatte, nämlich demütig zu sein. Gerade die Barrieren beim Erlernen der Kultur und der Sprache dienten der Demut. Es gab kein „Falsch", nur ein „Anders". Auch, was Mission eigentlich beinhaltete, wurde näher beleuchtet. Die ganze Bibel offenbarte den Auftrag Gottes, nämlich alles im Himmel und auf Erden unter Christus zu vereinen und zu versöhnen. Und das ging nur mit Liebe und Demut. Trotz des vollgestopften Zeitplans nahm ich mir jeden Morgen Zeit, ihn mit Lobpreis anzubeten.

Eines Morgens weckte mich eine sanfte Stimme mit meinem Namen. Dass Gott mich weckte, hatte ich bereits öfter erlebt, aber dieses Mal hörte ich deutlich meinen Namen. Ich war mir sicher, dass ich dies nicht geträumt hatte und ein Mensch konnte es auch nicht gewesen sein. Es war wie 1. Samuel 3, wo Gott Samuel rief. Allgemein merkte ich, dass ich Gottes Stimme stärker im Alltag wahrnahm. Neben dem Seminar beschäftigte ich mich auch nochmal intensiver mit dem Evangelisieren und las unter anderem ein Buch über Storytelling. Die Autorin Christine Dillon war eine OMF-Missionarin. Und Gott gab mir weiterhin Gelegenheiten, von ihm zu erzählen. Manchmal hätte ich dabei gerne unmittelbare Erfolge gesehen, aber selbst in den biblischen Geschichten ging es nicht immer schnell. Es war Gott, dem ich in allem vertrauen musste.

Davon handelte auch unlängst einer meiner Träume. Ich saß am Strand in einer Bucht, wo Boote geankert lagen. Irgendwann hatte ich den Eindruck, aufzustehen. Als ich stand, kam plötzlich eine große Welle, die viel zerstörte. Aber ich war ganz ruhig und sprang im Gottvertrauen einfach über die Welle. Danach setzte ich mich einfach wieder ganz normal hin. Das war nochmal eine gute Vorbereitung für die kommende Zeit in Thailand.

Diesen Traum erzählte ich auch im Seminar als Ermutigung für die anderen angehenden Missionare. Nach der Session freute ich mich, dass ich dies getan hatte und lobte Gott. Plötzlich ging auf meinem MacBook Worship von ganz allein an. Ich hatte zwar einen Apple HomePod, der auch auf Stimmen reagierte, aber so einen Befehl hatte ich nicht gegeben. Jedenfalls konnte ich Gott so noch mehr loben. ☺ Auch wenn ich ihm unendlich dankbar für all die geöffneten Türen war, wusste ich, dass in Thailand einiges auf mich zukommen würde. Doch mit Gott konnte ich jede Welle überspringen. Passend dazu steht in Psalm 18,30, dass man mit ihm Mauern überspringen kann. Ich war jedenfalls gespannt, was mich alles erwarten würde. Ein chinesisches Sprichwort sagt: „Wenn der Wind der Veränderung weht, bauen die einen Mauern und die anderen Windmühlen."

Gott gab mir dahingehend auch nochmal zwei Visionen durch meine ehemalige Smallgroup. Ich war in Thailand und saß in einem Auto auf der Rückbank. Plötzlich gab Gott mir das Steuer selbst in die Hand und ich fuhr mit Helm und Vollgas durch die Straßen. In einem anderen Bild saß ein thailändischer Mann in einem Hauseingang. Wir freundeten uns an und stellten fest, dass uns sehr viel verband. Ich wünschte mir genau solche Freundschaften in Thailand. Ein Bibelvers tauchte während des Seminars mehrmals auf, und zwar der aus Josua 1,9: „Ich habe es dir gesagt! Sei stark und sei mutig! Lass dir keine Angst einjagen, lass dich nicht einschüchtern, denn Jahwe, dein Gott, steht dir bei, wo du auch bist." Es war schön, diese Gewissheit zu haben. Das war auch für die vielen ukrainischen Flüchtlinge wichtig. Die Lage spitzte sich immer weiter zu, aber durch die große Hilfsbereitschaft zogen in Deutschland auch viele Kirchgemeinden an einem Strang. Somit hatte dies auch wieder eine positive Seite. Der Benzinpreis kletterte indes auf einen Rekordwert von zwei Euro und dreißig Cent pro Liter. Doch ich wollte mich weiter auf das Positive konzentrieren und da gab es so vieles. Kurz vor meiner Ausreise hatte ich tatsächlich genau sechsundachtzig Gebetsunterstützer. Mein Eindruck (siehe Kapitel „Gottes Zusagen") bestätigte sich also. Auch für meine Eltern war ich so dankbar, denn sie unterstützten mich sehr und waren immer da. Die gemeinsame Zeit mit meiner Oma genoss ich ebenso. Die Gemeinde meiner Eltern veranstaltete kurz vor meiner Ausreise sogar noch eine Aussendung für mich. Ich war einfach rundum dankbar, was Gott alles bewegte.

Beginn der Mission

Ende März war es dann so weit und ich flog nach Bangkok. Der Auftrag hatte begonnen. Gott gab mir in der Nacht vor meinem Abflug noch den Worship-Reggae-Song „Stand strong, hold on" mit auf dem Weg. Auch von meinen Gebetspartnern und meiner Familie erhielt ich einige ermutigende Bibelverse. Meine Familie brachte mich zum Flughafen nach Dresden und der Abschied fiel mir doch schwerer als gedacht. Aber ich konnte mich auf das freuen, was jetzt kam. Die erste Woche ging relativ gemächlich los, aber darum hatte ich auch gebetet. Ich wollte mich etwas vom Orientierungskurs erholen und mich langsam an die thailändische Kultur gewöhnen. Außerdem war es mit durchschnittlich fünfunddreißig Grad sehr heiß. So erkundete ich Bangkok ein wenig. Da ich noch kein Thai sprach, bat ich Gott um Gelegenheiten, seine Liebe in einer anderen Weise weiterzugeben. Und er erhörte meine Gebete, indem mich beispielsweise ein Mototaxifahrer abholte und er am Ende per Übersetzer „God bless you" zu mir sagte. Das verwunderte mich, da es ja nur offiziell ein Prozent Christen gab. Am darauffolgenden Tag holte mich derselbe Fahrer erneut ab, was eigentlich sehr unwahrscheinlich, aber mit Gott eben doch möglich war. So konnte ich ihn mit dem Übersetzer „Jesus liebt dich" sagen, worauf er sich freute. Eventuell war er ein junger Christ. Viele junge Gläubige kehrten in Thailand dem Christentum jedoch nach kurzer Zeit wieder den Rücken zu, da sie sich nicht aus Überzeugung bekehrten, sondern weil es ihnen schlecht ging. Wenn dann alles wieder gut lief, lebten sie wieder ihr altes Leben. Deshalb musste man viel Zeit investieren.

Als ich durch Bangkok lief, fiel mir der von Gott gegebene Eindruck ein, dass ich ein Wachssiegel auf der Stirn hatte und dies die geistliche Welt sehen würde. Mir fiel auf, dass die Preise ein wenig teurer waren als noch vor zwei Jahren, als ich in Bangkok war. Laut offiziellen Angaben stieg die Inflation in

Thailand auf über fünf Prozent. Aber dadurch, dass die Preise sowieso sehr niedrig waren, fiel das für mich nicht ins Gewicht. Bereits in der ersten Woche lernte ich einige Missionare kennen, die alle sehr lieb waren. Und das ging so weiter, als ich nach Lopburi kam, einer Stadt mit siebzigtausend Einwohnern, welche zwei Stunden nördlich von Bangkok liegt. Die erste Woche war eine Einführungswoche mit vielen hilfreichen Informationen, welche man im täglichen Leben benötigte. Außerdem erledigten wir Behördengänge und kauften ein Fahrrad für mich. Gleichzeitig mit mir fing noch eine amerikanische Familie an, mit der ich am Anfang im Gästehaus direkt neben der Sprachschule wohnte. Es war ein bisschen wie ein College mit circa zwanzig weiteren Missionaren. Die meisten davon waren aus den USA, aber es gab auch ein deutsches Ehepaar, mit welchem ich schon im Vorfeld kommunizierte. Sie freuten sich, dass nun noch ein Landsmann anwesend war. Dadurch, dass das Vorbereitungsseminar bereits auf Englisch angehalten wurde, fiel mir die Kommunikation gar nicht schwer und mein Englisch wurde von Tag zu Tag besser. Anfangs war es jedoch noch eine Challenge, auf Englisch zu beten, doch ich forderte mich manchmal auch selbst heraus. Ich spürte Gottes Hilfe in so vielen Dingen und war unendlich dankbar.

In der Einführungswoche starteten wir immer mit einer Andacht in den Tag und ich war manchmal über mich selbst überrascht, welche Gedanken ich auf Englisch einbrachte, denn auch das Bibellesen auf Englisch war nicht so einfach. Doch ich merkte, dass Gott gerade durch sein Wort zu mir sprach und davon wollte ich mehr. In der Nacht sagte Gott mir, dass ich an seinem Wort kleben sollte. Er erinnerte mich nochmal an das Herz, mit welchem ich lesen und auch die Sprache und Kultur lernen sollte. Insgesamt fühlte ich mich rundum aufgehoben und wohl, auch wenn es Tage gab, an denen die Temperatur sogar vierzig Grad anstieg, da gerade Hochsommer herrschte. Zum Glück waren alle Räume klimatisiert. Auf den Straßen musste man stets eine Maske tragen. Allerdings lockerte auch Thailand diese Maßnahmen immer mehr, doch viele Thais hatten einfach Angst. Die

Kultur kann man einfach nicht mit Deutschland vergleichen. Etwas lieben alle Thailänder, und das ist das Essen. In Thailand gibt es Hunderte verschiedene Mahlzeiten und sie sind alle lecker und scharf. Zum Glück mochte ich scharfes Essen. Da wir am Anfang viele verschiedene thailändische Mahlzeiten ausprobierten und dabei auch oft Desserts aßen, ging ich anfangs fast täglich joggen bzw. machte Workouts im Garten. Dabei begleitete mich der Missionar mit seinen Söhnen, welche mit mir zusammenwohnten. Mit ihnen verstand ich mich echt gut. Sie erzählten mir, dass sie bereits vor der Abreise dafür gebetet hatten, dass jemand mit ihnen zusammen Sport machen würde. Aber auch mit den anderen Missionaren verstand ich mich super und es war ein Segen, dass diese bereits seit einigen Monaten hier lebten. Somit hatten sie schon einige Bekanntschaften zu Thailändern geschlossen, was auch mir zugutekam. Gleich in der ersten Woche nahm ich mit den anderen an einem Spieleabend in einem Café teil. Dort waren auch Thais, von denen einige zum Glück ein wenig Englisch sprachen. Gemeinschaft war wichtig und das wünschte ich mir auch zu anderen thailändischen Christen. Der Leiter vom Daniel Training teilte mich gleich zu Beginn einer der drei Kirchen zu, welche in Lopburi vor vielen Jahren von OMF gegründet worden waren. Es war eine kleine Gemeinde mit circa zwanzig Geschwistern, unter denen der Altersdurchschnitt allerdings sehr hoch war. Das fand ich schade, denn ich wünschte mir Kontakt zu jungen Christen. Der Gottesdienst dauerte insgesamt zwei Stunden und ich verstand kein Wort, was sehr herausfordernd war. Deshalb schaute ich mir am Nachmittag über YouTube die Predigt meiner Heimatgemeinde ICF Berlin an und dabei ging es passenderweise um Mission. Anhand einer meiner Lieblingsgeschichten, der Frau am Jakobsbrunnen, wurde nochmal klargemacht, dass man so auch Beziehungen zu den Einheimischen aufbaute. Jesus machte es vor. Dass man sich mit den Thais identifizierte, war auch einer der Werte von OMF.

Gemeinschaft

Gleich in der zweiten Woche in Lopburi fand Mitte April das traditionelle Neujahrsfest „Songkran" statt. Dabei werden von den Buddhisten die Geister des neuen Jahres begrüßt. Außerdem werden rituelle Reinigungen zur Säuberung und Erneuerung durchgeführt und diese enden oft in ausgelassenen Wasserschlachten. Aufgrund von COVID fiel dies aber „ins Wasser". Allerdings hatte zu dieser Zeit fast alles für eine Woche geschlossen. Auch im Trainingszentrum gab es keinen Unterricht, weshalb ich mich langsam eingewöhnen konnte. Ich hatte den Eindruck, nochmal mein Manuskript zu lesen und las damit auch alles zur Heilung. Der Leiter des Trainingszentrums hatte nämlich seit einigen Tagen starke Probleme mit seinem rechten Ohr. Ich hatte den Eindruck, für ihn in der Autorität Jesu zu beten, aber wollte dies irgendwie nicht vor allen anderen tun. Ich wusste einfach nicht, wie die anderen mit dem Thema umgingen, obwohl mir klar war, dass es Gottes Willen entsprach. Daher betete ich für eine Gelegenheit, ihn allein zu treffen. Gleich am nächsten Tag ergab sich diese Möglichkeit, und ich befahl dem Ohr in Jesu Namen geheilt zu sein. Doch er hörte danach noch immer sehr schlecht, auch wenn es kurzzeitig besser war. Das frustrierte mich ein wenig, doch ich wollte mich nicht unterkriegen lassen und machte mir Notizen im iPhone. Dabei erschien plötzlich ein Schwert-Emoji, welches ich zuvor gar nicht benutzte. Ich wusste, dass es von Gott kam, der mir Mut machen wollte. Daher fragte ich am nächsten Tag ein paar andere Missionare, ob wir nicht alle zusammen für das Ohr beten wollten. Doch auch da passierte nicht sofort etwas, aber ich wollte weiterkämpfen. Ich war mir sicher, dass Gott mich hier weiter anlernte und blieb geduldig. Einige Tage später war sein Ohr geheilt. Mit sieben anderen Missionaren fuhren wir über Ostern in den zweitgrößten Nationalpark „Khao Yai", der nur zwei Stunden von Lopburi entfernt liegt. Wir hatten eine tolle Gemeinschaft und dafür war ich dankbar. Jeder von uns brachte ein paar Lebensmittel mit. Ich packte Obst ein, welches ich über einen Lieferdienst bestellte. Allerdings war alles auf Thailändisch und daher bestellte ich mit Google-Übersetzer. Als wir das Obst am übernächsten Abend essen wollten, stellten wir fest, dass in einem Obstsalat auch Fisch war. Der war mittlerweile abgestanden und schmeckte natürlich nicht mehr. So hatten wir alle ein lustiges Erlebnis. Am Ostersonntag feierten wir einen eigenen Gottesdienst. Ein Missionar aus den USA war musikalisch sehr begabt und es machte Spaß, ihm beim Singen zuzuhören. Außerdem erzählte ich meine Story und erwähnte dabei, dass ich gerade ein Buch schrieb. Die anderen wollten es am liebsten sofort lesen. Das war nicht das erste Mal und ich glaubte immer mehr, es später auch auf Englisch übersetzen zu lassen. Beim Austausch untereinander kam heraus, dass einigen Missionaren anderer Missionsgemeinschaften geraten wurde, dass sie zumindest im ersten Jahr keinen Alkohol trinken sollten, da auch die thailändischen Christen keinen Alkohol trinken würden. Allgemein hatte ich den Eindruck, dass es hier ziemlich konservativ zuging. Doch ich wusste einfach, was Jesus darüber dachte. Wir standen einfach nicht mehr unter Gesetz. Allerdings wusste ich noch zu wenig über die Kultur. Da die thailändische Kirche unter anderem durch den Einfluss vieler amerikanischer Missionare gegründet worden war, glaubte ich, dass das Alkoholverbot unter anderem von dort kam. Gerade viele amerikanische Christen trinken noch heute keinen Alkohol. Aber weil es auch im Buddhismus eigentlich ein Alkoholverbot gab, wurde aus Respekt verzichtet. Allerdings hielten sich viele Buddhisten gar nicht mehr daran. Ich wollte das Thema Gott abgeben und genau in dem Moment sprach Gott durch einen Worship-Song mit der Zeile „Why do I worry" zu mir. Er allein war der Richter. Kurze Zeit später sprach Gott auch nochmal durch Psalm 37,8: „Reg dich nicht auf! Das führt nur zum Bösen."

Ein Ehepaar, welches mit im Nationalpark war, erzählte mir auch von ihrer Church. Diese war ebenfalls in Lopburi, war charismatisch geprägt und hatte ebenfalls viele jüngere Geschwister. Ich hatte von dieser Church schon im Vorfeld gelesen und den Eindruck, dass dies meine Gemeinde werden würde. Aber trotzdem hatte ich das Gefühl, die andere Kirche noch eine gewisse Zeit zu besuchen.

Beginn Sprachtraining

Ende April begann nun endlich mein Sprachtraining. Mein Tagesablauf bestand aus zwei Einzelstunden mit einer Lehrerin sowie aus durchschnittlich drei Stunden Selbststudium. Am Anfang beschäftigten wir uns mit den fünf verschiedenen Tönen sowie den Konsonanten und Vokalen. Auch wenn vieles nur schwer auseinanderzuhalten war, ging es gut voran. Das lag auch an meiner erfahrenen Lehrerin, welche bereits seit zwanzig Jahren an der Schule unterrichtete. Die Lehrer wechselte man alle zwei Monate, aber ich war Gott dankbar, dass er mir gleich am Anfang so eine erfahrene Lehrerin zur Seite stellte. Dies war auch eine Gebetserhörung. Ich betete weiter groß und der Heilige Geist erinnerte mich nochmal an meinen „Holy RAM", welcher unendliche Größe umfasste.

Ende April kam auch der langjährige amerikanische OMF-Missionar Larry Dinkins zu uns ins Sprachzentrum. Sein Buch hatte ich ja bereits gelesen. Er erzählte uns vom Storytelling und dass dies bei den Thais effektiv sein würde. Für mich war dies nochmal eine Bestätigung für TikTok. Er erzählte uns auch, welche Kraft Gottes Wort hatte und dass wir groß beten sollten. Im Anschluss tauschten wir uns gut aus. Er lud mich daraufhin nach Chiang Mai im Norden Thailands ein, wo er lebte. Das wollte ich definitiv machen und erhielt von Gott auch die Bestätigung. Doch nach Rücksprache mit dem Leiter vom Daniel-Training sollte man in den ersten Monaten in Lopburi bleiben, da es sonst zu stressig werden würde. Das verstand ich. Eine weitere Bestätigung war der Hinweis für das kraftvolle Beten. Im Sprachzentrum trafen wir uns zwar wöchentlich auch in einer Kleingruppe, aber dort betete jeder in seiner eigenen Sprache für sich. Doch ich wollte im englischsprachigen Gebet wachsen und regelmäßig in der Gruppe für einen Durchbruch in Thailand beten. Daher initiierte ich ein freiwilliges wöchentliches Gebetstreffen mit dem Titel „Pray Big for Thailand". Dabei spürte ich Gottes Freude extrem. Und das nicht nur einmal. Gleich beim ersten Gebet brach ich regelrecht in Tränen aus. Jemand in der Gebetsrunde betete auch für ehemalige Christen, damit diese zu Jesus umkehrten. Noch am selben Tag ging ich ins Fitnessstudio. Ich hatte bereits ein Studio gefunden, welches mir zusagte. Außerdem wusste ich, dass dies eine Möglichkeit sein würde, Kontakte zu knüpfen. Beim Trainieren kam ich mit einem Thailänder ins Gespräch. Er konnte etwas Englisch und es stellte sich heraus, dass er vor dreißig Jahren an Jesus glaubte und auch zur Kirche ging. Doch jetzt war er ohne Jesus unterwegs. Ich konnte ihm ein bisschen von meiner ähnlichen Story und meiner Liebe zu Jesus erzählen. Ich war überwältigt von dieser schnellen Gebetserhörung. Es wurde immer deutlicher, dass ich nicht nur ein Licht, sondern auch das Salz für die Thailänder war. Aber genauso hatte ich immer mehr den Eindruck, dass Gott mich hier unter den Missionaren gebrauchen wollte, damit ich das von Gott Gelernte weitergab. Genau wie das Schaf, was andere Schafe mitriss. Ich wollte das ja gar nicht alles für mich behalten, denn ich wünschte mir nichts sehnlicher als einen Durchbruch in Thailand. In Lopburi gab es offiziell sogar nur erschreckende 0,1 Prozent Christen. Hier musste einfach etwas passieren, und ich glaubte fest daran.

Anfang Mai hatte ich einen Video-Call mit der Schwester aus Berlin, welche immer so viele geistliche Bilder für mich hatte. Und so war es auch dieses Mal. Im ersten Bild trug ich einen großen Karton mit Wünschen die Treppe hoch. Ich mühte mich ab und kam nicht voran. Dann stellte ich ihn ab und Jesus trug ihn ganz gechillt für mich hoch. Dabei redeten wir total cool miteinander. Ich verstand das Bild, denn noch oft versuchte ich es auf eigene Faust. Ein ähnliches Bild handelte von einer leeren Flasche, die langsam mit verschiedenen Säften gefüllt wurde. Es gab vier getrennte Schichten. Jede Farbe stand für eine andere Fähigkeit. Ich konnte alles mischen, doch was ich benötigte, war stets oben. Wenn ich Gott voll vertraute, würde er mich mit den Fähigkeiten füllen und die Flasche würde nie leer werden. Im dritten Bild ging es um Schutz. Auf einem Fußballfeld schossen dunkle Mächte vom Elfmeterpunkt auf ein freies Tor, aber sie kamen einfach nicht durch den Schutzwall. Ich konnte mich hingehen auf dem ganzen Feld frei bewegen.

Besuch bei Larry Dinkins

Im Mai zog ich nun auch in das Haus, welches mitten im Zentrum von Lopburi lag. Das Missionarsehepaar, welches vorher in dem Haus lebte, überließ mir neben ihrem Auto auch ihren Motorroller. So war ich etwas flexibler. Das Auto wollte ich aufgrund des Linksverkehrs jedoch noch nicht nutzen. Das Haus selbst hatte den typischen Thai-Stil. Was ich allerdings vermisste, war ein Balkon. Ich hatte mich irgendwie daran gewöhnt, morgens auf dem Balkon zu frühstücken und dabei meine Andacht zu halten. Das konnte ich nämlich im Gästehaus ganz gut. Doch in einem Jahr würde ich das Meer vor der Tür haben und außerdem wollte ich nicht gleich Höhenflüge bekommen. Da es im Mai zwei Feiertage nach einem Wochenende gab, entschied ich mich nach dem Gebet dazu, zu Larry Dinkins nach Chiang Mai zu fahren. Da er aber in Tak, einer Stadt auf halber Strecke ein Seminar zu „Walk thru the Bible" für einige Thai-Christen hielt, fuhr ich zuerst dorthin. Nach dem Seminar ging es zusammen mit einem gleichaltrigen Lehrer der christlichen Schule weiter nach Chiang Mai. In der Schule konnte ich gleich zweimal mein Zeugnis geben und ging in einer Jungengruppe offen mit dem Thema Pornografie um. Dabei merkte ich, dass dies auch bei ihnen ein Thema war.

Larry stellte mich ein paar Geschwistern vor und ich hatte ein Gespräch mit meinem Feldleiter, welcher in Chiang Mai wohnte. Dieses war sehr ehrlich und er involvierte mich bereits in ein Projekt bezüglich des Gästehauses, bei dem eine Entscheidung anstand. Durch Erosion suchte sich das Meer immer weiter einen Weg Richtung Gästehaus. Die Frage war, ob man dort eine riesige stabile Mauer bauen sollte oder nur einen kleinen Zaun. Wenn es keine Mauer gäbe, würde sich die Strömung weiter einen Weg suchen, aber das konnte noch Jahre dauern. Irgendwann müsste dann der Swimmingpool versetzt werden. Gegen die Mauer sprach, dass dann der Strand komplett wegfallen würde. Mein erster Eindruck war, keine Mauer zu bauen, denn dann hatte man weiterhin einen Strand.

Große Entscheidungen wurden bei OMF erst nach mehreren Meetings und Gebeten gefällt, aber ich war Jesus dankbar, dass er mir die Möglichkeit gab, einen tieferen Einblick zu erhalten und meine Meinung kundzutun. Er holte mich sofort mit ins Boot. Mein Leiter teilte mir darüber hinaus mit, dass ich das Gästehaus nicht allein leiten sollte, denn auch ihm war klar, dass dies nicht machbar wäre. Zudem ging das Sprachtraining im zweiten Jahr mit fünfzig Prozent weiter. Ich war so dankbar, denn das waren meine vorherigen Gebete. Noch war allerdings nicht klar, wer mit mir in das Gästehaus gehen würde. Ich sollte schon im Februar 2023 ins Gästehaus gehen, aber bis dahin waren ja noch neun Monate Zeit.

Mein Leiter regte mich auch an, mein Zeugnisvideo auf Englisch zu übersetzen. Diesen Gedanken hatte ich bereits zuvor und somit übersetzte ich das Video und lud es auf meiner You-Tube-Page hoch. Durch Larry wurde mir auch noch einmal bewusst, dass ich diesen lockeren Talk mit Jesus mehr nach außen bringen wollte. Er betete so oft und das auch manchmal nur kurz. Das machte ich ja auch, aber doch oft nur für mich selbst. Außerdem kannte er sich sehr gut in der Bibel aus und empfahl mir einen Leseplan, mit dem ich in einem Jahr die ganze Bibel durchlas. Den wollte ich definitiv beginnen.

Auf einem Markt drückte er mir Traktate in die Hand und sagte, dass ich mit leeren Händen zurückkommen sollte. Das war eine Challenge, aber ebenso eine Motivation. Durch die Gespräche wurde mir aber bewusst, dass viele Thais nicht gerne lasen, weil sie oft gar nicht richtig lesen konnten. Das wiederum bestätigte meine bereits vorigen Eindrücke, „The Chosen" auf Thailändisch synchronisieren zu lassen. Es gab bereits thailändische Untertitel, aber das erzielte meiner Meinung nach nicht die Wirksamkeit. Daher kontaktierte ich das deutsche „The Chosen"-Projekt.

Mit dem Sprachtraining ging es weiterhin gut voran, aber ich merkte, dass ich öfter müde war. Ich musste mir Pausen gönnen und wollte dies auch in der Sonne tun. Wie froh war ich, dass ich einen Swimmingpool eines Hotels in der Nähe nutzen durfte. Jesus war einfach genial und er beschleunigte die Prozesse weiter. Und das bestätigte er mir mit einer geistlichen Vision durch meine ehemalige Smallgroup. Jesus drehte dort mehrere Wasserhähne voll auf und füllte mein Glas mit Zuversicht, Geduld, Liebe und Gesundheit. Selbst wenn ich nicht alles trinken konnte, ging nichts daneben, sondern in die Badewanne, in der ich saß. Das ähnelte einer Predigt von Reinhard Bonnke, in der er sagte, dass man in den Flüssen schwimmen würde und es keine Begrenzungen gäbe.

Zepter

Irgendwie fehlte mir noch immer eine Person, mit der ich mich geistlich so austauschen konnte wie mit meinen Smallgroups. Viele Missionare hatten leider nicht viel Berührung mit dem Heiligen Geist. Doch als ich am Sonntag wieder in die Gemeinde ging, in der es mir nicht so sehr gefiel, war dort ein junger Christ, den ich vorher noch nicht gesehen hatte. Nach dem Gottesdienst wollte ich mit dem Fahrrad nach Hause fahren, doch genau in diesem Moment fing es an zu regnen. Der Thai hatte einen Pickup-Truck und bot mir an, mich und mein Fahrrad mitzunehmen. Er konnte ein bisschen Englisch und so aßen wir noch Mittag zusammen. Es stellte sich heraus, dass er schon viele Jahre Christ war und viel über den Heiligen Geist sprach. Wir tauschten uns sehr gut aus und ich war Gott einfach so dankbar für diese Verbindung. Der Thai-Christ arbeitete allerdings im Norden von Thailand und war nur zu Besuch bei seiner Ehefrau, welche in Lopburi wohnte. Jetzt wusste ich zumindest, warum ich noch in diese Gemeinde gehen sollte.

Am folgenden Sonntag ging ich dann in die andere Church. Diese war größenmäßig ähnlich, aber ähnelte eher dem ICF. Allein die Worship-Session dauerte eine dreiviertel Stunde, was mir gefiel. Hier fühlte ich mich sofort wohl. Kurz darauf forderte Jesus mich eines Nachts auf, indem er sagte: „Nimm das Zepter in die Hand!" Ich war geflasht, denn das bedeutete, dass er mir Verantwortung übertrug und es war ein Ausdruck der königlichen Dazugehörigkeit. Als ich meiner deutschen Smallgroup davon erzählte, erhielt diese ein geistliches Bild, in dem ich außer dem Zepter eine Krone trug, auf der vorne ein roter Edelstein war, der für das vergossene Blut von Jesus stand. Außerdem trug ich einen Mantel. Es bedeutete viel Autorität. Das Zepter kam gleich viermal im Buch Esther vor. Esther las ich das erste Mal im Kontext und war echt überwältigt von ihrem Mut. Die ganze Geschichte war krass und zeigte mir erneut, dass ich noch stärker Gottes Wort lesen sollte. Auch Matthäus 4,4 ermutigte mich noch einmal: „Der Mensch lebt nicht nur vom Brot, sondern von jedem Wort, das aus Gottes Mund kommt." Daher begann ich nun auch den von Larry Dinkins empfohlenen Leseplan zu lesen. Doch ich hatte auch viele sexuelle Versuchungen und eines Abends hielt ich bei den Pornos leider nicht mehr stand. Ich bekannte es sofort, nicht nur vor Jesus, sondern auch vor zwei Freunden meiner Church in Berlin. Einer schickte mir eine Römer 7,14–25. Auch Paulus tat Dinge, die er nicht tun wollte. Trotzdem fühlte ich mich die zwei Folgetage ausgelaugt. Irgendwie war mir alles zu viel. Das war das erste Mal, seit ich in Lopburi war, dass ich ein Tief hatte. Doch das Wort „Gnade" weckte mich wieder auf. Ich hatte den gnädigsten Papa der Welt und ich konnte in seiner Gnade baden. An meinem freien Tag kletterte ich auf einen Berg und tankte bei Gott auf. Auch durch Worship konnte ich sehen, wie sich meine Batterie auflud. Ich streckte mich wieder nach Jesus aus und konnte fühlen, wie ich neue Kraft erhielt. Ich wollte das Zepter in die Hand nehmen und organisierte einen Gebetsspaziergang durch die Altstadt von Lopburi. Da viele Thais ihr Smartphone nutzten, entwarf ich Visitenkarten mit QR-Codes. Der Code auf der Vorderseite führte auf die Website „FallingPlates", auf der es ein Video auf Thailändisch gibt, welche die Liebe Gottes vermittelt. Dieses hatte ich bereits in Deutschland entdeckt, da das Video in vielen Sprachen zur Verfügung steht. Die Codes auf der Rückseite führten zu Internetseiten, die von OMF Thailand betrieben wurden und in denen man mehr über Gott erfahren konnte. Beim Gebetsspaziergang nahmen noch ein paar andere Missionare teil. Wir teilten uns in Gruppen auf, liefen durch die Straßen und verteilten die Karten sowie Traktate. Dabei hatten wir einige gute Kontakte. Außerdem konnte ich im Vorfeld einen Input geben und auch darauf aufmerksam machen, noch mehr auf Gott zu hören. Allgemein war ich dankbar, dass Gott mir Plattformen gab, wo ich das Erlernte weitergab, denn ich wollte es ja nicht für mich behalten.

Irgendwie war dies auch eine Vorbereitung auf das Gästehaus, denn dort gab es ja einen Gottesdienst und Möglichkeiten zur Ermutigung der Mitarbeiter. In meinen GebetsNews war es mittlerweile Standard, einen Input einzubauen. Ebenso tat ich dies in meiner Rundmail, welche ich inzwischen an siebzig Nichtchristen versendete. Es war mir so ein Anliegen, Gottes Reich zu vergrößern, bevor es zu spät sein würde. Wir alle wussten ja nicht, wann Jesus wiederkommen würde. Der Heilige Geist zeigte mir dazu Römer 13,11: „Es ist höchste Zeit, aus dem Schlaf aufzuwachen, denn jetzt ist unsere Rettung noch näher als zum Beginn unseres Glaubens."

Ich wollte aber ebenso auf die Pausen achten und gönnte mir eines Abends einen Film. Ich hatte mir einen Fernseher gekauft, denn auch Predigten ließen sich damit besser anschauen. Zudem war in Thailand einfach alles so günstig. Ich fragte Gott, welchen Film ich schauen und welcher meinen Glauben weiter pushen könnte. Er zeigte mir „Breakthrough – Zurück ins Leben". Dort wurde ein Junge nach einem Unfall durch Gebet wieder zurück ins Leben geholt. Der Film bestätigte mir, dass ich öfter beten wollte, wenn ich einen Krankenwagen hörte. Diesen Eindruck hatte ich bereits des Öfteren. Außerdem ging es im Film um positive Worte. Kurz vorher las ich in einem Leseplan vom Reisexperiment. Dabei kochte man Reis, füllte ihn in zwei gleiche Gläser und beschriftete eines mit „Schön" und das andere mit „Hässlich". Nun sagte man täglich zu dem einen Glas: „Du bist schön" und zu dem anderen: „Du bist hässlich". Nach ein paar Wochen war der „hässliche" Reis vergammelt und der andere Reis sah weiß aus. Dieses Experiment funktionierte aufgrund der im gekochten Reis enthaltenen Wassermenge. Gekochter Reis hatte dabei prozentual gleich viel Wasser wie der Mensch, was als Grundlage dienen sollte, um zu belegen, dass das gesprochene Wort wirklich Auswirkungen auf das Leben des Menschen haben kann. Ich glaubte an das Experiment, weil mir Gott genau das ebenfalls gezeigt hatte, und probierte es selbst aus. Wie lange würde es wohl dauern, bis man Unterschiede sehen würde?

May pen rai

Nach langer Zeit checkte ich Ende Mai auch mal wieder meine Aktien. Wie erwartet sah mein Aktiendepot nicht gut aus. Das erste Mal war es sogar weniger wert als ich im August 2018 anfing. Ich machte keine Luftsprünge und irgendwie war es ein Leiden 2.0, doch Gott hatte mich mittlerweile so trainiert, dass ich ihm weiter vertraute. Es war sein Geld und er konnte immer noch Großes bewältigen. Passend dazu zeigte er mir das durch Matthäus 8,23, wo Jesus mit seinen Jüngern im Boot war und schlief. Diese Geschichte las ich gerade im Leseplan „Bible in One Year 2020" von Nicky Gumbel und dieser schrieb in seinem Input unter anderem „Trust God and fear not". Ich kopierte ein paar Passagen seines Inputs für meine Notizen im iPhone, aber genau dieser Satz wurde fett markiert kopiert, obwohl alles im selben Layout geschrieben war. Gott zeigte mir hier wieder einmal auf seine wundervolle Art, worauf es ankam.

Ich wollte die thailändische Gelassenheit noch mehr annehmen und sagen: „May pen rai", was soviel wie „Alles gut" hieß. Der Satz fiel mir manchmal nicht leicht, da die Uhren in Thailand doch anders tickten. Das zeigte sich beispielsweise, wenn meine Haushelferin nicht zur vereinbarten Zeit auftauchte oder nicht so putzte, wie ich es gerne gesehen hätte. In Thailand hatten die Missionare des Sprachtrainings alle eine Haushelferin, welche das Haus wöchentlich putzte und die Wäsche wusch. Dies entlastete enorm. Somit hatte auch ich eine Helferin, welche sogar eine Christin war. Ich registrierte immer mehr, dass ich ein tolles Haus besaß. Gott schenkte mir sogar ein Wohnzimmer mit Klimaanlage, welches ich als Büro nutzen konnte. Normalerweise war es üblich, nur im Schlafzimmer eine Klimaanlage zu besitzen. Da ich es liebte, mein Haus ein wenig schöner zu machen, wollte ich ein paar Pflanzen kaufen. An der Straße sah ich eine Frau, die vor einer Mauer von Pflanzkübeln stand und sie goss. Für mich sah wie ein Pflanzengeschäft aus, und mit meinen begrenzten Thai-Kenntnissen versuchte ich ihr klarzumachen, dass ich eine Pflanze für ein Zimmer ohne Fenster wollte. Nach ein paar Minuten tauchten noch ihr Ehemann sowie ihre Tochter auf, und wir versuchten, uns irgendwie zu verständigen. Irgendwann ging die Frau in den Garten und grub ein paar Pflanzen aus. Ich dachte zu dem Zeitpunkt noch immer, dies sei ein Geschäft und fragte nach Blumentöpfen. Auch diese gaben sie mir und teilten mir auf Nachfrage mit, dass ich nichts zahlen müsse. Erst da wurde mir klar, dass dies gar kein Geschäft war. Aber ich wusste, dass Gott mich hierhergeführt hatte und brachte am übernächsten Tag eine Tüte Obst mit einem Traktat vorbei. In Thailand ist es üblich, dass man sich mit Essen bedankt.

Das Durchschnittsgehalt der Thais beträgt übrigens nur umgerechnet dreihundertfünfzig Euro, wobei man auch weitaus weniger verdienen kann. Allgemein waren die Preise nicht mit deutschen Preisen zu vergleichen. Der Frisör kostet beispielsweise nur zwei Euro und 50 Cent. Als ich eines Tages zum Frisör ging und ihm sagte, woher ich kam, schwärmte er von Adolf Hitler. Das war bereits das zweite Mal, dass jemand gut über Hitler redete. Anfangs war ich schockiert, bis ich herausfand, dass viele die Geschichte gar nicht kannten und dachten, er sei ein guter Diktator gewesen. Ich wollte mich weiter anpassen, aber sie gleichzeitig auch aufklären. Ende Mai kam von OMF Thailand die Nachricht, dass die Mauer am Strand des Gästehauses nicht gebaut werden würde. Ich freute mich so sehr, dass Jesus meine Meinung berücksichtigte und ich spürte, wie er sich mit mir freute. Auch mein Thailändisch hatte sich nach einem Monat Sprachunterricht gut entwickelt, sodass ich bereits kurze Sätze sagen konnte. Durch die verschiedenen Töne konnte ein Wort in einer anderen Tonart bereits eine komplett andere Bedeutung bekommen. Ich betete weiterhin jeden Tag groß und merkte, dass der Heilige Geist mir sehr half.

Beim Reisexperiment sah man – wie erwartet – Unterschiede in den Gläsern. Der „hässliche" Reis hatte bereits nach vier Tagen vergammelte Stellen, wobei der „schöne" Reis gut erhalten blieb. Irgendwie war es krass, dass es so schnell ging. Wie wichtig Worte sind, wurde auch in der ICF-Konferenz „Kingdom come" behandelt, welche ich online mitschauen konnte. Es war einfach genial, dass ich aus neuntausend Kilometern Entfernung dabei sein konnte. Ein anderer Missionar kam zu mir und wir schauten gemeinsam eine Session von Tobi Teichen, in der es um das Trainieren der geistlichen Sinne ging. Gerade das geistliche Sehen wollte ich weiter trainieren. Es war einfach ein Prozess und darauf wollte ich weiter meine Hoffnung bauen. Tobi Teichen sagte, um Gottes Stimme noch sicherer zu hören, konnte man ein Commitment mit Gott machen, dass immer der erste Impuls von ihm war. Und genau das machte ich. Ich wollte seine Stimme einfach noch klarer im Alltag wahrnehmen. Allgemein pushte mich die Konferenz nochmal, mich noch mehr in sein Königreich zu versetzen. Das wollte ich auch den anderen Missionaren stärker vermitteln, denn bei unserem wöchentlichen gemeinsamen Treffen teilten diese fast alle irgendwelche Probleme. Ich war schockiert, wie viele ausgebrannt waren. Natürlich lag dies am geistlichen Kampf, den man hier sehr spürte. So mancher Missionar nahm in Thailand einen deutlichen Unterschied wahr. Ich war in unserer Group jedenfalls oft nahezu der einzige, dem es gut ging. Und genau dieses Bild hatte die Frau mit den prophetischen Eindrücken für mich. Gott schrieb ein Buch über mich und war voller Vorfreude. Auf einer Seite des Buches gab es einen Berg, auf den ich stieg. Wenn Täler kamen, sprang ich einfach wie Super Mario darüber oder griff eine Liane, die vom Himmel hing, und schwang mich darüber. Ich stand dabei aber auf festem Grund, nämlich auf einem Haken. Schon öfter hatte ich den Eindruck, dass man geistlich keine Täler durchlaufen musste, wenn man sich auf das Königreich fokussierte und mit Gott fest verbunden blieb. Aber das war leichter gesagt als getan. Ich vertraute Gott, dass er mir das noch besser zeigen würde. Er sagte mir jedenfalls nochmal, dass ich mich nicht um die anderen Missionare sorgen, sondern für sie beten sollte. Und das tat ich, denn genau das war später im Gästehaus wichtig. Wenn es mir gutging, wollte ich anderen Geschwistern helfen und Hoffnung geben, so wie es in 1. Thessalonicher 5,11 heißt: „Macht euch also gegenseitig Mut und richtet einander auf." Es war einfach genial, wie Jesus das „Daniel Training" nutzte, um mich weiter vorzubereiten. Es gab noch so einiges dazuzulernen. Das merkte ich auch, indem der Teufel mir immer wieder Lügen einredete, um das Team zu spalten. Glücklicherweise räumte Gott diese Lügen gleich wieder aus dem Weg, indem er genau diese Missionare nutzte, um mich zu ermutigen. Mein Glaube wurde dadurch immer mehr gestärkt.

Als ich wieder ins Fitnessstudio ging, traf ich den Thailänder, welcher früher an Gott glaubte. Ich hatte regelmäßig für ihn gebetet und ihn auch mit in meinen GebetsNews erwähnt. Von ganz allein fragte er mich, ob ich die Gemeinde gewechselt hätte. Davon hatte ich ihm erzählt. Die neue Gemeinde war gegenüber vom Fitnessstudio und so fragte ich ihn, ob er am Sonntag Lust hätte, mitzukommen. Tatsächlich sagte er zu. Das musste aber bei Thailändern noch nichts bedeuten und so fragte ich einige Missionare, ob sie für ihn beten könnten. Auch den Pastor informierte ich. Dieser war etwa in meinem Alter. Am Sonntag kam der Thai wirklich und die Predigt sprach ihn genau an, denn es ging unter anderem um Ephesus und dort war er vor einigen Jahren im Urlaub. Einen Tag vorher hatte er sich sogar nochmal die Fotos angeschaut. Gott war einfach genial.

Hoffnung

Da es Pfingsten in Thailand nicht gibt, feierte ich es mit Worship und Input aus Deutschland allein. Ich wollte einfach noch mehr über den Heiligen Geist wissen. Ohne ihn ging einfach nichts. Mittlerweile proklamierte ich fast täglich Gottes Zusagen über mich und betete in Sprachen. Der Heilige Geist erinnerte mich daran, auch wenn der Feind alles daransetzte, mich immer wieder abzulenken. Durch die Beziehung zum Heiligen Geist lernte ich Gott als Dreieinigkeit immer besser kennen. Mir fiel auch auf, dass mir die Wahl des Ansprechpartners leichter fiel, je mehr ich Gott kennenlernte. Und das ging auch durch Fragenstellen, denn einen Freund lernte man ja ebenfalls durch Fragen besser kennen. Die lebendige Beziehung zu Gott war der Schlüssel zu allem und natürlich versuchte der Feind, diese zu verhindern. Gott trieb mich immer weiter an. Und davon handelte auch ein Traum. Auf einer vierspurigen Straße raste ein LKW mit Lichthupe sehr schnell heran. Es sah so aus, als ob die Bremsen kaputt waren. Er fuhr sogar auf die Gegenfahrbahn und schlängelte sich durch den Gegenverkehr, aber es passierte kein Unfall. Bei mir ging es genauso schnell und nichts konnte mich aufhalten, auch wenn ich Gegenwind vom Feind bekam. Gott schenkte mir weiterhin Gelegenheiten, um den Thais die Liebe Gottes näherzubringen. Oft machte ich meine Hausaufgaben in einem der vielen Cafés. Dabei ging ich immer wieder in neue Locations. Eines Tages betete ich, dass mir Gott eine neue Gelegenheit geben würde. So fuhr ich in ein kleines Café, was mir gefiel, und konnte dem Besitzer sogar „The Chosen" zeigen. Bezüglich der Synchronisation auf Thai hatte sich noch nichts getan, auch wenn ich zwischenzeitlich noch weitere Personen anschrieb. Aber hier war ebenfalls Geduld und Hoffnung gefragt. Irgendwie drehte sich gerade alles um die Hoffnung, die mir Gott in diversen Situationen lehrte. In Römer 15,13 heißt es: „Möge Gott, die Quelle der Hoffnung, euch im Glauben mit

Freude und Frieden erfüllen, damit ihr in Hoffnung immer reicher werdet durch die Kraft des Heiligen Geistes."
Vergeblich hoffte ich hingegen auf einen Missionar in unserer wöchentlichen Kleingruppe. Seine Familie hatte nach wochenlanger Suche ein Auto gefunden, dass beim Preis allerdings tausendfünfhundert Euro über dem von OMF Thailand empfohlenen Budget lag. Daher wurde es seitens OMF abgelehnt, worüber der Missionar nicht erfreut war. Ich sagte ihm, dass wir alle zusammen beten sollten, dass das Autohaus einen Rabatt in Höhe von tausendfünfhundert Euro geben würde, und erhielt darüber eine absolute Bestätigung von Gott. Doch er teilte dieses Gebetsanliegen nicht vor der ganzen Gruppe. Ich war innerlich sauer und tauschte mich darüber mit einem anderen Missionar aus, der schon länger in Lopburi war. Er sagte daraufhin, dass dies womöglich an dem kulturellen Background des Missionars liegen würde. Darüber hatte ich noch nicht nachgedacht und bedankte mich bei Gott über diese Antwort.

Hoffen und beten tat ich hingegen, als ich mit dem Motorroller unterwegs war, aber kein Regencape dabeihatte. Ich hörte und sah den Regen hinter mir auf die Straße prasseln, doch ich fuhr vorneweg. Erst, als ich meine Garage erreichte, fing es wie aus Eimern an zu schütten. Hoffnung auf geistliches Sehen machte auch eine Begebenheit an einem Morgen. Als ich in mein Badezimmer ging, sah ich über den mit Kletterpflanzen bedruckten Fliesen weiße Pflanzen, welche die bedruckten Kletterpflanzen verbanden. Ich war so überrascht, weil dies so plötzlich kam. Der Heilige Geist erklärte mir, dass er mich ohne Abstand mit Gott verband. Ich konnte jederzeit alles abrufen. Genau darum ging es am darauffolgenden Sonntag in meiner Church. Ich freute mich einfach, dass Gott mir mehr im geistlichen Sehen zeigte. Es war aber auch eine Gebetserhörung, da ich in letzter Zeit für erleuchtende Augen meines Herzens betete.

Sanuk – In der Würze liegt die Kraft

Ich versuchte immer mehr, Jesus zu den gerade anliegenden Themen direkt zu fragen und spürte seine Freude darüber sehr. Mein Ziel war es, jeden Morgen einen Worship-Song bei Spotify mitzusingen. Das funktionierte dort ganz gut, da fast jeder Song mit Lyrics vorhanden war. Allerdings wollte ich Gott vorher fragen, welcher Song an der Reihe war. Seine Stimme nahm ich auch im Alltag immer deutlicher wahr. Das war einfach so eine tolle Gebetserhörung, für die auch meine Smallgroups in Deutschland beteten. Ich war sehr dankbar, einen derartig starken Rückhalt zu haben. Regelmäßig tauschte ich mich mit verschiedenen Teilnehmern aus und dankte Gott, dass er diese Freundschaften vorbereitet hatte. Aber auch mit meiner Familie kommunizierte ich mich regelmäßig und war auch über ihre Gebete sehr dankbar. Zu keiner Zeit fühlte ich mich einsam, obwohl dies das größte Problem bei Single-Missionaren ist. Gerade die lebendige Beziehung zu Jesus hielt mich stets bei Laune. Er zeigte sich auch immer wieder von seiner lustigen Seite, indem er mir beispielsweise thailändische Vokabeln zeigte, die im sächsischen Dialekt sehr lustig klangen. So gab es das kleine Wort „Norr" was man in Sachsen nutzte, um nach einer Bestätigung zu fragen. Lustigerweise hatte es dieselbe Bedeutung im Thailändischen. Außerdem gab es das Wort „khangnay", was auf Thailändisch „inside" hieß und auf Sächsisch so viel wie „kann rein" bedeutete. Manchmal redete ich sogar ein paar Sätze auf Thailändisch mit Jesus.

Die richtige Balance zu finden, war sehr wichtig, und ich war dankbar, diese bereits gefunden zu haben. Die lebendige Beziehung war auch ein wichtiger Schlüssel bei vielen Thai-Christen. In Thailand wurde Jesus immer „Phra Yeesuu" genannt, was „Herr Jesus" hieß. Auch wenn es in Thailand viel um Hierarchie ging, erinnerte mich dies doch sehr an meine Erziehung, wo Jesus ausschließlich mit „Herr" angesprochen wurde. Da sich gerade bei der jungen thailändischen Generation viel wandelte, sah ich hier großes Potential, die freundschaftliche Beziehung zu Jesus zu vermitteln. Da TikTok in Thailand bei den heruntergeladenen Apps im ersten Quartal 2022 ganz oben stand, wurde immer klarer, warum Gott mich dort gebrauchen wollte. Noch wollte ich allerdings ein wenig damit warten, denn es bedeutete auch Arbeit und Verantwortung. Ich glaubte und betete jedenfalls weiter groß, denn es ging um sein Reich. Auch wenn es aus menschlicher Sicht unrealistisch erschien, betete ich für mindestens fünfzig Prozent Christen, bevor ich Thailand wieder verlassen würde bzw. Jesus kam. Das war eine Hausnummer, aber mit Gott war nichts unmöglich. Die Reise mit Jesus war extrem spannend und sie hatte in Thailand gerade erst begonnen.

Im Juni feierte ich meinen Geburtstag und lud dazu einige Missionare sowie thailändische Freunde zu mir nach Hause ein. Ich wollte allerdings nicht mich, sondern Gott feiern, und so sangen wir gemeinsam Worship-Songs. Bezüglich der Auswahl der Lieder fragte ich vorher Jesus. Der Thailänder aus meinem Fitnessstudio war auch dabei und war von zwei Songs stark berührt. An ein Lied konnte er sich sogar erinnern, welches er vor dreißig Jahren gesungen hatte. Das Beste war, als er am Ende sagte, dass er glücklich sei, genau wie ich zu Jesus umgekehrt zu sein. Ende Juni fand außerdem die jährliche OMF-Thailand-Konferenz statt. Aufgrund von COVID hatte sie die letzten zwei Jahre nur online stattgefunden. Für mich war diese Konferenz wirklich ein Segen, da ich so meine Kollegen persönlich kennenlernen konnte. Gott organisierte dafür alles bestens, sodass ich am Ende fast mit allen fünfzig Teilnehmern persönlich sprechen konnte. Die OMF-Familie war eine gute Mischung und wir konnten uns gegenseitig ermutigen. Außerdem hatte OMF in Thailand viele Projekte, wovon gleichzeitig auch andere Missionsgemeinschaften profitierten. Auch die Sprachschule und das Gästehaus wurden ja direkt von OMF betrieben. Selbst TikTok hatten sie bereits auf dem Schirm. Selbst das thailändische Bibelprojekt war von OMF. Bei der Konferenz erfuhr ich auch, dass es in Thailand bereits jemanden gab, der mehr über die thailändische Synchronisation von „The Chosen" wusste. Ich war ich einfach nur dankbar, dass Jesus mich auf seinen Schultern trug und ich immer noch solch eine Power spürte. Viele der anderen Missionare waren darüber überrascht und fragten mich, wie ich das machte. Ich konnte mich immer nur wiederholen und antworten, dass vor allem die lebendige Beziehung zu Gott der Schlüssel zu allem war.

Trotzdem gab es auch bei mir Situationen, in denen ich einfach kämpfen musste. Gerade in Stresssituationen musste ich noch dazulernen, ruhig zu bleiben. Das zeigte mir auch das Kulturtraining, welches im Juli begann. Dort sollten wir unseren Persönlichkeitstest etwas genauer auswerten. Ich war oft noch zu perfektionistisch und leider auch noch in so mancher Situation ungeduldig. Doch dankbarerweise wies mich der Heilige Geist nett daraufhin. Mit ihm kam ich immer mehr in eine Partnerschaft und es machte einfach unheimlich viel Spaß, sich durch ihn durch den Tag leiten zu lassen, und genau darum ging es. In Thailand gibt es das Wort „Sanuk", was so viel wie „Spaß" bedeutet. Spaß war unheimlich wichtig für die Thais, gerade bei der Arbeit. Ich erinnerte mich an einen Satz, welchen Gott ein paar Monate nach meiner Umkehr zu mir sagte: Das Leben würde ein Fest werden, wenn ich in eine noch tiefere Beziehung mit ihm käme.

Prioritäten setzen

Da in mir das Verlangen immer mehr wuchs, diese Beziehung auch den Thailändern zu zeigen, bat ich ein befreundetes thailändisches Ehepaar sowie einen meiner Lehrer, mein Zeugnisvideo auf Thailändisch zu übersetzen, und lud es mit Untertiteln auf meiner YouTube-Page hoch. Ich war gespannt, was Gott daraus machen würde. Außerdem wurde es in meiner Gemeinde gezeigt und genau da waren so viele Geschwister anwesend, wie ich vorher noch nie gesehen hatte. Auch die Predigt hatte Gott perfekt abgestimmt, denn es ging um altes und neues Leben aus Epheser 4,17. Mit den dortigen Geschwistern traf ich mich nun auch öfter privat.

Beim Gästehaus gab es indes Neuigkeiten. Das neuseeländische Ehepaar, welches das Haus momentan leitete, wollte ihren Aufenthalt um ein Jahr verlängern und ich freute mich darüber, denn auf der Konferenz lernte ich sie kennen und verstand mich auf Anhieb prächtig mit ihnen. Daher hatte ich bezüglich der Zusammenarbeit keine Bedenken. Es war einfach eine tolle Gebetserhörung. Da das Ehepaar Ende Februar allerdings für zwei Monate nach Neuseeland reisen wollte, war nicht klar, ob ich das Haus bereits zu diesem Zeitpunkt übernehmen sollte. Eigentlich wollte ich ein komplettes Jahr in Lopburi bleiben, um möglichst viel zu lernen, doch Gott hatte einen Plan und darauf wollte ich vertrauen. Da ich mir jedoch in der verbleibenden Zeit möglichst viel aneignen wollte, setzte ich mir ein paar neue Ziele. Wichtig war, dass Gott immer an erster Stelle stand. Manchmal ließ ich mich da noch ablenken. Außerdem verglich ich mich mit anderen Sprachschülern. Den Tag wollte ich noch intensiver mit Gott beginnen. Ich nahm mir dabei ein Beispiel an Jesus, der früh am Morgen aufstand, um zu beten (Markus 1,35). In den letzten Tagen sang ich bereits jeweils einen Song, den Gott mir zeigte. An einem Tag sollte ich beispielsweise das Lied „Stern, auf den ich schaue" singen. Ich wusste nicht warum, aber am Abend las ich das Kapitel „Mein Lehrbuch, das Schwert des Geistes". Bereits vor zwei Jahren hatte mich Jesus auf dieses Lied hingewiesen. Was für eine Bestätigung, welche mich auch im Glauben nochmal pushte. Dieses Singen am frühen Morgen brachte auch Freude mit sich. In Psalm 59,17 heißt es: „Doch ich will singen von deiner Macht, frühmorgens deine Güte rühmen! Denn du bist eine Burg für mich, eine Zuflucht in Zeiten der Not." Nach dem Singen nahm ich mir vor, Gott noch zu fragen, was er mir für den Tag mitgeben wollte. So war ich bestens für den Tag gewappnet.

Was mir persönlich Kraft gab, war auch der wöchentliche Austausch mit meiner ehemaligen Smallgroup. Gerade die Schwester mit den ehemaligen Migräneanfällen hatte ähnliche Erfahrungen wie ich und das pushte mich. Auch wenn ich in Lopburi noch keinen geistlichen Partner mit demselben Mindset gefunden hatte, sorgte Gott dafür. Gegenseitige Ermutigung in der inneren Mission war so wichtig, und Gott gebrauchte mich mittlerweile eigentlich täglich, um Geschwister zu ermutigen. Oft waren dies Gebetspartner in Deutschland.

Gott erinnerte mich durch verschiedene Bilder mit Wasserfällen an seine Zusage aus dem Kapitel „Gehorsam", dass ich anderen erfrischendes Wasser reichen würde und dass es unfassbar wäre, wie Gott mich gebrauchen würde. Genau das war unfassbar, denn ich war gerade erst drei Monate in Thailand. Gott zeigte mir passenderweise Psalm 107,35: „Andererseits machte er Wüste zum Wasserteich, Wasserquellen sprudelten im trockenen Land." Auch in Offenbarung 22 ist vom Strom des Lebens die Rede. Erneut wies er mich mehrmals durch unterschiedliche Situationen auf Epheser 3,20 hin: „Dem, der so unendlich viel mehr tun kann, als wir erbitten oder erdenken, und der mit seiner Kraft in uns wirkt." Diesen Vers hatte mir auch mein Vater beim Abschied mitgegeben, doch dieses Mal blieb ich am Wort „unendlich" hängen. Wie krass war das eigentlich? Das gab mir den Anlass, genau diesen Vers über mein Leben zu proklamieren.

Seine unendliche Kraft zeigte er mir auch durch ein Zeugnis einer meiner Sprachlehrer. Dieser hatte noch vor drei Jahren Verbindungen zur Mafia. Doch dann lernte er seine heutige Ehefrau kennen, welche damals schon Christin war. Als er aus den Mafia-Kreisen austreten wollte, wurde er sogar mit dem Tod bedroht. Doch seine Ehefrau betete stark für ihn und er konnte tatsächlich ein freies Leben beginnen. Heute ist er ein gläubiger Christ.

Eines Tages sahen wir über der Sprachschule einen 22-Grad-Halo-Ring am Himmel. So einen kreisrunden Regenbogen um die Sonne hatten wir alle noch nie gesehen. Ich war beeindruckt davon, aber vergaß es schon bald wieder. Als ich die Woche darauf zu Hause auf dem Boden Sit-Ups machte, sah ich an der Zimmerdecke rund um meine vier Deckenstrahler genau diesen Regenbogen. Ich fragte Gott, was er mir dadurch zeigen wollte und erinnerte mich an Jesaja 60,2–3, wo es heißt: „Noch hüllt Finsternis die Erde ein, tiefes Dunkel alle Völker. Doch über dir strahlt Jahwe auf, seine Herrlichkeit erscheint über dir. Ganze Völker ziehen zu deinem Licht hin, Könige zu deinem strahlenden Glanz." Außerdem realisierte ich, dass dieser Halo-Ring um die Sonne genau dann zu sehen war, als wir unser wöchentliches Gebetstreffen für Thailand hatten. Gott wollte uns damit zeigen, dass sein Licht über Lopburi und Thailand stark leuchtete und wir ihm vertrauen sollten. Durch den hergestellten Kontakt auf der OMF-Konferenz erfuhr ich auch, dass es mit dem Team von „The Chosen" bereits gute Gespräche über die Synchronisation auf Thailändisch gab. In ein paar Monaten würde man hier mehr wissen. Ich hatte es nicht in der Hand, jedoch konnten wir dafür beten. Daher teilte ich dieses Gebetsanliegen in meinem Newsletter sowie unter den Missionaren und nutzte die Chance, eine Folge in der Sprachschule zu zeigen. Doch ich stellte fest, dass etliche die Beziehung zu Jesus leider viel zu ernst sahen. Und das konnte ich nachvollziehen, denn so sah ich sie selbst noch vor einiger Zeit.

Battlefield

Auch wenn es manchmal Herausforderungen gab, konnte mich so schnell nichts umhauen, denn ich trug die Waffenrüstung Gottes. Jedoch war es allein Gottes Gnade, dass ich so beschützt blieb. Auch dass ich bisher deutlich weniger Avancen von thailändischen Frauen erhielt als gedacht, war sein Verdienst. Es war tatsächlich so, als ob ich eine Schutzhülle um mich hatte. Dieses geistliche Bild hatte ich ja bereits erhalten und darauf wollte ich vertrauen. Diese Waffenrüstung war meine Schutzhülle. Als ich ein Videotelefonat mit der Schwester mit den vielen Visionen hatte, gab ihr Gott genau dieses Bild. Ich kämpfte mit einer modernen roboterähnlichen Waffenrüstung in der ersten Reihe des Heeres. In dieser Waffenrüstung lebte ich auch. Jesus war dabei der Feldherr und Gott der General, welcher die Strategie ausgearbeitet hatte. Er gab mir Tipps und die Richtung vor, hielt mich dabei aber immer fest. Der Heilige Geist war überall und motivierte. In einem anderen Bild trug ich einen leichten Rucksack, in welchem alles enthalten war, was ich benötigte. Ich sollte nur noch mehr lernen, mit dem Rucksack umzugehen, denn das war notwendig.

Als ich eines Morgens in meine Garage kam und nichtsahnend meinen Motorroller starten wollte, kroch eine ziemlich große Schlange unter meinem Motorroller schnell in den Abfluss. War dies der Feind, welcher aus Angst flüchtete? Ich wollte die Autorität noch mehr in Zusammenarbeit mit dem Heiligen Geist entwickeln. Es war sehr deutlich, dass er wollte, dass ich sie noch mehr einsetzte und darin wuchs. Auch bei streunenden Hunden, von denen es in Thailand sehr viele gibt und welche manchmal aggressiv bellen, wenn man mit dem Motorroller oder Fahrrad fährt. Ich musste einfach keine Angst haben. Und das war auch Gottes Plan, denn ein Eindruck, den die Schwester hatte, war, dass ich die Atmosphäre um mich herum kennenlernen sollte und dass dies noch wichtiger sein würde als die Sprache. Eigentlich hatte ich gedacht, dass das Jahr mehr der Sprache gewidmet war, aber Gott ging weiter große geistliche Schritte mit mir. Es war auch ein Aufbaujahr zu den vergangenen zwei Ausbildungsjahren. Bloß was bedeutete das mit der Atmosphäre genau? Als ich bei YouTube danach recherchierte, stieß ich auf ein krasses Video, in dem es um geistliche Kampfführung ging. Bei vielen Dingen war ich mir nicht so sicher, aber einige andere Sachen stimmten mit den bereits erhaltenen Zusagen überein. So wurde gesagt, dass man stärker in Autorität wuchs und man kraftvoll beten musste, um in die geistliche Welt durchzudringen. Das hatte mir Jesus auch schon mal beim Proklamieren gesagt. Viele gaben leider zu schnell auf. Trotzdem sprach ich alle Proklamationen im Video ohne zu prüfen nach und hatte danach irgendwie kein gutes Gefühl. Vieles war sehr aggressiv und ohne jegliche Liebe. Daher bat ich meinen ehemaligen Leiter der „Waffenrüstungsgruppe" um eine Einschätzung und er bestätigte mein Gefühl. Auch mit Gott redete ich darüber und er zeigte mir durch 1. Petrus 2,9, mehr: „Aber ihr seid ein ausgewähltes Geschlecht, eine königliche Priesterschaft, ein heiliges Volk, das Gott sich selbst erworben hat. Er hat euch aus der Finsternis in sein wunderbares Licht gerufen, damit ihr verkündigt, wie unübertrefflich er ist." Als Priester wollte ich stellvertretend für unsere Mitmenschen, Politiker und Nationen noch mehr in die Gegenwart von Jesus kommen, so wie es damals schon Mose oder Aaron taten. Passend dazu las ich in meinem Leseplan gerade das Buch Mose. Es war interessant, was die Priester damals alles für Aufgaben hatten. Durch sie wurden andere Menschen näher zu Gott gebracht. Die Priester mussten es damals lernen, selbst im Angesicht der Herrlichkeit Gottes ihren Dienst zu verrichten. Wie im Alten Testament hatte ich als Priester einen Verantwortungsbereich. Ich konnte stellvertretend um Vergebung für andere Menschen beten und dadurch in den Riss treten, dass sie selbst ans Kreuz gingen, denn das war trotzdem noch notwendig. Sünden konnte nur Gott vergeben. Es war interessant, wie Gott mich pushte, ohne dass es mir zu viel war. Ich hatte Hunger nach mehr und begann das Buch „Born for Battle" von Arthur Matthews, einem ehemaligen OMF-Missionar, zu lesen. Dieses Buch hatte bereits Larry Dinkins empfohlen und genau jetzt fand ich dieses Buch in meinem Haus. Das Missionarsehepaar, von welchem ich das Haus übernommen hatte, besaß nämlich sehr viele Bücher. Außerdem kaufte ich den dritten Teil der Buchreihe über Rick Joyners Himmelsvisionen. Die ersten beiden Teile hatten mir bereits einen tiefen Einblick gegeben und mich unheimlich gepusht. Ich war sicher, dass auch das Buch „Die Fackel und das Schwert" genial sein würde.

Strategie

Es war solch ein Vertrauensbeweis von Gott an mich, mich an vorderster Front weiter auszubilden. Ich kannte mich ja noch gar nicht sonderlich gut in der Bibel aus, aber das zeigte mir auch, dass es nicht nur darum ging. Er legte nach der kurzen Eingewöhnungszeit in Thailand nochmal einen geistlichen Turbo ein und sagte mir oft, dass ich stark und mutig sein sollte. In einer Onlinepredigt vom ICF-Pastor David Rominger über geistliche Autorität sprach dieser von einem religiösen Geist, der viele Christen gefangen hielt. Und davon sprachen auch beide Bücher. Zuerst las ich das Buch von Rick Joyner. Dieses war wieder so spannend, dass ich gar nicht aufhören konnte, es zu lesen. Das Beste war, dass seine Visionen mit meinen bisher gelernten Dingen übereinstimmten. Wichtig war, auf dem Battlefield die richtige Strategie zu finden. In Sprüche 24,6 heißt es: „Denn nur mit Strategie gewinnt man einen Kampf, und wo viele Ratgeber sind, da stellt sich der Sieg ein." In Psalm 32,8 steht außerdem: „Ich will dich belehren und ich zeig dir den richtigen Weg. Ich will dich beraten und ich behalte dich im Blick." Und da Gott die perfekte Strategie hatte, wollte ich ihn danach auch fragen. So tat auch David im Kampf gegen die Philister in 2. Samuel 2,5. Mir war gar nicht bewusst, wie viel ich von den Kämpfen im Alten Testament selbst anwenden konnte. Auch bei kleinen Entscheidungen wollte ich meinen Kommandeur nach Anweisungen fragen, auch wenn sie noch so banal waren. Gerade im Kampf brauchte ich ganz viel Weisheit, Ausdauer, Disziplin und Demut. Das alles gewann ich durch die Beziehung mit ihm. Doch durch das Buch wurde mir außerdem bewusst, dass ich mit der Autorität auch Schaden anrichten konnte, und das kam zum rechten Zeitpunkt, denn ich hatte noch immer das Gefühl, dass ich durch das YouTube-Video etwas proklamiert hatte, was nicht richtig war. Wenn man eine Wurzel des Teufels vernichtete, musste dies auch durch eine Pflanzung von Gott ersetzt werden. Ebenso musste man bereit sein, diese zu verteidigen. Wir können das Böse nur mit Gutem überwinden. Ebenso war es interessant, wie oft im Buch die Atmosphäre vorkam. Fakt war, dass man die Atmosphäre durch das Schwert und die Fackel reinigen konnte. Dies brachte alles Böse zum Absterben und das war wieder einmal eine starke Bestätigung für die Proklamation und für Worship. Ich konnte Gott jedenfalls schon danken, dass er uns immer zum Sieg führt. Der Feind ist machtlos. Es war genial, dass mir Gott erst jetzt dieses Buch der Reihe zeigte, denn das passte zeitlich perfekt. Ich wollte Gottes Reich weiter festigen. Daher gab ich in unserer Smallgroup unter den Missionaren einen Input über die Waffenrüstung Gottes. Vorher betete ich, da dieses Thema erstens extrem angefochten war und wir zweitens unterschiedliche Hintergründe hatten. Ich sprach viele Punkte an und erhielt danach gutes Feedback. Doch in einem Punkt stimmte mir der Großteil nicht zu, und zwar, dass wir keine Sünder mehr sind. Und das erwartete ich, da ich dies vor ein paar Monaten noch selbst anders sah. In den letzten Monaten lernte ich jedoch immer mehr, die göttliche anstatt der menschlichen Perspektive einzunehmen. Wir sind vor Gott gerecht und nicht mehr schuldig, weil wir irgendeinen Mist bauten. Jesus hatte für alles den Preis gezahlt und wir dürfen nicht mehr der Lüge des Teufels glauben, sonst können wir Gottes Gnadengeschenk nicht vollständig annehmen, da wir dadurch eingeschränkt sind. Es war interessant, wie Gott mich in dieses Mindset Schritt für Schritt hineinführte. Nur weil ich Schritt für Schritt lernte, mich nicht selbst anzuklagen, wurde ich frei von der Sex- und Pornosucht. Ich erinnere mich noch sehr an Gottes Worte, als er mir sagte, dass er mich nie für irgendetwas verurteilen würde (siehe Kapitel „Den Himmel auf die Erde holen"). Ein liebender Vater klagte seinen Sohn auch nicht an und verurteilte ihn als Sünder. In Römer 8,1 steht: „Es gibt jetzt also kein Verdammungsurteil mehr für die, die ganz mit Jesus Christus verbunden sind." Und so zeigte es uns Jesus auch in der Geschichte vom verlorenen Sohn (Lukas 15). Der alte Mensch und die Sünde waren gestorben, so wie es in Römer 6,2 heißt:

„Für die Sünde sind wir doch schon gestorben, wie können wir da noch in ihr leben?" Deswegen müssen wir Jesus auch nicht mehr anflehen, dass er unsere Sünden vergibt. Ein „Sorry" ist allerdings wichtig, um dies auch in der geistlichen Welt sichtbar zu machen und auch, weil man sich in einer menschlichen Beziehung ebenfalls entschuldigt. Die Wichtigkeit des Kreuzes wurde mir jedenfalls immer bewusster. Wir müssen Gott nicht mehr wie im Alten Testament anbetteln. Dies alles verstand ich, weil ich es selbst am eigenen Leib erfahren hatte. Ohne, dass ich vom Weg abgekommen wäre, würde diese religiöse Ansicht mich wahrscheinlich weiter einschränken.

Die Quelle

Ende Juli fing in Thailand die Regensaison an. Vorher hatte es nur manchmal geregnet, doch jetzt regnete es fast täglich, wenn auch oft nur kurz. Einige Tage bevor der Regen begann, sagte mir Jesus auf seine humorvolle Art: „Weine nicht, wenn der Regen fällt." Ich erinnerte mich sofort an das Lied von Drafi Deutscher „Marmor, Stein und Eisen bricht" aus dem Jahr 1965. Beim Thailändisch lernen machte ich weiter Fortschritte. Oft gab es viele Verbindungen zwischen den Wörtern und manchmal hatte ich das Gefühl, dass der Heilige Geist mir auch im Schlaf thailändische Vokabeln beibrachte, da ich oft davon träumte oder morgens damit aufwachte.

Trotzdem gab es noch viele Situationen, in denen man hätte verzweifeln konnte. Eines Abends hatte ich ein richtiges Vater-Sohn-Gespräch mit Gott und ich fragte ihn, wie ich den „Holy RAM" noch besser in Anspruch nehmen könne. Daraufhin sagte er, dass er mir einen besseren Zugang gewähren würde, weil ich ihn so lieb fragte. Ich spürte dabei seine Gegenwart außerordentlich stark und weinte sehr. Allerdings war dies nie ein trauriges Weinen. Ich merkte intensiv, wie sehr er sich freute, dass ich ihn fragte, und er sagte mir, dass ich dies noch viel öfter machen könne. Er überschüttete mich nur so mit Komplimenten und ich war wiedermal einfach nur baff über seine vollkommene Liebe. Ich wollte noch mehr von ihm und auch all das in Anspruch nehmen, was mir bereits jetzt zur Verfügung stand. Gott wies mich auf Jesaja 58 hin und das kam mir bekannt vor, denn ich hatte den starken Wunsch, noch einmal zu fasten. Ich wollte mich demütigen und die Abhängigkeit von Gott stärker anerkennen. Dass dies durch Fasten möglich war, hatte ich ja bereits im vergangenen Jahr erlebt. Gott zeigte mir dazu verschiedene Bibelverse, unter anderem Sacharja 4,6, wo steht: „Nicht durch Heeresmacht und menschliche Gewalt wird es geschehen, sondern durch meinen Geist." In Hebräer 11:34 heißt es außerdem:

„Aus Schwäche gewannen sie Kraft, im Kampf wurden sie stark und schlugen feindliche Heere in die Flucht." Auch David hatte sich auf Gott komplett verlassen. Es war nicht meine eigene Kraft und ich sollte komplett aufgeben und mich Gott unterwerfen. Fasten war ebenfalls eine gute Taktik, um Klarheit im Kampfgetümmel zu bekommen. Das war notwendig, denn am zweiten Tag des Fastens ging ich mit drei anderen Missionaren zu einem Tempel, in dem nach buddhistischem Glauben ein einflussreicher Geist lebte. Dieses Mal liefen wir wie in Jericho um das Gelände und beteten. Es war ein Angriff auf die Festung des Feindes. Am dritten Fastentag meditierte ich über einige Glaubensverse, welche mir Gott zeigte. Doch ich erlebte ihn nicht so, wie ich es gerne gesehen hätte, und beklagte mich bei ihm. Doch das war der falsche Weg, denn ich wollte ihm danken, auch wenn es nicht so wie geplant lief. Irgendwie öffnete Gott mir durch diese Situation die Augen und ich verstand, dass ich im Glauben komplett darauf vertrauen musste, auch wenn ich es noch nicht sah. In 2. Korinther 4,18 steht: „Wir richten unseren Blick nämlich nicht auf das, was wir sehen, sondern auf das, was ‚jetzt noch' unsichtbar ist." Das war die richtige Strategie, den Schlüssel umzudrehen. Eigentlich wusste ich dies ja schon, aber ich musste auch aus der Kraftquelle schöpfen und es nicht durch eigene Anstrengung versuchen. Passend dazu erhielt ich vom Personalleiterehepaar von OMF Thailand den Vers aus Jesaja 12,3: „Voller Freude sollt ihr Wasser schöpfen, Wasser aus den Quellen des Heils." Ich war der unendlichen Kraft Gottes unterstellt, welche durch seinen Geist in mir lebte. In Johannes 7,38 heißt es, dass der Heilige Geist das lebendige Wasser bringt. Es war bereits alles vorhanden und das konnte ich mit dem Herzen glauben. Das Fasten hatte mich wieder einmal nach vorne katapultiert. Es war nicht nur ein äußerer, sondern auch ein innerer Kampf, denn der Feind attackierte immer mehr mit Lügen. Mit aller Macht versuchte er zu verhindern, dass man genau diese Wahrheiten annahm. Der Kampf war jedoch durch das Werk am Kreuz bereits gewonnen. Ehrgeiz war deshalb gar nicht notwendig, denn ich hatte ja bereits alles. Gott sagte mir daraufhin zwei Nächte hintereinander, dass ich mich nicht anstrengen, sondern es einfach akzeptieren solle. Das bestätigte 1. Johannes 2,20, wo steht: „Und ihr habt die Salbung von dem Heiligen und wisset alles." Ich konnte Gott danken, dass ich bereits Thailändisch sprach. Durch das Proklamieren konnte sein Wort in mein Herz gepflanzt werden. Bei der Heilung meines Nackens hatte ich dies bereits getan, war allerdings nicht drangeblieben, da ich auf das Sichtbare starrte und mich vom Feind zurückdrängen ließ. In Römer 6,6 heißt es: „Wir wissen ja dieses, dass unser alter Mensch mitgekreuzigt worden ist, damit der Leib der Sünde außer Wirksamkeit gesetzt sei." Dies beinhaltete auch Krankheiten, da diese ja genauso gestorben waren. Das lebendige Wasser von Jesus floss die ganze Zeit, so wie es mir Gott schon oft zeigte. Es war sein Gnadenfluss, der in mir sprudelte. Auch die Bilder vom Wasser in den vergangenen Tagen oder die Regensaison passten perfekt dazu. Danach konnte ich mich richten und meinen himmlischen Vater für all das ehren.

Der Kampf

Doch Satan griff immer häufiger an. Einmal durch eine hübsche Thailänderin, welche im Nachbarhaus arbeitete und mich anlächelte und irgendwie immer da war, wo ich war. Doch mit sexuellen Versuchungen hatte er keine Chance mehr. Also griff er noch mehr durch Lügen an. Er leistete Überstunden, um uns Missionare gegeneinander aufzuhetzen. Ehrlicherweise gestand mir ein weiteres Missionarsehepaar ebenfalls, dass es Lügen über mich erhielt. Von anderer Seite erhielt ich den Hinweis, dass auch Neid im Spiel war. Natürlich wollte er nicht, dass wir als Einheit agierten. Ich hatte die komischsten Gedanken über meine Missionarskollegen, aber da musste ich Gottes Waffe, die Liebe einsetzen. Auch diese hatte ich im Überfluss, denn der Heilige Geist war ja die pure Liebe. Das Vakuum musste mit Gottes Kraft gefüllt werden und seine Wahrheiten noch mehr mein Herz durchdringen. Mit dem Schild des Glaubens konnte ich diese Brandpfeile auslöschen und mein Herz schützen. Schon in Sprüche 4,23 heißt es: „Mehr als alles hüte dein Herz, denn aus ihm strömt das Leben." Da waren die Thais ein gutes Vorbild, denn sie schützten ihr Herz, indem sie sich nicht von ihren Gefühlen und äußeren Umständen bestimmen ließen ... Zumindest nicht in der Öffentlichkeit. Das Herz heißt auf Thailändisch „cay" und es war wichtig, darauf zu achten, dass es sich nicht verhärtete. Gott prüfte mein Herz mehrmals durch Gefälligkeitsanfragen anderer Missionare, welche allerdings so unpassend waren, dass ich im ersten Moment in meinem Inneren überreagierte. Dort wollte ich jedoch sofort mit Liebe agieren und diese auch aussprechen, denn das war eine Strategie, die der Teufel gar nicht mochte. Auch David hatte damals schon solche Herzensprüfungen erhalten (1. Chronik 29,17). Durch mein Herz gewährte ich dem Heiligen Geist noch mehr Zugang, aber der Feind tat alles, dass die Wahrheiten Gottes nicht hineindrangen. Er wusste, wie wichtig das Herz war, und griff es immer wieder an. Aber er griff auch mit Krankheit an. Insgesamt ging es mir drei Tage nicht gut, doch genau zu dieser Zeit kämpfte ich. Da ich zu Hause blieb, konnte ich mir die komplette Teaching-Serie „Du hast schon alles, was du brauchst" von Andrew Wommack anschauen. Ich wollte mich mit Gott eins machen und den Segen freisetzen. Es war der größte Kampf seit langem, doch ich kämpfte wie nie zuvor und betete viel in Sprachen, auch wenn ich mich eigentlich gar nicht danach fühlte. Da ich keine unmittelbaren Erfolge sah, war ich zwischendurch immer wieder frustriert. Aber Gott ermutigte mich, indem er sagte, dass ich mir nichts anderes einreden lassen und weiterkämpfen solle. Am Ende würde sogar eine Belohnung warten. Irgendwie raffte ich mich immer wieder auf. Zeitgleich hatte die Frau, welche Gott mit ihrem Ehemann nach Uganda berief, auch große Kämpfe und wir konnten uns gegenseitig unterstützen. Wir tauschten uns geistlich mittlerweile mehrmals wöchentlich per Sprachnachrichten aus und das war ein reiner Segen, denn Gott zeigte ihr oft zeitgleich dieselben Dinge. Ebenso holte ich andere Gebetspartner mit ins Boot und bat um Gebet. Tatsächlich ging es mir immer besser. Krankheiten hatten einfach nichts Lebendiges, denn sie waren schon tot, weil Jesus in mir lebte. Der Durchbruch hatte bereits am Kreuz stattgefunden. Andrew erwähnte auch nochmal den mir bereits bekannten Vers aus Epheser 1,3: „Gelobt sei Gott, der Vater unseres Herrn Jesus Christus, der uns durch ihn mit dem ganzen geistlichen Segen aus der Himmelswelt beschenkt hat." Doch erst jetzt verstand ich den Vers richtig, weil mir der Heilige Geist es offenbarte. Gott hatte mich aus seiner Gnade bereits beschenkt. Jetzt wurde das Bild mit dem Dachboden auch einleuchtender. Ich konnte die Fässer im Glauben ins Sichtbare übertragen, da der Dachboden bereits geöffnet war. Der Schlüssel war bereits umgedreht, auch wenn ich es mit meinen Augen noch nicht sah. Hier stand allerdings noch der Unglaube im Weg, der vom Glauben bereinigt werden musste. Dem musste ich den Stecker ziehen. Jede Lügen, Ängste und Zweifel waren bereits besiegt, weil Jesus den Sieg am Kreuz bereits vollzogen hatte. Am dritten Tag ging es mir abends wieder richtig gut, allerdings waren meine Nackenprobleme noch immer vorhanden. Als ich so in der Stille darüber nachdachte, hörte ich jemanden ganz leise singen. Diesen Gesang zu vernehmen war eigentlich unmöglich, weil ich ganz allein im Haus und auch von außen abgeschirmt war. Ich wusste nicht, wo es herkam und schenkte dem daher auch keine größere Beachtung. Am Abend erinnerte mich der Heilige Geist jedoch daran und erklärte mir, dass es Engel gewesen seien, die ich gehört hatte. Ich konnte es erst gar nicht glauben, doch ich empfand dadurch einen ganz tiefen Frieden. Es war, als ob der Himmel sich darüber freute, dass ich diese neue Perspektive immer mehr einnahm. Jetzt hieß es dranzubleiben und auszuharren. Auch für die Buddhisten konnte ich aus dieser Haltung beten. Von geistlicher Kampfführung hielt Andrew Wommack allerdings nicht viel, da man den dämonischen Mächten nur Raum geben würde. Auch laut dem Buch von Rick Joyner waren Angriffe auf die Festungen nur selten notwendig. Es war nicht das Hauptanliegen im Reich Gottes. Ich kämpfte ja gegen einen bereits besiegten Feind. In Kolosser 2,15 heißt es: „Er hat die Herrscher und Gewalten völlig entwaffnet und vor aller Welt an den Pranger gestellt. Durch das Kreuz hat er einen triumphalen Sieg über sie errungen." Was für ein treffsicherer Vers!

Ehrfurcht

Diese ganze Einstellung nahm ebenfalls Einfluss auf meine Gebete. Ich wollte möglichst kraftvoll beten. Bei OMF wurde grundsätzlich zum Vater in Jesu Namen gebetet. Das fand ich auch richtig, aber es durfte dabei nicht religiös wirken. Im Namen Jesu zu beten, bedeutete, in Autorität zu beten. Neben dem Gebet stand in den letzten Tagen auch das Thema „Ehrfurcht" auf dem göttlichen Lehrplan. Dabei ging es nicht um Angst, aber um Respekt. In Sprüche 3,7 heißt es: „Halte dich nicht selbst für klug, sondern fürchte Jahwe und meide das Böse!" Auch in Sprüche 8,13 steht: „Jahwe zu ehren heißt Böses zu hassen." Gott wollte also, dass ich seinen göttlichen Zorn gegen das Böse freisetzte. Ehrfurcht hieß aber auch, Vertrauen zu haben und ihn zu lieben. Wenn man über die Größe Gottes nachdachte, konnte man in Ehrfurcht nur staunen und darin wachsen. In 1. Petrus 1,17 schreibt der Apostel Petrus dazu: „Und wenn ihr den als Vater anruft, der ein unparteiisches Urteil über die Taten jedes Menschen sprechen wird, führt ein Leben in Gottesfurcht, solange ihr noch hier in der Fremde seid." Er musste immer größer werden und ich dagegen geringer, so wie es in Johannes 3,30 steht. Durch die veränderte Perspektive wurde so mancher Bibelvers immer verständlicher. Die Petrusbriefe kannte ich noch gar nicht so genau, aber auch 2. Petrus 1,2 machte jetzt mehr Sinn, denn dort hieß es, dass sich Gnade und Frieden vermehren sollen. Natürlich, denn all das war ja schon vorhanden. Ich verglich die Verse auch immer öfter mit der originalen griechischen Übersetzung. Dazu hatte ich mir eine passende App auf mein iPhone heruntergeladen. So manches Wort ergab plötzlich einen anderen Sinn. Selbst im Englischen hatte vieles eine tiefere Bedeutung. Die Bibel war mein wahrer Spiegel und nur darauf musste ich schauen, denn sonst war ich wie der Mann in Jakobus 1,23, der sein Gesicht in einem normalen Spiegel betrachtete. Die Bibel studierte ich nun auch mit meinem Pastor und einigen Geschwistern meiner thailändischen Gemeinde, indem wir uns unter der Woche zur Smallgroup trafen. Es war noch eine große Herausforderung, weil ich so gut wie nichts verstand, doch genau dieser Challenge stellte ich mich. Ich kämpfte weiter und hoffte geduldig auf das, was ich noch nicht mit meinen physischen Augen sah. Passend dazu erhielt ich einen Eindruck von der Schwester, welche schon so oft Visionen für mich hatte. Ich sollte standhaft bleiben, durchhalten und meinen Blick nicht schweifen lassen. In einem weiteren Bild sah sie einen Wasserfall. Dahinter war etwas, was man nicht erkennen konnte, aber im Vertrauen sollte ich einfach den Schritt wagen und durch den Wasserfall hindurchgehen. Das war für mich auch nochmal ein Zeichen, dass ich mit meinem TikTok-Kanal starten sollte. Ich wollte einen Content aus Alltäglichem und Jesus liefern und startete mit einem lustigem Kurzvideo über die verschiedenen Töne der thailändischen Sprache. Spaß war einfach wichtig, damit ich viele Follower bekommen würde. Mir ging es allerdings überhaupt nicht um mich, sondern allein, dass Jesus weitere Follower bekam. Allgemein wollte ich mir einfach mehr zutrauen, auch wenn es noch Sprachbarrieren gab. Gott würde mir schon helfen. Auch in Bezug auf das in Anspruch nehmen erhielt sie eine kraftvolle Vision von Gott. Es gab einen Garten mit verschiedenen Obstbäumen. Ich konnte mir einfach die Früchte pflücken, welche ich haben wollte. Mir stand alles zur Verfügung, aber ich sollte mir bewusst machen, was ich genau wollte. Das Geniale war, dass es dem Bild mit dem Dachboden ähnelte. Gleich am nächsten Tag begann ich damit und stellte mir vor, wie ich in einem Garten die Früchte pflückte. Dabei spürte ich Gottes Freude. Ich trainierte somit nämlich auch meine Vorstellungskraft, welche beim geistlichen Sehen ebenfalls wichtig war. Hierbei war ich in letzter Zeit nicht drangeblieben, aber gerade sie half mir auch beim Sprachtraining. Beim Pflücken der Früchte sagte mir Gott noch, dass ich mir meine Identität bewusst machen, zielstrebig sein, fest zugreifen und dabei auf festem Boden stehen sollte. Ich konnte mir das nehmen, was mir zustand. Passend dazu las ich in meinem Leseplan Josua 18,3: „Da sagte Josua zu den Israeliten: „Wie lange wollt ihr noch warten, bis ihr das Land, das Jahwe, der Gott eurer Väter, euch gegeben hat, nun auch in Besitz nehmt?" Der Feind versuchte, dies natürlich zu verhindern und lenkte mich auch durch deutsche Nachrichten ab, welche ich noch viel zu oft las. Doch warum musste ich wissen, was in Deutschland geschah? Zudem waren es ja fast ausschließlich negative News. Solche Dinge wollte ich erst gar nicht in meine Gedankenwelt aufnehmen, denn so fütterte ich ja nur meine Seele. Daher versuchte ich dies zu reduzieren. Ich erinnerte mich an meine Kindheit, in der mein Elternhaus nicht mal einen Fernseher besaß. Das fand ich damals natürlich nicht toll, mittlerweile aber sogar gut, denn somit beschäftigten wir uns als Familie viel mehr miteinander. Allgemein war ich mehr als dankbar für meine Erziehung, da meine Eltern auch immer für mich da waren.

Der Garten und die Schlange

Das Sprachtraining wurde indes so intensiv wie nie zuvor, da ich gerade die Schriftzeichen mit den vielen verschiedenen Tönen lernte. Eigentlich benötigte man für dieses Modul mindestens sechs Wochen, doch ich setzte mir das Ziel, es in fünf Wochen zu schaffen, da ich vor meinem Urlaub fertig werden wollte. Daher verbrachte ich fast nur noch Zeit mit Lernen.

Nebenbei kämpfte ich natürlich weiter, aber musste auch öfter einstecken, denn die geistlichen Kämpfe waren hart. So stark wie zu diesem Zeitpunkt hatte ich noch nie gekämpft. In Galater 5,16 sagt Paulus: „Denn die menschliche Natur widerstrebt dem Geist Gottes und der Geist Gottes ebenso der menschlichen Natur. Beide stehen gegeneinander, damit ihr nicht einfach macht, was ihr wollt." Das spürte ich, doch Gott ermutigte mich immer wieder und zeigte mir auch in einem Traum, dass ich dranbleiben sollte. Danach sagte er mir, dass man manchmal durch etwas durchgehen müsste, um die Früchte zu sehen. Das war also das Bild mit dem Wasserfall. Tatsächlich kam ich immer sofort wieder zurück. Es war wie bei einem Luftballon, der unter Wasser gedrückt wurde und immer wieder zur Oberfläche auftauchte. Jedes Mal, wenn ich einsteckte, kam ich noch stärker zurück.

Im Geistlichen griff der Feind von allen Seiten an. Oft waren es die theologischen Ansichten unter uns Missionaren. Die verschiedenen Kulturen und religiösen Ansichten waren in jedem Missionsteam ein Thema. Trotzdem sah ich es als Training, denn ich wollte sensibler für andere Ansichten werden und trotzdem das Mindset hineinbringen, was Gott mir beibrachte, denn ich wollte, dass alle diese geniale Kraft spürten. Und er ermöglichte mir immer wieder Gelegenheiten dazu, z. B., als ein Missionar in unserer Kleingruppe sagte, dass er gerne mal die Liebe Gottes spüren würde. Ich erklärte ihm, dass das durch den Heiligen Geist möglich sei. Aber ich verstand ihn genau, denn vor nicht mal drei Jahren hätte ich dieselbe Frage gestellt. Wie wichtig war nur der Heilige Geist! Nicht umsonst hatte ihn mir Gott direkt nach meiner Umkehr zuerst nähergebracht.

Die Sprachschule bekam allerdings auch Zuwachs einer Missionarin aus einer charismatischen Church, mit der ich mich geistlich gut austauschen konnte. Außerdem abonnierte ich den täglichen Newsletter von Joseph Prince, welcher ebenfalls immer wieder den Sieg Jesu hervorhob. Oft fehlte mir jedoch meine ICF-Community, aber ich war weiterhin regelmäßig im Austausch mit meinem Missionsteam. Wie dankbar war ich, als die Schwester, welche Gott ebenfalls in die Mission berief, mir mitteilte, dass Gott ihr gesagt hätte, sie und ihr Ehemann sollten über Weihnachten nach Bangkok kommen. Was war das jetzt für ein Schachzug Gottes mit Thailand?

Obwohl ich weiterhin die Sprache lernte, strotzte ich nur so von Kraft, und das auch beim Sport. Dort war ich gerade so stark in Form wie nie zuvor. Neben dem Fitnessstudio absolvierte ich fast täglich eine halbe Stunde ein Online-Workout. Oft stand ich mitten in der Nacht auf und war topfit. Ich fühlte mich ein bisschen wie Simson, von dem ich parallel in meinem Leseplan las. Ich hatte immer mehr Hunger und Durst nach dem lebendigen Brot und Wasser. So konnte die Frucht des Geistes aus Galater 5,22 wachsen. Gott war mein Gärtner und wässerte meine geistliche Frucht, umso mehr ich mich nach ihm ausstreckte. In Jeremia 17,8 heißt es: „Er ist wie ein Baum, der am Wasser steht und seine Wurzeln zum Bach hinstreckt. Er hat nichts zu fürchten, wenn Hitze kommt, seine Blätter bleiben grün und frisch. Ihm ist nicht bange vor dem Dürrejahr; er trägt immer seine Frucht."

Auch Gottes Gegenwart nahm ich oft wahr. Parallel dazu beschäftigte ich mich viel mit Gottes Wort und verstand so immer mehr, dass es sein Reich war, was ich auch im Herzen trug. Bisher hatte ich es eher im Äußeren angewandt, auch weil ich Lukas 17,22 anders verstanden hatte. Dort sagt Jesus in den deutschen Übersetzungen: „Das Reich Gottes ist schon jetzt mitten unter euch." Doch in der Originalübersetzung heißt es, dass es in uns ist. Ich wollte lernen, mich dauerhaft in diesem Garten zu bewegen und im Geist wandeln. Es stand zu jeder Zeit alles zur Verfügung, so wie auch Adam und Eva den gesamten Garten in Anspruch nehmen durften, außer vom Baum der Erkenntnis zu essen. So war es auch bei uns Christen heute. Es war ein Kampf zwischen Gottes Königreich und dem Reich der Finsternis. Das verdeutlichte Gott mir eines Tages, als aus meiner Toilette eine Schlange kroch. Kurz vorher saß ich noch darauf. Als ich die Schlange sah, bewegte diese sich nicht, sodass ich sie ohne große Furcht mit einer Kehrschaufel töten konnte. Ich erinnerte mich dabei an Lukas 10,19, wo es heißt: „Ja, ich habe euch Vollmacht gegeben, auf Schlangen und Skorpione zu treten und die ganze Macht des Feindes zunichtezumachen. Nichts wird euch schaden können." Am Abend sagte Jesus mir, dass er die Schlange betäubt hatte, damit ich sie töten konnte. Das verdeutlichte den Kampf nochmal mehr. Er kämpfte für mich, sodass ich den Todesstoß versetzen konnte. So war der Sieg gewiss, genau wie bei Simson. Das zeigte er mir gleich am nächsten Tag mit dem Film „Facing the Giants", in dem Gott einem Baseballteam Hilfestellung gibt. Ich fand es wieder einmal genial, welche Kreativität Gott hatte und wie er mich trainierte, furchtloser zu sein. Die Frucht des Mutes wuchs. Mein Herzenswunsch war, dass ich sein Reich noch mehr nach außen brachte, so wie es Jesus mir bereits vor zwei Jahren sagte. Damals hatte ich allerdings noch nicht so viel damit anfangen können. Über sein Reich gab es einfach noch so viel zu lernen. Nicht umsonst erzählte Jesus zwischen seiner Auferstehung und Himmelfahrt seinen Jüngern ganze vierzig Tage darüber, nachdem er bereits drei Jahre mit ihnen unterwegs war. Das Geniale war, dass darüber genau jetzt eine mehrteilige Predigtserie vom ICF München begann.

Auskurieren der Blessuren

Ende September nahm ich mir endlich meinen wohlverdienten Urlaub. Ich war urlaubsreif. Gott sagte mir dazu, dass ich durch den Kampf Blessuren am Körper erlitten hatte, welche kurieren und ausheilen mussten. Das verstand ich genau, denn die Kämpfe in den vergangenen Wochen waren echt hart. Auch das Modul mit den thailändischen Schriftzeichen beendete ich wie geplant noch vor meinem Urlaub.

Nun hatte ich jedenfalls Urlaub und fuhr als erstes in ein christliches Hotel im Süden Thailands. Ich wollte schauen, wie sie arbeiteten, und mir Inspirationen einholen. Mit dem Managerehepaar, welches das Hotel leitete, tauschte ich mich sehr gut aus. Sie hatten die Anlage erst kürzlich übernommen und waren auch dankbar, Tipps zu erhalten. Gleichzeitig konnte ich mir selbst einige Informationen einholen. Im Anschluss fuhr ich in das nur eineinhalb Stunden entfernte Gästehaus, in dem ich einmal arbeiten sollte. Ich blieb nur für ein paar Tage, aber diese waren ein richtiger Segen. Der Austausch mit dem Managerehepaar war einfach nur toll. Sie hatten bereits erstaunlich viel geändert und wir hatten viele weitere gemeinsame Ideen. Auch das Personal lernte ich kennen und nahm dieses sehr positiv wahr. Gott toppte wieder einmal alles. Am Ende fuhr ich noch auf die Inseln Koh Pha Ngan und Koh Tao.

Da es am ersten Tag leicht regnete, mietete ich mir einen Motorroller und erkundete die Insel. Leider war ich dabei ein bisschen zu leichtsinnig und filmte während der Fahrt mit dem iPhone. Plötzlich kam aus einer Seitenstraße ein Auto, obwohl ich Vorfahrt hatte. Ich musste bremsen, aber durch die feuchte Fahrbahn und nur einer Hand am Lenker stürzte ich und schlitterte leicht in das Auto. Der Fahrer fuhr ohne anzuhalten einfach weiter. Ich weiß nicht wie, aber irgendwie konnte ich mich so abstützen, dass ich gar nicht richtig fiel und nur eine ganz leichte Prellung am Bein hatte. Selbst mein iPhone hielt ich noch fest. Gott bewahrte mich hier sehr. Allerdings war das Schutzblech gebrochen und der Roller hatte ein paar Schrammen. Ich entschied mich, bei der Rückgabe die Wahrheit zu sagen und betete dafür. Als ich auf die Chefin im Verleih wartete, erzählte ich, dass ich Missionar sei. Die Chefin wollte von mir umgerechnet siebzig Euro haben, was eigentlich viel zu viel war, aber ich zahlte die Summe ohne zu murren. Früher hätte ich das nie so einfach gezahlt, aber ich wollte den Weg der Liebe aus 1. Korinther 13 folgen und einfach „May pen rai" sagen. Außerdem hätte es noch teurer sein können, denn da gab es echte Horrorgeschichten anderer Urlauber. So betete ich, dass der Heilige Geist aus dieser Situation etwas bewirken würde.

Über Airbnb hatte ich auf Koh Pha Ngan direkt am Strand einen Bungalow gemietet, wo ich abends in der Hängematte chillte und auf Kokospalmen schaute. So etwas hatte ich bisher nur in Costa Rica und Kolumbien erlebt. Daher bedankte ich mich bei Jesus nochmal für alles, auch für die Bewahrung beim Unfall. Ich plauderte mit Jesus und erzählte ihm, dass ich mir solch ein Haus am Strand einmal wünschen würde. Im Gästehaus hatte ich mir mein zukünftiges Appartement angeschaut, was allerdings noch renovierungsbedürftig war. Jesus sagte mir, dass er es noch herrichten würde, bis ich dort sei. Es deutete sich an, dass ich Mitte Mai ins Gästehaus gehen würde. Dann besaß ich das, was ich jetzt im Urlaub hatte, immer. Vor zehn Jahren arbeitete ich bereits als Hotelreiseleiter dort, wo andere Urlaub machten. Gott hatte mich einfach perfekt vorbereitet. Nun war aber Urlaub angesagt und den genoss ich sehr.

Der Leiter meiner ehemaligen Mittwoch-Group hatte mir ein geistliches Bild weitergegeben, dass ich von Gott Maniküre bekommen würde. So fühlte ich mich, als ich in der Hängematte lag. Ich nahm die Vögel und das Meeresrauschen wahr, es war einfach traumhaft. Auch den Himmel sah ich auf einmal aus einem ganz anderen Blickwinkel. Am Abend hatte er so viele verschiedene Farben. Oft beschränkte ich ihn nur auf die Farbe Blau. Tagsüber war ich im Meer schnorcheln. Auch die Unterwasserwelt Gottes war einfach ein Traum. Und der war Wirklichkeit, denn so war es auch im Reich Gottes. Es war wie eine Familytime, ähnlich wie im Film „Die Hütte" mit Gott als Dreieinigkeit. Als ich mich am Tag darauf woanders hinsetzte, hatte ich eine andere Perspektive. Auch die zwei kleinen Boote vor mir standen jetzt plötzlich weiter voneinander entfernt. Gott sagte mir daraufhin, dass ich meinen Blick weiten solle. Wenn ich noch mehr seine Perspektive einnehmen würde, könnte ich mir sein Reich im Physischen deutlicher vorstellen. In diesem Garten wollte ich mich noch mehr zurückziehen und dort Jesus begegnen. Es gab in seinem Reich auch keine Entfernungen. Ihm waren keine Grenzen gesetzt. Irgendwie hatte ich in Thailand sowieso ein ganz anderes Empfinden für Entfernungen, denn weil die Asiaten selten etwas zu Fuß erledigen, tat ich es bereits genauso. Auch durch die Boote sprach er zu mir, denn ein Boot fehlte noch im Gästehaus. Es gab zwar ein kleines Ruderboot, aber da hatte er Größeres geplant. Die Idee mit dem Boot war ja nicht neu. Auch eine Hängematte gab es noch nicht im Gästehaus. Aber das hatte noch Zeit. Einige notwendigere Sachen waren mir bei meinem Besuch bereits aufgefallen und ich fand es cool, dass das Managerehepaar diese umsetzen wollte, bevor ich kam. Allgemein wurde ich bereits in einige Entscheidungen involviert, was ich zu schätzen wusste. Und mein wahrer Chef gab mir weitere Ideen, welche ich echt cool fand. Beispielsweise, dass man die Zimmer nach den Eigenschaften von Jesus benennen könnte. Weiterhin fragte er mich, was mein größter Wunsch war. Ich antwortete ihm, dass ich seinen ganzen Segen aus Epheser 1,3 in Anspruch nehmen und noch besser verstehen wollte. Daraufhin fragte er, was „alles" sei. Für mich war das vor allem die thailändische Sprache, Heilung, geistliches Sehen, Hören, Glauben, Weisheit, Segen, Selbstbeherrschung, Liebe, Vertrauen, Autorität, Mut, Geduld und Freude. Er war so liebevoll und wollte mir das Gesamtpaket geben. Ich fragte ihn daraufhin, was er sich denn von mir am liebsten wünschte. Er erwiderte, dass sein größter Wunsch „Gehorsam" sei.

Zwei Tage zuvor hatte ich mir nach sehr langer Zeit aus heiterem Himmel etwas Pornografisches angeschaut. Ich ärgerte mich zwar, aber bekannte es sofort meinem ehemaligen Small-grouleiter und natürlich meinem himmlischen Vater. Trotz des Rückfalls hatte ich bereits Riesenschritte gemacht, weil der Heilige Geist mir half. In meinen früheren Urlauben verbrachte ich oft viel Zeit mit Dating-Apps, sofern ich nicht bereits eine Frau kennengelernt hatte. Die erste Frage unter meinen Freunden war damals oft, ob ich wieder eine Geschichte erzählen könne, was ich mit irgendwelchen Frauen erlebt hatte. Durch die vielen Dates gab es tatsächlich so einige skurrile Begebenheiten. Auch durch das Schauen von Pornos veränderte man sich, denn es musste immer krasser sein. Von Liebe war da keine Spur mehr. Jetzt sahen alle meine Freunde den Change – was für ein Segen.

Gott hatte mir diesbezüglich jedenfalls schon so viel gelehrt, dass ich sofort nach vorne schauen konnte. Seinen Gehorsamswunsch wollte ich ihm definitiv erfüllen und zwar aus Liebe zu ihm. Trotzdem fehlte mir in gewisser Weise weiterhin eine Frau. In letzter Zeit hatte ich darüber nachgedacht, ob ich nicht doch lieber allein bleiben wollte, da ich mich so einfach noch besser auf Jesus und sein Reich fokussieren konnte. Aber mir fehlte auch jemand, mit dem ich mich austauschen und intim sein konnte. Im weiteren Gespräch mit Gott fragte ich ihn, ob er meinen bisherigen Kampf analysieren konnte. Er sagte, dass ich an vorderster Front mutig kämpfte, aber mich manchmal noch klein machte. Dabei spielte er unter anderem auf die Hunde an. Zum Bungalow gehörten auch zwei Hunde, welche aber ganz lieb waren. Auch in meiner zukünftigen Arbeitsstelle gab es Hunde. Ich durfte einfach nicht alle Hunde über einen Kamm scheren, denn sie waren auch Gottes Geschöpfe. Irgendwie hatte ich sogar das Gefühl, dass die beiden Hunde mich beschützten. Einer begleitete mich sogar bei einem Strandspaziergang. Sie hatten es schön am Strand. Jedenfalls stand Gott im Kampf immer hinter mir. Ein paar Tage zuvor war ich auf ein Bild im Internet gestoßen, welches einen kleinen Löwen vor seiner großen Mutter zeigte. So konnte ich es mir auch in der Autorität vorstellen. Gott sagte mir außerdem, dass ich mein Schwert gut schwingen würde, aber ich nicht immer in den Angriff gehen müsse. Wann, das würde mir der Heilige Geist sagen. Im Leseplan las ich passenderweise gerade vom Kampf zwischen David und Goliath. David kämpfte dabei auch im Namen Jesu und er fragte Gott danach immer, wie er weiterkämpfen sollte. Das war Gehorsam! Und das war Verantwortung, welche auch ich im Namen meines Königs übernehmen wollte. Trotzdem mussten nicht alle Christen an vorderster Front kämpfen, denn es gab viele verschiedene Aufgaben im Königreich.

Den Sieg Jesu annehmen

So wie es Könige im Alten Testament gab, gab es auch Könige im Reich Gottes. Gott sagte mir, dass ich einer davon sei und dass mein geistliches Einflussgebiet vor allem in Thailand liege. Ich wusste zwar schon, dass ich Priester war, aber auch noch König? Darüber war ich richtig baff, denn ich wollte auf keinen Fall zu Stolz gelangen. Ich war auch nicht Herr über andere Christen, denn in der Königsherrschaft Gottes gab es keine Untertanen. Jesus war der wahre König und ich machte nur ihn groß. Das Geniale war, dass er uns Christen alle zu Königen und Priestern gesalbt hatte. Beides steht in Offenbarung 1,5–6. Er hat uns zu einem Königsvolk gemacht, aber Jesus ist Herrscher über Herrscher. Das bestätigte auch nochmal die Vision mit der Krone und dem Zepter. Als König hatte ich jedenfalls Autorität und das änderte auch nochmal meinen Blick. Weiterhin sagte Gott mir, dass in Lopburi sein Licht so hell scheinen würde wie noch nie. Auch wenn ich daran einen Anteil hatte, war es immer noch Gottes Kraft. Mir war es wichtig, dass ich mich nicht bessermachte. Auch im Gästehaus wollte ich mit dem Managerehepaar gleichwertig sein und alles zusammen mit Jesus machen. In Epheser 4,4 heißt es: „Ihr seid ja ein Leib; in euch lebt der eine Geist; und ihr habt die eine Hoffnung bei eurer Berufung bekommen." Als Leib mussten wir zusammen kämpfen und alle unsere Funktionen richtig wahrnehmen. In 1. Korinther 12,13 steht dazu: „Denn wir alle sind durch den einen Geist in einen Leib eingefügt und mit dem einen Geist getränkt worden." Gott zeigte mir in der Schrift den Mundschenk des Königs Nehemia, der mit allen Einwohnern von Jerusalem die Stadtmauer in nur zweiundfünfzig Tagen wieder aufbaute. Das Volk war vorher so brüchig wie die Mauer. Doch durch die Autorität von Nehemia packten sogar die Priester mit an. Alle hatten das Ziel vor Augen und die gleiche Passion. Danach war Jerusalem wieder eine Festung. Jerusalem symbolisierte das

Reich Gottes und ähnlich ist es heutzutage in den Gemeinden oder unter den Missionaren. Wenn sich alle zusammentun würden, dann wäre das Reich Gottes eine Festung. Wir müssen nur alle unsere Aufgaben richtig wahrnehmen, ohne Leistung, sondern einfach aus Liebe und Treue. In Lukas 19,17 heißt es: „Da sagte der König zu ihm: ‚Hervorragend, du bist ein guter Mann! Weil du im Kleinsten zuverlässig warst, sollst du Verwalter von zehn Städten werden.'"

Auch der Menschenhandel könnte gemeinsam besser bekämpft werden, denn da ist nicht nur Thailand eine Hochburg. Der Heilige Geist zeigte mir in dem Zusammenhang das Nehemia-Team, eine deutsche christliche Hilfsorganisation, die auch in Thailand gefährdeten Menschen und ihren Familien eine Alternative boten. Sie hatten im Norden Thailands sogar ein „House of Blessing". Ich fand dies eine geniale Arbeit und daher unterstützte ich sie auch finanziell. Vielleicht konnten die Mitarbeiter von dort ja auch mal Urlaub im Gästehaus machen. Darum wollte ich mich kümmern, wenn ich die Arbeitsstelle antrat. Nehemia zeigte jedenfalls, wie Verteidigung funktionierte. Nicht nur im äußeren Reich, sondern auch das Herz musste verteidigt werden. Das Seelische musste noch mehr vom Geistlichen getrennt werden und das ging am besten durch sein Wort, wie es in Hebräer 4,12 steht. Durch sein Wort konnte ich eine Festung bauen.

Als ich am nächsten Tag am Strand so in den Himmel schaute, sah ich eine kleine weiße Wolke am sonst mit dunklen Wolken verhangenen Himmel. Ich hatte den Eindruck, mir die weiße Wolke größer vorzustellen. Nach einiger Zeit sah ich in der Wolke schemenhaft verschiedene Figuren, unter anderem einen Fußballer. Der Heilige Geist machte mir verständlich, dass er wie im Fußball übernommen hatte. Nicht nur Jesus hatte den Kampf gewonnen, sondern auch der Heilige Geist war stets in Führung. Eigentlich war das ja logisch, aber erst jetzt wurde es mir richtig bewusst. Er war ja der Geist von Jesus und hatte den alten Menschen besiegt. Also hatte auch das Irdische, mein Fleisch, verloren. Ich lebte im Geist und durch ihn gehörte mir der Sieg Jesu. Daher hatte er auch Gewalt über jedes einzelne Körperteil. In Epheser 1,14 heißt es: „Dieser Geist ist die Anzahlung auf unser Erbe und ‹die Garantie für› die vollständige Erlösung seines Eigentums. Auch das dient zum Lob seiner Herrlichkeit." Erlösung bedeutete „in Anspruch nehmen". Das hieß, dass ich in Gottes Liebe eingehüllt war und mir sein ganzer Segen zur Verfügung stand. Ich konnte es im Namen Jesu in Besitz nehmen, denn es war sein und gleichzeitig mein Eigentum. Der Sieg war bereits vollzogen. Der Feind versuchte bloß immer wieder, die Niederlage herbeizureden. Passend dazu las ich im Urlaub das Buch „Epic Battles" von Rick Joyner. Dort wird festgehalten, dass uns Gott den Sieg schenkte und wir uns das zurückholen sollten, was der Teufel an sich reißen wollte. Für die Welt waren wir ja gestorben. Deswegen musste ich meinem Rücken befehlen, sich wieder in die göttliche Schöpfungsordnung zu begeben und dann Gott loben, dass jegliche Krankheiten oder Fehlstellungen bereits besiegt wurden. Diesen Sieg wollte ich einfach noch mehr proklamieren und mir vorstellen. Das war jedoch nicht nur in meinem Körper so, sondern auch allgemein in seinem Königreich. Gott regierte überall, weil Jesus bereits gewonnen hatte. Ich gehörte zum „Team Jesus" und durfte mir den Sieg nicht nehmen lassen. Ich fand es genial, dass mir Gott dies immer verständlicher machte, denn nur so konnte ich als König gut in seinem Reich regieren. Ich musste mich darauf konzentrieren, dass nicht das Reich der Finsternis regierte. Gott hatte die Erde rein geschaffen und in diesen Ursprungszustand musste sie wieder versetzt werden. Aus dem Sieg heraus konnte ich es eigentlich viel lockerer angehen, denn das Böse hatte ja bereits verloren. Mit dieser Einstellung sollte das Ehepaar aus meiner Church und ich im Dezember auch durch Bangkok laufen. Jesus sagte mir, dass wir seinen Sieg proklamieren sollten und in den für die Buddhisten sehr bedeutsamen Tempel „Wat Phra Kaew" bzw. in den Königspalast gehen sollten. Nach buddhistischem Glauben lebte dort eine Gottheit, welche das gesamte Land beschützte. Viele Thais pilgerten deshalb dorthin, um die Statue anzubeten. Wir sollten dort allerdings nicht proklamieren, sondern einfach die Liebe Gottes durch unsere Anwesenheit ausstrahlen, denn Gottes Strategie war nicht immer gleich Angriff. Weiterhin sagte Jesus mir, dass wir in Bangkok die Gelegenheit erhalten würden, einen Dämon auszutreiben. Dabei sollten wir nur sagen: „Im Namen Jesu, du bist frei." Das reichte, denn der Teufel hielt die Menschen ja zu Unrecht gefangen. Er hatte überhaupt kein Anrecht dazu, die Leute festzunehmen, denn Jesus hatte die Ketten bereits am Kreuz gesprengt. Auf TikTok postete ich unterdessen das erste Mal ein christliches Kurzvideo, in dem es um das Thema Angst ging. Gott machte mir nämlich erneut verständlich, dass man mit diesem Thema die Thais am besten erreichen konnte. Sie waren ja eigentlich frei, aber sie mussten es auch glauben. Auch der Thailänder aus meinem Fitnessstudio kam weiter jeden Sonntag in die Church, aber betete parallel auch Geister an. Ich wollte ihm weiter geduldig die Liebe Gottes zeigen und auch auf den Sieg Jesu hinweisen. Die Thais mussten einfach den lebendigen Freund Jesus kennenlernen. Unter den thailändischen Christen wurde Jesus ja meistens mit „Herr" angeredet. Das lag natürlich auch an der hierarchischen Kultur, aber Jesus sagte mir, dass ich sie fragen sollte, wie sie den engsten Freund oder die engste Freundin ansprechen würden. Da würde wiederum „The Chosen" helfen. Diesbezüglich erhielt ich eine Rückmeldung meines Kontaktes. Mit dem Team von „The Chosen" wurde ein Vertrag abgeschlossen. Durch die Finanzierung eines Spenders würden sich so in den nächsten Monaten viele Türen öffnen. Das waren wieder einmal großartige News und die Antwort auf unsere Gebete.

Von David lernen

Im Weltgeschehen wurde inzwischen immer mehr Hass gegen Russland geschürt und leider ließen sich auch viele Christen davon beeinflussen. Warum fragte man eigentlich nicht einfach mal Gott, was er darüber dachte? Als ich das tat, zeigte er mir 2. Thessalonicher 2, wo es um den großen Verführer geht, der die Menschen mit Satans Hilfe verblendet. Lügen regierten leider die Welt. Alles, was der Feind konnte, war Lügen und Angst zu verbreiten, denn er hatte ja bereits verloren. Es war ein Kampf zwischen Lüge und Wahrheit und letzteres fand man in der Bibel. Dieses Handbuch war manchmal auf den ersten Blick gar nicht so leicht zu verstehen. Man musste über die Verse nachsinnen, dann entdeckte man immer mehr Geheimnisse. Genau das war Gottes Absicht. Gott weihte mich in seine Geheimnisse ein, weil ich mich danach ausstreckte. Bei Andrew Wommack hatte es nach eigener Aussage zwanzig Jahre gedauert, bis er dieses Mindset hatte. So lange wollte ich nicht warten, aber Gott legte ja sowieso schon einen Turbo bei mir ein. Passend dazu hatte die Missionarin mit dem charismatischen Background ein Bild für mich, das zeigte, dass Gott mich mit etwas Neuem segnen wollte, aber dies etwas Zeit brauchte, um es umzusetzen. Auch Jesaja 43,19 gab sie an mich weiter: „Seht, ich wirke Neues! Es wächst schon auf. Merkt ihr es nicht? Ich bahne einen Weg durch die Wüste, lege Ströme in der Einöde an." Es war so spannend, was noch kommen würde!

Um den Thais das Geheimnis über das Reich Gottes weiterzugeben, musste man es jedenfalls simpel halten. Die Gottesdienste in vielen Thai-Churches dauerten mit über zwei Stunden meiner Meinung zu lange. Deswegen beobachtete ich oft, dass Geschwister lieber mit ihren Mobiltelefonen beschäftigt waren. Und noch etwas fand ich heraus. Viele Thai-Christen erzählten nur nach außen, dass sie keinen Alkohol tranken. Doch wenn ich offen erzählte, dass ich Alkohol trank, erzählten sie plötzlich, dass sie auch tranken. Diese Geheimnistuerei war sicher nicht nach Gottes Willen. Er wollte, dass wir unser Leben genießen konnten. Und das tat ich in vollen Zügen. Als Dank feierte ich ihn wieder durch Worship. Im Urlaub konnte ich das nicht durchführen, weil ich in den Hotelbungalows nie laut singen konnte, doch zu Hause war es mir wieder möglich, aus voller Kehle zu singen. Ich erinnerte mich dabei an die Begebenheit aus 2. Samuel 6,16, als König David auch für Gott aus Freude tanzte. Seine Frau Michal verachtete ihn dafür, weil sie nicht verstand, dass er es für Gott tat. David liebte Gott und schämte sich nicht, seine Hingabe und Zuneigung zu Gott öffentlich zu zeigen. Irgendwie konnte ich mich in vielen Punkten gut mit David identifizieren.

Ich sah, dass es von Andrew Wommack sogar die Lehrreihe „Von David lernen" auf YouTube gab, welche bereits auf Deutsch übersetzt wurde. Manchmal war es für mich verständlicher, wenn ich etwas auf Deutsch anschaute oder las. Andrew beleuchtete darin viele interessante Fakten. Ich liebte die Geschichte von David und Mefi-Boschet, dem Sohn Jonathans. Er tat ihm so viel Gutes und auch das war meine Vision. Oft konnte eine vermeintlich kleine Geste den Tag oder auch das Leben von jemand anderem komplett verändern. Ich erinnerte mich an meinen Aufenthalt auf der Insel Koh Tao. In der Hotelanlage arbeiteten viele junge Leute aus Myanmar und ich hatte tolle Gespräche mit ihnen. Dem Reinigungsteam hinterlegte ich am Ende einen Dankeszettel mit dem Zusatz, dass Jesus sie liebte. Beim Auschecken sagte mir die Front-Office-Managerin, dass sie selten solch einen netten Gast hatte. Dabei war ich nur freundlich und strahlte die Liebe Gottes aus. Aber genau das war der Punkt. Irgendwie gab es ziemlich viele Parallelen zwischen David und mir. Er war in kleinen Dingen treu und deshalb setzte Gott ihn über Großes. Trotz seiner Fehler war er ein Mann nach Gottes Herzen, so wie es in Apostelgeschichte 13,22 steht. Gott wusste, wie es in meinem Herzen aussah, und beurteilte danach, auch wenn David oder ich nicht immer alles richtig machten. Da ich mittlerweile über ein halbes Jahr in Thailand war, produzierte ich für meine sendende Gemeinde ein Kurzvideo, in dem ich ein bisschen berichtete. Es war schon sehr kurz, doch meine Church fragte, ob ich es noch gekürzter aufnehmen konnte. Da ich bereits viel Zeit investiert hatte, wurde ich wütend und steigerte mich immer mehr hinein. Ich war richtig sauer auf Gott, weil er das zuließ. Je mehr ich mich aufregte, umso schlechter ging es mir. Am Abend schrieb mir mein Smallgroupleiter aus Deutschland, ob alles in Ordnung war. Der Heilige Geist war einfach toll! Ich bat um Gebet und informierte auch einige meiner Gebetspartner. Natürlich betete ich auch selbst und übernahm Verantwortung für mein Handeln, genauso wie es auch David tat. Ich war dafür selbst verantwortlich, dass ich mich da immer weiter hineinmanövrierte. Schon nach kurzer Zeit ging es mir deutlich besser und ich erkannte, dass hier gar nicht Gott dahintersteckte. Gott zeigte mir zudem Sprüche 14,29: „Wer ruhig bleibt, hat viel Verstand, doch wer aufbraust, zeigt nur seine Unvernunft." Daher produzierte ich das Video neu und gab es an Jesus ab. Dieses „Abgeben" war für mich so wichtig geworden und daher bot ich diesen „Tausch am Kreuz" auch unter den Missionaren bei einem gemeinsamen Treffen an. Die Missionarin mit dem charismatischen Background kam kurz darauf zu mir und erzählte mir, dass sie ein paar Tage zuvor den Eindruck von Gott erhielt, dass dieses „Abgeben" und „ans Licht bringen" auch unter den Missionaren sehr wichtig war. Was für eine Bestätigung von Gott! Auch das mit dem Video klärte sich nach kurzer Zeit. Es stellte sich heraus, dass meine Church das Video nur für den einen speziellen Gottesdienst gekürzt haben wollte, da nicht mehr genügend Zeit vorhanden war. Allerdings wurde entschieden, es in einer anderen Celebration ungekürzt zu zeigen. Mein Missionsteam erklärte sich sogar dazu bereit, im Anschluss für Fragen zur Verfügung zu stehen, um das Thema „Mission" auch allgemein mehr in den Fokus zu rücken. Gott hatte wieder einmal alles besser gemacht, weil ich es ihm abgab.

Die Straße

Ende Oktober hatte ich wieder einen Videocall mit der Schwester, welche so viele geistliche Bilder erhielt. In einer Vision erhielt ich den Auftrag, eine Straße unter den Anweisungen Jesu und mit Ruhe neu zu bauen, weil sie mittlerweile in die Jahre gekommen war. Danach war die Straße wunderschön und es konnten neue Häuser gebaut werden. Diese Vision hing mit Jesaja 43,19 aus der Vision der Missionarin zusammen. Jene Straße war gerade in Thailand im Bau, damit Gott neue Häuser bauen konnte. Häuser, welche auf festem Fundament standhielten, so wie es Paulus in 1. Korinther 3,14 beschrieb. Ich hatte den Eindruck, dass auch in Bangkok eine große neue Straße entstehen sollte und wir Gott dabei halfen. Eigentlich war es ja auch logisch, dass Gottes Reich nicht nur aus einem Garten bestand, sondern es dort auch Straßen und Häuser gab. Ich wollte sein Reich jedenfalls groß bauen und tat es ja auch schon in Lopburi. Gott zeigte mir auf seine humorvolle Art eine Folge von Bob, dem Baumeister, der eine Straße ausbaute. Ein paar Tage später fuhr ich mit meinem Motorroller einen Feldweg entlang, als plötzlich im Nirgendwo zwei Bauarbeiter mit einer Dampfwalze eine Straße bauten. Aber auch im inneren Reich in meinem Herzen baute Gott diese Straße weiter aus, damit sein Segen nur so fließen konnte. Je mehr ich glaubte und losließ, desto mehr konnte es fließen.

Zum Bild mit dem Garten erhielt ich ebenfalls eine starke Vision. Die Bäume waren Geschenkebäume. Die Geschenke konnte ich einfach pflücken, denn sie gehörten mir. Solche Geschenkebäume wollte ich auf der Straße pflanzen, auch wenn es nicht immer einfach war. Da nun auch Halloween war, beschäftigte ich mich ein wenig genauer damit. Dass man das Fest als Christ nicht feierte, war mir klar, aber dass es einen sehr okkulten Ursprung hatte und früher dabei sogar Kinder geopfert wurden, wusste ich nicht. Daher war der 31. Oktober. in der okkulten

Szene ein sehr wichtiger Tag. Leider erfuhr ich doch von einigen Christen, welche Halloween feierten. Ich fühlte Gottes Schmerz darüber. Als Christen mussten wir eben nicht alles mitmachen, bloß weil es trendy war oder den Menschen gefiel. Unser Leben sollte gottgefällig und nicht menschengefällig ausgerichtet sein. Nicht immer war die konservative Sichtweise schlecht. Das aus meinem Mund mal so etwas kommen würde, hätte ich noch vor ein paar Jahren nicht für möglich gehalten.

Auch wenn es mit der Sprache weiter voranging und ich schon kurze Gespräche führen konnte, kam ich mit einigen thailändischen Verhaltensweisen schwer klar. So waren die Thais im Vergleich zu den Deutschen nicht gut beim Organisieren. Ebenfalls waren viele Thais orientierungslos. Als ich bei einer Konferenz meiner Church in Bangkok ein Taxi nutzte, verfuhr sich der Taxifahrer mehrmals. Gleichzeitig fuhr er wie ein Fahranfänger, was ich des Öfteren unter den thailändischen Autofahrern wahrnahm. Leider konnte ich meine Verärgerung über den Taxifahrer nicht verbergen. Ich verstand doch noch so einiges nicht, auch warum die meisten Thais noch immer Schutzmasken trugen, obwohl es seit einem Monat gar keine Pflicht mehr war. Selbst auf der Straße sah man in Lopburi noch viele Menschen mit Masken herumlaufen. Auf Nachfragen entgegnete man mir, dass sie Angst hätten, sich mit COVID anzustecken. Viele Thais ließen sich sehr leicht von Angst beeinflussen. Auch dass man sich nicht umarmte, war für mich fremd. Es gab noch viel zu lernen und Gott sicherte mir dabei nochmal seine Unterstützung zu. Trotz der negativen Aspekte gab es auch sehr viel Positives und darauf konzentrierte ich mich. Was mir immer wieder auffiel, war die Freundlichkeit. Dadurch erlebte ich immer wieder schöne Momente.

Wurzeln

Im November gab es in Thailand wieder ein Fest. Das war nicht Ungewöhnliches, denn die Thais feierten gerne und es gab sehr viele Feiertage. Viele Feste dienten dazu, die Geister zu besänftigen. So war es auch bei Loi Krathong. Loi hieß übersetzt so viel wie schwimmen, während Krathong ein kleines Boot bezeichnete. Dabei wurden kleine Boote mit Kerzen gekauft oder auch selbst gebaut und der Wassergöttin geweiht. Dass ich an dem eigentlichen Ritual nicht teilnehmen wollte, war für mich selbstverständlich, aber wo setzte man hier eigentlich die Grenze? Auf dem Festival gab es Essensstände, Thai-Boxen oder andere Aktivitäten. Es gab Christen, die gar nicht erst auf das Fest gingen, andere nahmen nur nicht am Ritual teil und andere wiederum nahmen selbst am Ritual teil. Es war wie bei Halloween, wo der Feind einem weismachte, dass alles nur Spaß war. Für mich war klar, dass dies gefährlich war, denn durch das Teilnehmen am Ritual öffnete man falsche Türen. Außerdem war man so als Christ kein Vorbild für die Buddhisten. Die Bibel ist da unter anderem in 1. Korinther 10,14 ganz klar, wo es heißt: „Haltet euch von allem Götzendienst fern, liebe Geschwister!" Meiner Meinung nach konnte man allerdings auf das Festival gehen, denn als Missionar wollte man die Menschen auch erreichen und sich nicht abkapseln. Ich hatte den Eindruck von Gott, dies näher zu beleuchten und in unserer Kleingruppe zu thematisieren. Die meisten Menschen gingen solchen Konfrontationen aus dem Weg, doch ich wurde immer mutiger. Der Großteil in unserer Kleingruppe teilte meine Meinung, aber es gab auch Missionare, denen nicht wirklich bewusst war, dass es eine geistliche Welt gab.

Allgemein merkte ich, dass ich in vielen Bereichen weiterwuchs. Auch mein Fokus hatte sich in letzter Zeit immer mehr auf Dankbarkeit ausgerichtet. Für mich war es selbstverständlich geworden, Gott für jede vermeintliche Kleinigkeit zu danken. Dankbarkeit brachte die Wurzeln tiefer in den Boden und dadurch wurde mein Herz nachhaltig verändert. Ich setzte mich außerdem immer mehr für andere ein. In 1. Petrus 4,10 heißt es: „Gott hat jedem von euch Gaben geschenkt, mit denen ihr einander dienen könnt. Tut das als gute Verwalter der vielfältigen Gnade Gottes!" Man erntete das, was man sähte. Die Wurzeln sollten auch bei meinen Geschwistern tiefer wachsen. Genauso mussten die Wurzeln vom Unkraut befreit werden, sonst wuchs es immer wieder neu. Das lebendige Wasser von Jesus war eigentlich auch ein Unkrautvernichtungsmittel. Die Erde musste lockerer sein, damit die Wurzeln Gottes tiefer wachsen und seine Kraft fließen konnte. Es war die Erde, welche die Frucht von selbst hervorbrachte, so wie es auch in Markus 4,28 steht. Alles, was im Physischen existierte, war irgendwann einmal in der Erde. Es brauchte tiefe Wurzeln, weil sonst alles vertrocknete, so wie es Jesus auch in Markus 4,6 beschreibt. Je tiefer ich Wurzeln im Glauben schlug, umso mehr veränderte ich mich. Das, was ich bereits im geistlichen Unsichtbaren besaß, wurde im physischen Bereich sichtbar. Dieser Prozess dauerte, so wie es Zeit brauchte, bis aus dem Samen etwas wuchs. Der Samen war Gottes Wort und dieser musste in das Herz eindringen. Genauso wie bei mir wollte ich den richtigen Samen bei den Buddhisten sähen. In meinem Fitnessstudio lernte ich zwei weitere Thailänder kennen, denen ich von Jesus erzählen konnte. Auch da erlebte ich erneut Gottes Wirken. Vor vielen Jahren hatte der eine Thai eine Missionarin in der U-Bahn in Bangkok getroffen, die ihm bereits von Jesus erzählt hatte. Viel wusste er allerdings nicht. Ich spürte allerdings ein gewisses Interesse und konnte ihm die Bibel erklären. Das war auch für mich ein Training, zumal ich es das erste Mal auf Englisch tat. Auf Thailändisch konnte ich es noch nicht.

Siegerblut

Unterdessen ließ ich mich viel zu oft von TikTok ablenken. Auf der einen Seite wollte ich damit Gottes Reich bauen, auf der anderen Seite aber nicht so viel Zeit damit verbringen. Das Gefährliche war auch, dass ich selbst bei Facebook, Instagram oder TikTok nicht schlecht dastehen wollte. Die Anerkennung sollte allerdings nicht ich, sondern allein Gott erhalten. Daher bat ich ihn, mir die Grenze aufzuzeigen. Durch das Posten von christlichem Content streute ich jedenfalls Samen aus. Einige Missionare waren der Ansicht, dass dies nicht effektiv genug war, da man eine Beziehung aufbauen musste. Das war natürlich wichtig, doch erzeugte der Heilige Geist die Frucht und ich wollte darauf vertrauen, dass er Großes wachsen ließ. Er hatte so viele Möglichkeiten und es lag definitiv nicht an uns Missionaren. Aber auch so wollte ich größer denken. Eines Nachts sagte Gott mir, dass ich mich nicht kleiner machen sollte, als ich sei. In Markus 4,24 heißt es: „Nach dem Maß, mit dem ihr messt, wird euch zugeteilt werden, und ihr werdet noch mehr bekommen." Es gab einfach keine Limitierungen im Reich Gottes. Ich proklamierte zwar jeden Tag, dass ich bereits perfekt Thai sprechen konnte, aber in Gesprächen mit Thailändern sagte ich zu Beginn, dass ich nur ein bisschen Thai sprechen konnte. Ich wollte es ab sofort positiv formulieren. Jedenfalls wurde mir klar, dass ich mehr Raum für Gott schaffen wollte. Ich bremste mich sonst nur selbst aus. In Kolosser 3,16 heißt es: „Gebt dem Wort des Christus viel Raum in euch und lasst es so seinen ganzen Reichtum entfalten!"

Durch Bibellesen gab ich Gott noch mehr Raum. Da ich manchmal aber einfach nicht wusste, was ich lesen sollte, ließ ich den Heiligen Geist entscheiden. Dazu schlug ich die Bibel mit geschlossenen Augen auf und blieb mit dem Finger dort stehen, wohin der Heilige Geist mich leitete. Es war spannend, wie passend die Bibelstellen waren. Immer öfter wies er mich dabei auch auf die Kraft des Blutes Jesu hin. Sein Blut bedeutete „Leben", so wie es in 3. Mose 17,11 heißt. Damit war Power verbunden. Und das spürte ich, als ich mich eines Tages sehr müde und ausgelaugt fühlte. Dankbarerweise kam dies sehr selten vor. Als ich proklamierte, dass das Siegerblut von Jesus meine Adern durchfließen würde, spürte ich nur fünf Minuten später einen kompletten Schub. Im Blut von Jesus steckte jedenfalls noch mehr. Es hatte mich nicht nur von Sünden reingewaschen, sondern auch von Krankheiten und allem Bösen. Das Blut hatte mich komplett gereinigt (Hebräer 9,14) und mich aus der Sklaverei befreit. Durch sein Blut sind wir markiert, sodass es die geistliche Welt sieht. Es ist so rein wie Schnee und einfach kostbar. In Hebräer 10,22 heißt es: „Unser Herz wurde ja mit dem Blut von Christus besprengt und so unser Gewissen entlastet und der Leib mit reinem Wasser gewaschen." Als Christen hatten wir eine neue DNA erhalten, durch welche wir Halt bekamen. Gott zeigte mir dazu eines Nachts ein Bild. Es war eigentlich nicht das Bild, auf das ich so lange gewartet hatte, aber irgendwie konnte ich mir es sehr real vorstellen. Ich sah jedenfalls Gitter, welche man beim Fundamentbau verwendete. Dieser Halt kam allein durch ihn. Er war mein Fels in mir, auf dem ich sicher stand. Gott sagte mir noch, dass diese Superkraft alles in den Schatten stellen würde und ich mich komplett darauf verlassen sollte.

In den Folgetagen zeigte mir Gott beim Bibellesen mehrmals hintereinander Römer 6,8: „Wenn wir nun mit Christus gestorben sind, vertrauen wir darauf, dass wir auch mit ihm leben werden." Jetzt verstand ich auch Römer 8,11 besser, wo es heißt, dass sein Geist meinen sterblichen Körper Leben gibt. Nun stand also das Thema „Identität" wieder auf Gottes Lehrplan und das war wichtig. Diese griff der Feind nämlich als Erstes an. Es war spannend, da ich immer mehr verstand, dass ich nicht mehr unter dem Einfluss meiner Natur stand, sondern unter dem Einfluss des Geistes, genauso wie es in Römer 8,9 steht. In Galater 2,20 heißt es: „Ich bin mit Christus gekreuzigt. Jetzt lebe nicht mehr ich, sondern Christus lebt in mir. Und das Leben, das ich jetzt noch in meinem sterblichen Körper führe, das lebe ich im Glauben an den Sohn Gottes, der mich geliebt und sich selbst für mich geopfert hat." Gott sah die Kraft in mir, weil er Jesus in mir sah. Erst jetzt verstand ich richtig, dass nicht nur er in mir lebte, sondern auch ich in ihm. In Epheser 2,6 heißt es dazu: „Er hat uns mit Jesus Christus auferweckt und uns mit ihm einen Platz in der Himmelswelt gegeben." Daher war ich auch als König eingesetzt. Er regierte durch mich und aus dieser Position heraus sollte ich handeln. Mit dem königlichen Blut konnte ich die Haltung eines Siegers einnehmen. Es wurde immer verständlicher, dass der Lehrplan eines jeden Christen aus der Erneuerung unserer Sinne bestand. Das ist es, was Paulus auch in Epheser 4,23 sagt: „Ihr dagegen werdet im Geist und im Denken erneuert." Andrew Wommack sagte dazu, dass, solange wir das nicht erkannten und im Glauben danach handelten, der Teufel uns weiter unterdrücken würde. Genau das konnte ich mittlerweile aus Erfahrungswerten bestätigen. Die meisten Christen hielten diesen Prozess nicht durch und gaben vorzeitig auf. Es war wie beim Volk Israel, welches unterdrückt wurde und bei dem es vierzig Jahre dauerte, bis es vollständige Freiheit erfuhr. Beim Durchlesen der Zusagen Gottes wies mich der Heilige Geist auf den Song „Shooting Star" von Boyzone hin, den ich einmal als Prophetie erhalten hatte. Erst jetzt las ich mir die Lyrics durch und blieb bei den folgenden Zeilen hängen: „Wenn wir beide lange genug durchhalten, sind wir beide stark genug." Weil ich Gottes durchdachten Plan immer besser verstand, handelte ich immer mehr danach. Dadurch erlebte ich auch die grenzenlose Freiheit Gottes intensiver. Durch das Proklamieren wurde der Prozess definitiv beschleunigt. Mittlerweile war es für mich sogar zur Gewohnheit geworden, jeden Morgen eine DIN-A4-Seite mit ausgewählten Bibelversen über mich zu proklamieren.

Die richtige Balance

Meine Perspektive hatte sich in letzter Zeit nochmal stark verändert und dafür hatte ich gebetet. Gott zeigte mir, alles so zu sehen, wie er es sah. Darüber war ich sehr dankbar, aber das auch anderen zu vermitteln, war eine größere Challenge als ich dachte. Viele Christen nahmen noch die menschliche Perspektive ein. Daher ging es auch so vielen meiner Missionarskollegen beim Sprachtraining nicht gut. Eine der größten Herausforderungen für mich war das „Sünderthema", denn immer wieder hörte ich den Satz „Wir sind Sünder". Jener Satz hatte sich bereits stärker ins Christentum eingeschlichen, als ich dachte. Doch mit dieser Einstellung klagten die Christen sich selbst an und konnten in der Autorität nicht wachsen. Genau das wollte der Teufel mit aller Macht verhindern. So legten sie sich selbst Ketten an, auch indem viele sagten, sie hätten Gottes Gnade nicht verdient. Welcher liebende Vater würde seinem Kind denn so etwas sagen? Mit einer derartigen Aussage konnte man Gottes Liebe ja gar nicht vollständig in Anspruch nehmen. In Epheser 2,8 heißt es: „Denn aus Gnade seid ihr gerettet worden durch Glauben. Dazu habt ihr selbst nichts getan, es ist Gottes Geschenk." Doch selbst für manche Geschwister, welche das verstanden, war es schwer, dieses Geschenk anzunehmen. Teilweise lagen die Gründe auch in Erlebnissen aus der Vergangenheit. Andrew Wommack sagte dazu, dass religiöse Knechtschaft die Menschen für die Wahrheit noch mehr als die Sünde blind machte. In Johannes 8,44 heißt es: „Er (Satan) ist der Lügner schlechthin und der Vater jeder Lüge." Mir lag es immer mehr am Herzen, dass meine Geschwister in kompletter Freiheit lebten. Passend dazu teilte mir mein ehemaliger Smallgroupleiter ein geistliches Bild mit, in dem ich mit einer Heckenschere Ketten löste. Jedoch merkte ich, dass ich mit meiner deutschen Art manchmal zu sehr vorpreschte. Wichtig war, dass ich alles mit Liebe und Geduld vermittelte. In Johannes 15,17 gibt uns Jesus sogar einen Befehl:

„Ich befehle euch, einander zu lieben!" Wenn Christen untereinander kämpften, freute sich nur der Teufel. Leider passierte das sehr oft und gerade in den sozialen Medien nahm dies in Form von Hasskommentaren zu. Bei TikTok hatte ich mittlerweile einige Videos gepostet, aber noch keinen Hate erhalten. Doch ich wusste, dass dies irgendwann passieren würde. Wenn man die Wahrheit verkündigte, musste man mit Gegenwind rechnen. Gott sprach mir nochmal Mut zu, durchzuhalten und weiter die Wahrheit zu vermitteln. Auch durch meinen Leseplan wurde ich ermutigt, denn da las ich gerade von Paulus, der damals sehr viel Gegenwind erhielt. Als ich Gott eines Tages nach seinem absoluten Lieblingsvers fragte, antwortete er mit Johannes 3,16: „Denn Gott hat die Menschen so sehr geliebt, dass er seinen einzigen Sohn für sie hergab. Jeder, der an ihn glaubt, wird nicht zugrunde gehen, sondern das ewige Leben haben." Und das passte gut in die Zeit kurz vor Weihnachten. Ich verstand Gott total, da es auch mein Wunsch war. Für meine nichtchristlichen Freunde und Bekannten tat ich weiter alles Mögliche. So versendete ich an Weihnachten beispielsweise wieder Weihnachtskarten. Als Weihnachtstipp konnte ich erneut auf „The Chosen" hinweisen, wo es inzwischen die dritte Staffel gab. Auch auf Netflix und PrimeVideo wurde es mittlerweile ausgestrahlt, was einfach toll war. Ein Freund schrieb mir bereits, dass er angefangen hatte, „The Chosen" zu schauen. Ich hätte am liebsten schon jetzt auch unter den Thais viel mehr getan, aber dazu fehlten mir noch die Sprachkenntnisse. Noch so manches Mal frustrierte mich dies, gerade weil ich meine Identität immer mehr verstand. Doch Gott hatte seinen eigenen Weg, den Samen tiefer in mein Herz zu pflanzen. Auf Instagram zeigte er mir ein Bild mit einem Spiegel. Darunter stand, dass man sich selbst in Christus sehen sollte. Aber Gott ließ mich auch praktisch weiter üben. Als ein anderer Missionar von seit längerem andauernden dämonischen Albträumen berichtete, beteten einige andere Missionare und ich für ihn. Ich betete dabei in der Autorität von Jesus. Der Missionar hatte daraufhin nie wieder Albträume. Hallelujah, Gott ist groß!

Der Auftrag

In einem Videotelefonat mit OMF Deutschland wurde mir bewusst, wie selbstverständlich die lebendige Beziehung mit Gott für mich bereits war. Diese half mir auch an Weihnachten sehr. Natürlich wäre ich gerne bei meiner Familie gewesen, aber ich fühlte mich absolut nicht einsam. Wie geplant fuhr ich über Weihnachten nach Bangkok und traf dort das Ehepaar meines Missionsteams. Wie beauftragt gingen wir auch in den Tempel und den Königspalast, ohne wirklich zu wissen, was in der geistlichen Welt passierte. Die vorhergesagte Dämonenaustreibung erlebten wir jedoch nicht, doch war es wirklich so? Denn zumindest nahmen wir es nicht wahr und anfangs war ich darüber ein wenig enttäuscht. Jedoch beteten wir zusammen in der Autorität Jesu für ein Familienmitglied des Ehepaars, welches sich spirituellen Kräften hingegeben hatte und dadurch den Familienfrieden immer wieder störte. Und genau das war es, was Gott wollte, denn seine Wege waren nicht immer die, welche wir vorhatten. Oftmals limitierten wir Gott leider darin. Dass Heilung aus der Ferne möglich war, hatte ich schon öfter erlebt, daher erschien mir auch dies möglich. In Gottes Reich gab es einfach keine Entfernungen. Auch Jesus heilte damals den Diener des Hauptmannes in Lukas 7 aus Entfernung. Doch damals war das eher die Ausnahme, weil man nicht mal eben nachfragen konnte, wie es jemanden ging, der weit weg lebte. Zweitausend Jahre später waren die Gegebenheiten jedoch anders. Vielleicht meinte Jesus auch das in Johannes 14,12, als er sagte: „Wer mir vertraut und glaubt, wird auch solche Dinge tun, ja sogar noch größere Taten vollbringen." Begrenzten wir Gott darin, wirklich immer vor Ort sein zu müssen? An Heiligabend besuchten wir eine internationale Church in Bangkok und feierten den Geburtstag von Jesus. Doch wenn wir wirklich verstanden, was er getan hatte, mussten wir ihn eigentlich dreihundertfünfundsechzig Tage im Jahr feiern. Er war einfach das größte Geschenk.

Überzeugt sein

Im Anschluss fuhr ich für ein paar Tage in die Berge vier Stunden nördlich von Lopburi. Die Region Phetchabun wird auch als die Schweiz Thailands bezeichnet. Da die Strecke ziemlich weit war, fuhr ich das erste Mal mit dem Pick-up Truck, welchen mir das Missionarsehepaar überließ, in dessen Haus ich wohnte. Da ich mitten im Zentrum von Lopburi lebte, war die Einfahrt fast immer zugeparkt. Neben dem Linksverkehr war auch dies ein Grund, warum ich bisher eher den Motorroller bevorzugte. Als ich losfuhr, betete und glaubte ich fest, dass die Einfahrt frei sein würde, und genau in dem Moment, als ich startete, fuhr ein Auto weg. Mein Glaube war tatsächlich nochmal gewachsen, was ein Verdienst des Heiligen Geistes war. Als ich in den Bergen an einem Wasserfall einen Stopp machte, zeigte er mir, dass ich den Glauben im Überfluss nutzen konnte, um seinen Segen im vollen Umfang als Geschenk in Anspruch zu nehmen. Dieser strömte aufgrund seiner Gnade ebenso über, und er hörte nie auf zu fließen. Der Wasserfall hatte verschiedene Stufen, doch überall floss er. Er entfaltete sich immer mehr. Auch beim Teaching von Gott gab es verschiedene Stufen, die ich meistern musste, doch sein Segen floss stets weiter und sogar über. Als ich den berühmten Bibelvers über den Glauben in Hebräer 11,1 las, verstand ich nochmal mehr, dass die Überzeugung wichtig war. Eigentlich war der Glaube selbstverständlich, denn ich musste mir nur vorstellen und verwirklichen, dass ich durch den Sieg Jesu schon alles erhalten hatte. In 1. Johannes 5,4 heißt es: „Denn jeder, der aus Gott geboren ist, überwindet die Welt. Und der Sieg, der die Welt schon überwunden hat, ist unser Glaube." Die Überzeugung war nochmal eine Steigerung, mit der man sicher war, dass etwas passierte. In den Bergen hatte ich ein richtig schönes Appartement mit tollem Blick auf die Berge. Die Landschaft Thailands war echt vielfältig und schön, vor allem wenn man sie aus der Perspektive Gottes betrachtete. Genau da knüpfte Gott an sein Teaching in meinem letzten Urlaub am Strand an. Ich sollte mir sein Reich nicht nur mit geschlossenen, sondern mit offenen Augen vorstellen. Vielleicht war das auch der Grund, warum ich im geistlichen Sehen nicht so weiterkam, wie ich es gerne wollte. Eventuell begrenzte ich Gott noch dahingehend, dass ich immer meine Augen schloss, um mir etwas vorzustellen. Wenn ich so zurückblickte, zeigte er mir schon Dinge und das fast immer mit geöffneten Augen, in sogenannten offenen Visionen. Es waren die guten Dinge, die ich rausfiltern sollte und für die mich der Heilige Geist sensibel machte. Laut Philipper 3,20 sind wir Christen Himmelsbürger, also konnte ich mir auch vorstellen, dass ich nicht hierhergehörte und mich stattdessen geistlich in Gottes Reich bewege. Gottes Ziel war es, sein Reich auf der Erde komplett aufzurichten. Genau darum ging es auch im Buch „Das Heer der Morgenröte" von Rick Joyner, welches ich zu Weihnachten von meinem befreundeten Ehepaar erhielt. Sie hatten sich bei der Auswahl vom Heiligen Geist leiten lassen. Das Buch baute auf die von mir bereits zuvor gelesenen Bücher von Rick Joyner auf und beschrieb die Vorbereitungen zum letzten Kampf, um den Weg für den Herrn und sein kommendes Reich vorzubereiten. Für diese Schlacht hatte Gott Ausgewählte berufen. Der Auftrag lautete, die Gefangenen zu befreien und Leben zu schenken. Immer wieder ging es in dem Buch darum, sich auf das Geistliche zu konzentrieren, da nur dies Bestand hatte. Außerdem brauchte es eine Strategie für die Zeit nach dem Durchbruch, da man sonst alles wieder verlieren konnte. Das waren genau die Sachen, in welche mich Gott step by step hineinführte.

Als ich abends in meinem Hotel auf dem Balkon saß und in die Sterne schaute, nahm ich zum ersten Mal richtig wahr, wie viele es eigentlich waren und dass diese funkelten. Mir kam wieder das Lied „Weißt du, wie viel Sternlein stehen" in den Sinn. Nur Gott wusste es, aber es gab viel mehr als wir uns vorstellen konnten. Laut Psalm 147,4 hat er die Sterne alle gezählt und nennt sie alle mit Namen. Als ich mir den Halbmond genau anschaute, sah ich, dass er trotzdem rundherum strahlte. So war es auch bei uns Christen: Auch wenn wir nicht immer alles mit unseren physischen Augen sahen, so strahlte Jesus doch immer durch uns durch und konnte die Atmosphäre verändern, so wie im Tempel in Bangkok.

Am nächsten Tag sah ich bei Instagram einen Post von Johannes Hartl, der den Dichter Matthias Claudius zitierte: „Seht ihr den Mond dort stehen? – Er ist nur halb zu sehen und ist doch rund und schön! So sind wohl manche Sachen, die wir getrost belachen, weil unsere Augen sie nicht sehn." So war es auch mit meinem Motorroller, dessen Reifen ich ein paar Monate zuvor mit der Kraft des Heiligen Geistes salbte, damit ich Spuren hinterließ, ohne dass ich etwas tat. Als ich Gott danach fragte, zeigte er mir in der Ferne eine Straße aus Lichtern. Es waren einige Lichter von Häusern zu sehen, aber wenn man genau hinschaute, konnte man eine Kette aus Lichtern entdecken. Wenn ich mit dem Motorrad in dunklen Gebieten unterwegs war, hinterließ ich solche hellen Flecken. Thailand war mit ein Prozent Christen ja allgemein noch ein dunkler Ort. Umso erstaunter war ich, als ich mit einem anderen Gast in meinem Hotel ins Gespräch kam und es sich herausstellte, dass auch sie eine Thai-Christin war. In der Region, in welcher ich mich befand, entstand ein paar Jahre zuvor eine Bewegung thailändischer Christen. Diese wandten eine etwas andere Strategie an und es hatte den Anschein, als ob genau das erfolgreich war. Sie zogen von Dorf zu Dorf und ließen sich vom Heiligen Geist zu den Einheimischen leiten, welche offen für das Evangelium waren. Da die Thais aus deren Erfahrungen mit der Dreieinigkeit drei verschiedene Götter interpretierten, wiesen sie am Anfang nur auf Jesus hin und hoben dabei die lebendige Beziehung hervor. Außerdem erzählten sie Nichtchristen ihr persönliches Zeugnis in einer Kurzfassung. Allerdings tauften sie nur auf den Namen Jesu und sie verboten den Neuchristen auch nicht, vorerst weiter in den Tempel zu gehen. Auch wenn mir das Konzept gefiel, hatte ich bei den letzten beiden Dingen Bauchschmerzen. In Matthäus 28,19 heißt es: „(...) Dabei sollt ihr sie auf den Namen des Vaters, des Sohnes und des Heiligen Geistes taufen." Zu dem zweiten Thema sagte mir Gott, dass, wenn die Neuchristen wirklich nicht gleich vom Tempelbesuch ablassen konnten, sie dann dort bekennen sollten, dass sie jetzt zu Jesus gehörten und er über allem stand. Dass Jesus jetzt durch seinen Geist in ihnen lebte und sie dadurch seine Kraft hatten, mussten sie definitiv wissen, auch wenn nicht gleich beim ersten Treffen. Irgendwie erinnerte mich das Ganze auch an meine Kindheit, als ich nur mit Jesus aufwuchs, ich jedoch sofort nach meiner Umkehr lernte, dass Gott als Dreieinigkeit regierte. Der Heilige Geist gehörte einfach zu Gott dazu. Mich freute jedoch sehr, dass durch die Bewegung immer mehr Thais zum Glauben kamen.

Positiv ins neue Jahr

An Silvester wollten wir uns eigentlich in der Sprachschule zum Grillen treffen und gemeinsam ins neue Jahr starten. Da ich jedoch erkältet war, machte ich vorsichtshalber einen COVID-Test und der fiel positiv aus. Positiver hätte ich also nicht ins Jahr 2023 starten können! :-D Ich nahm es gelassen, da ich so mit Jesus feiern konnte und eine Zeit in seiner Gegenwart konnte einfach nichts toppen. Obwohl es mir gutging, musste ich trotzdem für fünf Tage in Quarantäne bleiben und war dankbar, dass andere Missionare mich versorgten. Auch wenn das Testergebnis positiv war, akzeptierte ich nicht, dass ich COVID hatte und proklamierte vollständige Gesundheit über mich. Wie während meiner ersten COVID-Erkrankung zeigte mir Gott erneut 2. Korinther 12,3, wo es heißt, dass seine Kraft gerade in den Schwachen mächtig ist. Doch jetzt verstand ich den Vers viel besser, denn es hieß gar nicht, dass man wirklich schwach war. Ich musste nur im Fleisch schwach sein und mich vom Heiligen Geist bestimmen lassen und dadurch seine Kraft in Anspruch nehmen. Das war dieses „Loslassen", damit der Heilige Geist von innen nach außen ins Sichtbare oder auch Fleischliche richtig wirken konnte. Dies brachte auch nochmal Licht in die Balance zwischen Autorität und Demut. In Römer 8,5 heißt es: „Denn alle, die von ihrem natürlichen Sinn bestimmt werden, sind auf das bedacht, was ihre eigene Natur will. Wer sich aber vom Geist ‹Gottes› bestimmen lässt, ist auf das ausgerichtet, was der Geist will." Diese Natur wurde bereits von Jesus durch seinen Geist zu hundert Prozent übernommen und das wollte ich mir noch deutlicher vorstellen. Ich war überzeugt, dass dies verwirklicht war, denn es war ein göttliches Gesetz. In Römer 8,4 steht dazu: „Damit kann jetzt die Rechtsforderung des göttlichen Gesetzes in uns erfüllt werden, und zwar dadurch, dass wir uns nicht mehr von unserer Natur, sondern vom Geist ‹Gottes› bestimmen lassen." Weiter heißt es in Römer 8,22: „Denn das Gesetz des Geistes, das dich mit Jesus Christus zum Leben führt, hat dich von dem Gesetz befreit, das nur Sünde und Tod bringt." Mein Körper stand unter einem komplett neuen Einfluss. Durch Jesus hatte mein Vater mich geheilt und wiederhergestellt, wie er mich ursprünglich geschaffen hatte. Ich verstand immer mehr, dass nicht ich die Krone trug, sondern Jesus durch mich. Weil er in mir lebte, war es wichtig, komplett aufzugeben. Meine Wirbelsäule war seine, genauso wie meine Ohren oder Hände. Auch kämpfte er durch mich. Mein himmlischer Vater liebte mich genauso wie seinen geliebten Sohn Jesus, weil dieser in mir lebte. Er sah mich identisch und so musste auch ich mich sehen. All das tat ich ja, aber Gott wollte noch tiefer gehen, damit ich alles richtig verstand und auch sicher weitergeben konnte. Passend dazu erhielt ich eine geistliche Vision meines ehemaligen Smallgroupleiters, indem er einen Tresor voller Goldbarren sah, welche mir gehörten. Ich war reich und würde immer mehr Erkenntnisse über Gottes Reich erhalten, welche ich zu jederzeit weitergeben konnte. Es war einfach so wertvoll, dass ich trotz der Entfernung weiter guten Kontakt zu meinem Missionsteam pflegte. Ich schaute jedenfalls auch abgesehen von dem Testergebnis sehr positiv auf das neue Jahr.

Körper, Seele, Geist

Da mein ehemaliger Smallgroupleiter krank war, betete ich für ihn, doch als es nicht besser wurde, war ich frustriert. Im Gespräch mit Gott erklärte dieser mir, dass es manchmal Hindernisse gibt, welche erst überwunden werden müssten. Deswegen wirkten manche Gebete auch unterschiedlich schnell. In Daniel 10 begegnet Daniel einem Engel, der ihm sagt: „Denn vom ersten Tag an, als du dich vor deinem Gott beugtest, um seinen Plan zu verstehen, hat er dein Gebet erhört. Und wegen deiner Worte bin ich gekommen. Aber der Engelfürst von Persien hat sich mir einundzwanzig Tage lang entgegengestellt. Da kam Michael, einer der höchsten Engelfürsten, mir zu Hilfe, so dass ich beim Kampf um Persien entbehrlich wurde." Diese Mauern bauten wir uns auch teilweise durch unsere Sünden auf. Wir schadeten uns also nur selbst und das erlebte ich schon des Öfteren. Daher war der Gehorsam so wichtig, doch genau da griff der Feind immer wieder an und leider hielt ich eines Abends nicht mehr stand. Mit einem Trick leitete er mich auf ein erotisches Bild und ich ließ mich zu weiterem verleiten. Auch wenn ich nicht happy darüber war, kam ich so schnell wieder nach oben wie noch nie. Durch diesen „kurzen" Rückfall konnte ich beim „Sünderthema" noch feinfühliger sein und verstand Gottes Gerechtigkeit besser. Laut Römer 5,17 hatte ich nicht nur Gottes Gnade, sondern auch seine Gerechtigkeit in reichem Maß empfangen. Passend dazu ging es auch gerade bei Episode Sechs der dritten Staffel von „The Chosen", welche ich mir am nächsten Tag anschaute. Durch eine weitere Onlinepredigt entdeckte ich sogar eine Verbindung zur Heilung. In Markus 2,5 heißt es: „Als Jesus ihren Glauben sah, sagte er zu dem Gelähmten: ‚Mein Sohn, deine Sünden sind dir vergeben.'" Der Gelähmte musste also erst sicher sein, dass seine Sünden vergeben waren. Die Heilung gab Jesus einfach gratis dazu. Zuerst ging er jedoch an die Wurzel. Heilung war jedenfalls ein Gnadengeschenk und ein „Nebenprodukt" der Sündenvergebung. Jesus war genauso dafür gestorben und ich musste es easy halten. Es ging also weiter im Unterrichtsfach „Heilung". Gott gebrauchte dabei wieder das Bild des Gartens in meinem Herzen, wo unter anderem auch Heilungspflanzen wuchsen. Ich konnte mir diese auch in meinem Körper vorstellen. Mein Gehirn musste wie bei einem Computer genau darauf programmiert werden. Da ich genau darüber mehr erfahren wollte, las ich das Buch „Körper, Seele, Geist" von Andrew Wommack. Ich hatte bereits mehrmals das passende Video darüber angeschaut, aber das war mir irgendwie nicht genug. Meine Seele sollte nicht mehr mit der Welt, sondern mit dem Geist Gottes übereinstimmen. Dann würde sich Gottes Kraft richtig manifestieren. Es war wie eine Straße der Manifestation und diese schlängelte sich von innen nach außen. In 1. Korinther 6,17 heißt es: „Wer sich aber mit dem Herrn vereint, ist ein Geist mit ihm." Für mich war jedenfalls klar, meinem ehemaligen Smallgroupleiter und anderen Personen von der Heilungspflanze abzugeben. Dabei spürte ich Gottes Freude stark. Nur eine Stunde später teilte er mir mit, dass es ihm besser gehen würde. Letztendlich wusste ich aber, dass mein himmlischer Papa auch mir diese Frucht der Heilungspflanze nicht verwehren würde. Er ließ auch meine Wünsche wie Pflanzen wachsen. In meinem Wohnzimmer gingen die Pflanzen unterdessen schon zum dritten Mal ein, da dort kein Tageslicht vorhanden war. Doch in meinem Herzen leuchtete der Heilige Geist stark und die Wurzeln der Geschenkebäume wuchsen immer tiefer. Trotzdem war Geduld wichtig, denn es dauerte, bis die Wurzel tiefer wuchs. Es war wie bei den Bamboo-Pflanzen, welche es auch in Thailand gab. Diese brauchten drei Jahre, bis sie richtig schnell wuchsen. Jesus sagte bereits „Ja". Als die Braut Jesu sagte ich ebenso „Ja" und stimmte mit ihm überein. Eigentlich dachte ich immer, dass die ganze Gemeinde die Braut Christi sei, aber Gott zeigte mir, dass es auch die individuellen Christen betraf. Erst jetzt fiel mir ein wichtiges Detail in Epheser 3,20 auf, welches im Englischen kraftvoller erschien. Denn da stand nicht nur, dass Gott unendlich viel mehr tun konnte, sondern dort stand explizit: „Gemäß der Kraft, die in uns wirkt." Gerade der letzte Teil wurde oft weggelassen, aber genau dieser war so wichtig. In mir lebte das „Ja" zu allen Zusagen Gottes (2. Korinther 1,20). Ich musste den Glauben dafür freisetzen, wofür es keinen Beweis im Physischen gab. Denselben Glauben, den Jesus hatte, weil er in mir lebte. In Johannes 10,10 heißt es, dass Jesus gekommen ist, um uns Leben zu geben und alles reichlich dazu. Das Kreuz war ein Baum des Lebens. Als ich als Kind damals mit meinen Eltern in die Gemeinde ging, gab es einen Pastor, der immer wieder die Worte „Es ist vollbracht" von Jesus am Kreuz predigte. Damals konnte ich es irgendwann nicht mehr hören, doch jetzt wurde mir bewusst, dass noch viel mehr dahintersteckte. Im Englischen kam es in Johannes 19,30 mit „It's finished" sogar noch stärker zur Geltung. Dieser Jesus war jetzt immer als Geist in mir anwesend und hatte den Nährboden so perfekt gemacht, dass gar kein Unkraut mehr wuchs. Ich wollte mir noch mehr vorstellen, dass es gar kein Unkraut mehr gab, denn alles war bereits eingenommen. Ich merkte, wie die Wurzeln tiefer schlugen und ich es immer besser verstand. Es war interessant, wie oft Gott Bilder nutzte. Nicht umsonst redete Jesus damals immer in Gleichnissen, denn so konnte man sich alles noch viel besser vorstellen.

Mein Prozessor

In Thailand blühte es mittlerweile überall, es war Frühling. Genauso war es im Reich Gottes, äußerlich und innerlich. Es war mit meinem Körper identisch. Die Pflanzen waren schon da und es blühte. Passend dazu zeigte mir Gott Psalm 92,13, wo von einer immergrünen Palme die Rede ist. Es war sozusagen göttlicher Frühling und dieser dauerte immer an. Ich konnte die Früchte zu jeder Zeit pflücken. Dieses wollte ich auch im Sichtbaren erleben und mit meinem Herzen glauben. Das Herz war entscheidend und deshalb ging Gott dort auch noch tiefer. Andrew Wommack hatte dazu eine Lehrreihe publiziert und so schaute ich mir jeden Tag eine Folge davon an. Gleich am Anfang zitierte er eine Bibelstelle aus Markus 8,17. Dort sagt Jesus zu seinen Jüngern: „Versteht ihr denn gar nichts? Sind eure Herzen so hart und unempfänglich?" Unser verhärtetes Herz war das Problem, warum wir nicht richtig glaubten. Dieses war das Zentrum unseres Lebens. Es war wie ein Prozessor oder laut Reinhard Hirtler auch die Schaltzentrale. Auch er hatte gute Gedanken dazu. Mit dem Herz entschieden wir uns, ob wir etwas taten, was das Herz negativ oder positiv beeinflusste. Es sendete als Prozessor die Informationen an das Gehirn, den Computer. Gott erinnerte mich in diesem Zusammenhang an den unbegrenzten Arbeitsspeicher, den „Holy RAM". Der Heilige Geist leuchtete mein ganzes Herz aus und darüber strahlte er durch meinen Körper. In 2. Korinther 4,6 heißt es: „Denn Gott, der einst dem Licht befahl, aus der Finsternis aufzuleuchten, hat es auch in unserem Herzen aufleuchten lassen, sodass wir die strahlende Herrlichkeit Gottes in Jesus Christus erkennen." Genau diese Herrlichkeit wollte ich mit meinem Herzen sehen. Aber dazu musste es weich sein. Ich stellte mir vor, dass das lebendige Wasser neben dem Unkrautvernichtungsmittel auch gleichzeitig ein Weichspüler war, welches Gott wie mit einem Hochdruckreiniger durch meinen Körper spülte. Mir kam auch die Zusage Gottes wieder in den Sinn, dass ich ein Herz aus Gold hätte. Passend dazu zeigte Gott mir einen Traum, in dem ich Gold schlürfte. Ich wusste, dass es vorhanden war und glaubte daran. Gleich darauf träumte ich erneut, dass ich mich auf das konzentrieren sollte, was ich nicht mit meinen physischen Augen sah. Jesus forderte den Gelähmten in Markus 2,9 auch auf, einfach aufzustehen. Ebenso musste ich Schritte im Glauben gehen und mir auch Krankheiten, Unwissen und Ähnliches außerhalb von mir vorstellen. Es gehörte einfach gar nicht mehr zu mir, da die Ketten durch Jesus schon gesprengt waren. Lustigerweise erinnerte mich Jesus an das Lied „Major Tom" von Peter Schilling mit dem Untertitel „Völlig losgelöst". ☺ Er hatte als Lehrer immer wieder die besten Methoden. In der Sprachschule lernte ich gerade alles zum thailändischen Essen. Auch dieses verknüpfte er mit dem geistlichen Lehrplan, indem er sagte, dass ich beim Essen auch die Knochen zur Seite legte. Sie waren Abfall und so war es auch bei den Krankheiten. Gott hatte alles bereits aussortiert. Aber auch auf Hebräer 4,12 wies er mich hin, wo es heißt, dass das Wort Gottes das Seelische vom Geistlichen trennt. Eigentlich hatte das Lebendige das Tödliche rausgedrängt. Weiter heißt es dort, dass es die geheimen Wünsche und Gedanken unseres Herzens beurteilt. Ich war Gott sehr dankbar, dass er mir so viel zeigte. Es war allerdings nicht einfach, dies alles praktisch umzusetzen. Eines Abends war ich darüber frustriert und fragte Gott, ob er mir einen Bibelvers zeigen konnte. Als ich die Bibel wahllos aufschlug, stieß ich auf Markus 1,9, den ich bereits kannte: „Du bist mein geliebter Sohn. An dir habe ich meine Freude!" Gott wusste einfach, wie er mir ermutigen konnte. Wenn meine Gedanken mich erschlugen, konnte ich einfach mit der Bibel zurückschlagen. Egal was im Physischen schieflief, so konnte ich darüber hinaus auf das Geistliche schauen und mich auf Jesus konzentrieren. Ich war kein Sklave des Natürlichen mehr. In Römer 8,15 heißt es: „Der Geist, den ihr empfangen habt, macht euch ja nicht wieder zu Sklaven, sodass ihr wie früher in Furcht leben müsstet. Nein, ihr habt den Geist empfangen, der euch zu Kindern Gottes macht, den Geist, in dem wir ‚Abba! Vater!' zu Gott sagen."

Als ich mit meinem Fahrrad unterwegs war, bellten mich mal wieder zwei Hunde an und erneut ergriff ich nicht die Autorität. Anfangs ärgerte mich darüber, aber ich sah es auch weiter als Training. Ich wollte mir Jesus noch mehr in mir mit Zepter und Krone vorstellen. Auch ohne etwas zu sagen, strahlte ich bereits eine krasse Autorität aus. Das Wort „krass" benutzte ich im Deutschen ziemlich oft und so richtig gefiel mir das nicht. Eines Morgens sagte mir Gott, dass „krass" gar keinen schönen Ursprung hatte und tatsächlich kam es aus dem Lateinischen und hieß „grob" und „dick". Daher bat ich den Heiligen Geist, es aus meinem Wortschatz zu streichen.

Berggipfel

Im Februar war ich wieder einem heftigen geistlichen Kampf ausgesetzt. Dieses Mal kam alles zusammen. Durch eine hübsche Thailänderin im Fitnessstudio wurde ich stark versucht. Außerdem griff der Teufel mit Druck und Frust an. Vieles klappte einfach nicht so, wie ich es wollte, obwohl ich stets Gott involvierte. Vom Gästehaus hörte ich ebenfalls ein paar beunruhigende Neuigkeiten bezüglich des Personals und eines Sturms, der einiges verwüstete. Zwischenzeitlich war ich richtig sauer auf Gott, obwohl ich wusste, dass es einen Gegenspieler gab und ich aus diesen Kämpfen nur noch stärker herausging. Jetzt waren zusätzliche Gebete notwendig und für solche Fälle hatte ich einen Telegram-Kanal erstellt, den einige meiner Gebetspartner abonnierten. Wiederholt merkte ich kurz darauf starke Veränderungen. Gebete waren einfach kraftvoll. Von meinem Missionsteam erhielt ich den Eindruck, dass Gott mir vergab und Streitgespräche zu einer Beziehung gehörten, weil ich dadurch wuchs. Was für ein genialer Gott! Er ermutigte mich ebenfalls mit mehreren Bibelstellen, unter anderem aus dem Alten Testament. Mir wurde immer bewusster, dass ich das Alte Testament noch mehr aus dem Blickwinkel des neuen Bundes lesen musste. Die Kämpfe im Alten Testament spielten sich jetzt im Geistlichen ab. Und noch etwas wurde mir immer klarer: Nur im Alten Testament nutzte Gott Flüche, dann kam jedoch Jesus und nahm all diese Flüche auf sich. Doch fast überall wurde gelehrt, dass Gott Leid, wie beispielsweise Krankheiten, zuließ oder sogar dafür verantwortlich war, obwohl in 1. Johannes 5,19 klar steht, dass die ganze Welt um uns herum vom Bösen beherrscht wird. Teilweise glaubte ich diese Lügen vor einiger Zeit noch selbst. Doch je mehr ich die Liebe Gottes verstand, wich ich davon ab. Welcher liebende Vater würde denn sein Kind absichtlich stürzen lassen? Es gab sogar die Meinung, dass Gott uns durch Krankheiten Dinge zeigen würde. Letztendlich gingen sie jedoch trotzdem zum Arzt. Warum sollte Gott denn so etwas tun? Oft wurde auch der „Stachel" oder „Dorn" von Paulus aus 2. Korinther 12,7 als Krankheit ausgelegt, obwohl dies gar nicht in der Bibel steht. In Apostelgeschichte 10,38 heißt es: „Jesus heilte alle, die der Teufel in seiner Gewalt hatte." Natürlich konnte er alles Leid auch zum Positiven wenden. In Johannes 10,10 steht, dass der Dieb gekommen ist, um Verderben zu bringen, aber Jesus gekommen ist, um Leben zu bringen. Nie im Leben hätte ich gedacht, dass der Feind bereits so viele Menschen getäuscht hatte. Auch das Thema „Sünde" wurde oft zu sehr priorisiert und das konnte aus eigener Erfahrung abschrecken. Für Gott war „Sünde" gar kein Problem mehr, denn Jesus hatte bereits dafür bezahlt. In Römer 6,16 steht, dass wir entweder Sklaven der Sünde sind und uns das zum Tod führt oder wir Gott gehorchen und uns das zur Gerechtigkeit führt. Wir lebten in einer gefallenen Welt, aber wir konnten uns frei entscheiden. Andrew Wommack sagte, dass Gott gar nicht alles kontrollierte, wie es ebenfalls fast überall gelehrt wurde. Er sagte, dass wir das Auto unter der Anweisung von Gott fuhren. Dazu hatte ich sogar schonmal eine Vision erhalten. Das hieß auch, dass ich meine Autorität noch mehr ergreifen sollte. In Psalm 115,16 heißt es: „Der Himmel gehört Jahwe, aber die Erde hat er den Menschen anvertraut." Er hatte alles an uns delegiert, aber genau das versuchte der Teufel zu verhindern und uns passiv zu machen. Passend dazu begann ich die Teaching-Serie „Believers Authority" von Andrew Wommack auf YouTube zu schauen. Durch diese Erkenntnisse wurde mir immer bewusster, warum ich gerade so angefochten war. Ich durfte Satan keinen Raum geben, denn er war bereits entwaffnet. Er hatte ohne die Zustimmung von uns Menschen gar keine Power. Alles, was wir tun mussten, war, sich gegen seine Lügen zu stellen und die Wahrheiten Gottes zu glauben.

Passend dazu hatte ich wieder einen Austausch mit der Schwester mit den vielen Prophetien. In einer Vision sollte ich mich feiern, dass der Feind angriff, aber mich nicht hindern konnte. Gott gab ihr auch eine Vision über meinen Herzenswunsch, den ganzen Segen in Anspruch zu nehmen. Darin gab es einen Stacheldrahtzaun, vor dem ich mit einem riesengroßen Werkzeugkoffer stand. Allerdings benötigte ich die richtige Zange, damit auch noch andere Personen ohne Verletzungen durch den Zaun gehen konnten. Die Erneuerung der Gedanken war ein Prozess, denn Gott wollte, dass ich komplett in der neuen Identität lebte und mich nicht mehr beirren ließ. Gott machte mir erneut klar, dass ich geistlich durch kein Tal gehen musste. In Lukas 3,5 heißt es: „Die Täler sollen aufgefüllt, die Berge und Hügel eingeebnet werden. Krumme Wege sollen begradigt werden und holprige eben gemacht." Es ging gar nicht immer bergauf, wie ich dachte, denn durch den Sieg Jesu war ich bereits geistlich auf dem Berggipfel, auch wenn es im Sichtbaren vielleicht nicht danach aussah. So verstand ich auch Philipper 4,4 besser, denn dort heißt es: „Freut euch jeden Tag, dass ihr mit dem Herrn verbunden seid!" Passend dazu erhielt ich eine Prophetie, in der ich auf einem Pferd auf einem Hügel stand und in das Tal schaute, wo die Schlacht stattfand. Alle, die auf den Berg wollten, kamen nicht hoch. In der Nacht darauf sagte mir Gott, dass ich mir noch mehr vorstellen sollte, dass durch Gottes Kraft alles möglich war. So stand es auch in Matthäus 19,26. Nicht aus eigener Anstrengung, sondern allein durch Vertrauen in Gott.

Zur Vorstellungskraft wiederum erhielt ich einen interessanten Gedanken von der Schwester meines Missionsteams, mit welcher ich mich regelmäßig glaubensmäßig austauschte. Ich sollte mir Jesus Taten in der Bibel als meine eigenen Taten vorstellen. Natürlich musste ich dabei Jesus in mir sehen. Passend dazu fing ich in meiner Sprachschule ein neues Modul an, in dem es um biblische Geschichten ging, in denen Jesus Wunder tat und beispielsweise bei der Dämonenaustreibung in Lukas 9,41 über seine Jünger verärgert war, weil sie ihm nicht komplett vertrauten. Das Lesen der biblischen Geschichten fiel mir allerdings schwer, denn in der Thai-Bibel wurde oft die königliche Sprache benutzt, welche Vokabeln beinhaltete, welche nicht mal alle Thais beherrschten. Es steckte einfach so viel Religion darin. Dies baute meiner Meinung neben dem „Phra Yeesuu" noch eine zusätzliche Distanz zu Gott auf, auch wenn man dies nicht nur durch die westliche Brille sehen durfte. Die lebendige Beziehung musste jedoch definitiv mehr in der Thai-Kultur verankert werden, das war mein Herzenswunsch. Aber das galt natürlich auch allen anderen Nationen. In meinem Fitnessstudio konnte ich einen Amerikaner, welcher in Lopburi lebte, mein Zeugnis erzählen und ihn in meine Gemeinde einladen. Tatsächlich kam er am Sonntag darauf mit gleich zwei Freunden. Solche Begebenheiten sah ich immer öfter bereits davor in meinem Herzen.

Das Himmlische fixieren

Davon wollte ich mehr und Gott erhörte meine Gebete. Bei You-Tube zeigte er mir einen Bildschirmschoner, auf dem ein Kreuz auf einem Berg zu sehen war. Von links kamen Wolken, welche verdunsteten, als sie das Kreuz erreichten. Auf der anderen Seite des Kreuzes tauchten neue Wolken auf. Ich fragte den Heiligen Geist, ob er mir noch mehr zeigen konnte. Je länger ich das Bild anschaute und Jesus feierte, desto mehr Erkenntnisse hatte ich. Durch die eingesetzte Vorstellungskraft sah ich das Kreuz bzw. Jesus als Filter. All die Sünden, Krankheiten und Ähnliches waren schon verdunstet und Gott hatte mich mit neuem Leben beschenkt. In 2. Korinther 5,17 heißt es, dass wir eine neue Schöpfung sind und dass das Alte vergangen, aber Neues entstanden ist. Genau das konnte ich mir durch das Bild noch besser vorstellen und ich verstand immer mehr, was es hieß, mit Jesus gekreuzigt zu sein. In Römer 6,4 steht dazu: „Durch das Eintauchen in den Tod sind wir also mit Christus zusammen begraben worden." Ich wollte komplett aufgeben, denn jetzt lebte nur noch Jesus in mir. Auch mein Eigenwille, der immer in die Irre führte (Hebräer 3,10), war festgenagelt. In Römer 5,17 heißt es, dass wir durch ihn leben und herrschen. Ich versetzte mich immer mehr in die neu erhaltene Identität und merkte, dass der Heilige Geist dies mir auch nachts klarmachte, indem ich mit solchen Gedanken aufwachte. Ich hatte sogar dieselben Gedanken wie Jesus, wie es in 1. Korinther 2,16 steht. Dieser Vers war auch nochmal eine Bestätigung, dass ich die komplette thailändische Sprache schon beherrschte. Gott zeigte mir in diesem Zusammenhang Chad Gonzales, welcher ein Ministry leitete und dasselbe Mindset wie Andrew Wommack hatte. Er sagte, dass Krankheiten und Ähnliches überhaupt keine Option mehr waren und wir sie einfach gar nicht mehr akzeptieren sollten. Ich wollte das Himmlische nicht nur fokussieren, sondern fixieren, wie es auch ähnlich in Kolosser 3,2 steht. Aus Deutschland erhielt ich passend dazu einen geistlichen Eindruck, dass ich eine Kreditkarte hatte und sie einfach nur durch den Spalt ziehen bzw. an das Gerät halten sollte. Jesus hatte bereits gezahlt, also konnte ich mir die göttlichen Ressourcen auch einfach nehmen. Kurz darauf sagte Gott mir, dass ich nicht zweifeln, sondern mich durch Glauben entscheiden sollte, auf das Göttliche zuzugreifen. Der Sieg drang immer tiefer in mein Herz, denn laut Johannes 8,32 machte nur die Wahrheit frei. Diesen Sieg erlebte ich auch außerhalb meines Körpers, denn mein TikTok-Kanal nahm schnell an Fahrt auf. Ein Video über die Sprache erreichte innerhalb von nur drei Tagen dreißigtausend Klicks. Allerdings waren es fast ausschließlich Frauen, welche auch flirtende Kommentare hinterließen. Es war erstaunlich, dass ich mich davon überhaupt nicht beirren ließ. Ich konzentrierte mich auf das Positive, denn viele, welche das Video über die Sprache schauten, klickten auch die anderen Videos über Jesus an. In einem dieser Videos erzählte ich den Thais unter anderem, dass Jesus ihre wahren Eigenschaften sah und wie wertvoll sie waren. Die Bedeutsamkeit dessen wurde mir durch den Film „Furious Love" bewusst, welcher unter anderem in Thailand spielte. Darin wurde eine Prostituierte gezeigt, welche sich lieber die Hölle wünschte, als weiter so zu leben. Mit der Liebe Gottes konnte so viel mehr erreicht werden und mir wurde immer bewusster, dass dies auch ein wichtiger Schlüssel war, um Buddhisten zu erreichen. Es brachte nichts, sie z. B. wegen ihrer Geisteranbetung zu verurteilen. Sie mussten selbst erkennen, dass sie dies aus Liebe zu Gott nicht mehr tun wollten. Genau das war Gottes Absicht und er öffnete mir und einem weiteren Missionar dadurch eine weitere Tür, indem wir mit einigen Kindern aus der Nachbarschaft gemeinsam Fußball spielten. Dafür kauften wir einige Utensilien, worüber die Kids sich sehr freuten. So konnten wir auch später die Eltern erreichen. Der Film zeigte mir ebenfalls, welche Kraft das Gebet in Autorität hatte. Als ich einen weiteren Film über Todd White anschaute, der keine Gelegenheit ausließ, Menschen durch die Kraft Gottes zu heilen und ihnen von Jesus zu erzählen, erinnerte ich mich an die vielen erhaltenen Prophetien, dass auch ich dies tat. Interessant war in diesem Zusammenhang eine weitere Verbindung zwischen der Sündenvergebung und Heilung von Krankheiten, denn im Griechischen wurde für „Rettung" dort dasselbe Wort benutzt: „Sozo". Jesus tat oft beides zusammen und hatte für beides bezahlt. In Jakobus 5,15 heißt es: „Das vertrauensvolle Gebet wird den Kranken retten." Außerdem stieß ich auf Matthäus 8,17, wo eindeutig steht, dass sich Jesaja 53,4 („Durch seine Striemen sind wir geheilt") auf physische Krankheiten bezieht. Gott wollte, dass wir beides gleichstellten. Mit diesen Argumenten schnitt ich das Thema auch nochmal unter den Missionaren an. Dies hatte ich bereits vor einiger Zeit schonmal getan, aber jetzt fühlte ich mich mutiger. Auch in Bezug auf die Straßenhunde merkte ich einen Unterschied, da ich mir vorstellte, wer ich in Jesus war. Ich fühlte mich jedenfalls immer mehr vorbereitet und war gespannt, was Gott noch alles mit mir vorhatte.

In der Ruhe liegt die Kraft

Im April brach dann auch mein letzter Monat im Vollzeitstudium an. Für mich war es mittlerweile zur Gewohnheit geworden, frühmorgens um 5:00 Uhr aufzustehen. Nie stellte ich mir dazu den Wecker, sondern ließ mich stets vom Heiligen Geist wecken, denn er hatte den perfekten Zeitplan. So konnte ich den Tag mit Sport und Zeit mit Gott verbinden. Auch die Proklamationen baute ich weiter jeden Morgen ein, doch ich war öfter frustriert, da ich endlich Manifestationen sehen wollte. Ich baute mir immer mehr Druck auf und merkte es selbst nicht. Doch bei Gott schrillte die Alarmglocke und er machte es mir durch verschiede Hinweise deutlich. Tatsächlich hatte er mich selbst auch schon mehrmals vorher darauf hingewiesen, doch ich nahm es nicht wahr. Andrew Wommack sagte zu dem Thema, dass, wenn wir zu sehr auf das sichtbare Wachstum achteten, es zu Ungeduld und damit auch Fruchtlosigkeit führen würde. Es ging nicht nach meinem, sondern nach Gottes Zeitplan. Joseph Prince meinte, dass der Durchbruch kommen würde, wenn wir in Jesus und seinem vollendeten Werk ruhen. Jetzt verstand ich auch Jesus Aussage von damals viel besser, als er sagte, dass er mich auf seiner Schulter trug. Laut Galater 2,20 lebte ja nicht mehr ich, sondern er in mir. Das nahm mir definitiv nochmal eine Menge Druck ab. Ich änderte also meine Einstellung, alles sofort sehen zu müssen. Im Geist hatte ich den Segen jedenfalls schon erhalten. Um loszulassen, nahm ich mir vor, jeden Tag mindestens eine Stunde in Gottes Gegenwart zu verbringen. Eine Predigt von Chad Gonzales half mir dabei, mich in der Vorstellungskraft leiten zu lassen. Er sagte genau wie Andrew Wommack, dass es Training bräuchte, um sich mehr auf das Himmlische auszurichten. Anfangs ließ ich mich noch leicht ablenken, doch schon nach ein paar Tagen merkte ich Unterschiede. Je mehr ich mich mit Gott eins machte und meine Gedanken mit meinem Herzen danach ausrichtete, umso mehr versetzte ich mich in seine Perspektive. In Sprüche 23,7 heißt es in der hebräischen Originalübersetzung: „Denn wie er in seinem Herzen denkt, so ist er." Nun nutzte ich also endlich die göttliche Vorstellungskraft, von welcher mir Gott schon so einiges gelehrt hatte, aber ich nicht drangeblieben war. Das war es auch, was 2. Korinther 4,16 ausdrückt: „Deshalb verlieren wir nicht den Mut. Denn wenn wir auch äußerlich aufgerieben werden, so werden wir doch innerlich jeden Tag erneuert."

Es war eine Änderung des Denkprozesses, welche jedoch weiteres geistliches Training benötigte. Von meinem deutschen Missionsteam erhielt ich passend dazu drei Visionen. In der ersten Vision hielt ich noch mit beiden Händen ein Tankschiff mit Müll fest. Das war unter anderem der Druck. Sobald ich losließ und mich umdrehte, stand dort ein toller Katamaran. Im zweiten Bild schlüpften Küken von ganz allein und im letzten Bild lag vor mir Schokolade. Dieser sollte ich einfach folgen, um sie dann auszupacken und mich über die Überraschung zu freuen. Ich nahm jedenfalls täglich weitere Veränderungen wahr und spürte eine Leichtigkeit.

Urlaub in Kambodscha

Ende April beendete ich dann auch wie geplant den ersten Teil meines Sprach- und Kulturstudiums in Vollzeit. Gerade in den letzten Wochen merkte ich einen großen Schub in der Sprache. In meiner Gemeinde erzählte ich sogar mein Zeugnis auf Thailändisch. Insgesamt war es in den vergangenen drei Jahren viel Lehrstoff, der mich allerdings nie überforderte. Wenn, dann hatte ich mir selbst zu viel Druck gemacht. Aber aus Fehlern lernt man. Ich war jedenfalls unglaublich dankbar, dass ich so viel lernen durfte. Auch wenn mir viele im Vorfeld sagten, dass man als Missionar gewöhnlicherweise nach einiger Zeit ein Tief haben würde, hatte ich nie eines, weil ich von vornherein nicht daran glaubte. Natürlich gab es mal ein paar Tage, an denen ich nicht ganz oben schwamm, aber es waren stets nur kleine Phasen und sie wurden immer kürzer. Trotzdem war ich jetzt urlaubsreif. Daher flog ich ins Nachbarland Kambodscha. Von der Schwester mit der prophetischen Gabe hatte ich einen Eindruck erhalten, dass mich dort eine Überraschung erwartete. Ebenfalls erhielt ich von einem anderen Missionar einen Eindruck, dass der Heilige Geist in Form einer Taube auf mich zukommen würde. Auch mir gab Gott noch einige persönliche Ermutigungen mit auf den Weg und ich war gespannt, was er vorbereitet hatte.

Gleich zu Beginn flog ich nach Siem Reap, wo das ICF vor einigen Jahren eine Church aufbaute. Ich war beeindruckt, was sie dort alles auf die Beine gestellt hatten. Das Gelände war riesig und es gab sogar eine eigene Wasserskianlage, welche ich natürlich gleich testete. Sie hatten viele verschiedene Teams, welche sich unter anderem um das Kinderprogramm oder auch um die Evangelisationsarbeit kümmerten. Dazu holten sie die Kinder und Teens sogar mit eigenen LKWs aus Dörfern ab. Ich begleitete solch einen Transport und war überwältigt, wie sehr sie sich auf das ICF freuten. Die Armut ist in Kambodscha noch höher als in Thailand und somit bekämpfte das ICF auch Menschenhandel oder Prostitution. Es gab sogar ein Outreach-Team, welches jeden Tag in die Dörfer fuhr und dort auch ein Programm in Kleingruppen anbot. Am meisten freute ich mich über den Austausch mit den vielen Mitarbeitern. Der Heilige Geist wurde überall integriert und um ihn ging es auch in der Sonntagspredigt. Auch mit dem Alkoholthema wurde locker umgegangen, obwohl die Bevölkerung genau wie in Thailand auch größtenteils aus Buddhisten besteht. In Maßen war es okay und so sah ich es ebenfalls.

Nach drei Tagen fuhr ich mit dem Nachtbus in den Süden auf die Insel Koh Rong. Auf der Fahrt unterhielt ich mich mit einem polnischen Backpacker. Ich erzählte ihm von Jesus und welche Freiheit er uns geschenkt hatte. Für ihn war das neu, weil er immer dachte, dass man sich verurteilen musste, wenn man etwas falsch gemacht hatte. Auf der Insel kam ich dann endlich richtig an und trainierte zusammen mit dem Heiligen Geist weiter meine Denkweise. Ich bemerkte immer öfter das lebendige Wasser in mir, wenn ich meine Gedanken voll auf Jesus ausrichtete. Es war, als ob Strom durch mich fließen würde. Aber es war wichtig, nicht nur auf das Wasser oder die Früchte zu schauen, sondern auf die Quelle oder die Wurzel. Von dort kam alles. Ich blieb jedenfalls dran und war überzeugt, dass alles mehr ins Sichtbare durchbrach, doch es war ein Prozess.

Ende meiner Ausbildung

Nach dem Urlaub war es dann so weit und ich verabschiedete mich aus Lopburi. Meine Church arrangierte sogar ein Abschiedsessen, bei dem mich alle segneten und mir einige Geschwister sagten, dass ich sie ermutigt hatte. Dabei hatte ich meiner Meinung gar nicht viel getan. Auch die Sprachschule verabschiedete mich und viele Missionare teilten mir ebenfalls mit, dass ich sie ermutigt hatte. Zum Abschluss organisierte ich mit drei anderen Missionaren nochmal ein Outreach, bei dem wir in nur einer halben Stunde christliches Material an siebzig Personen verteilten. Passend dazu gab der Heilige Geist mir ein paar zusätzliche Tipps, wie ich die Thailänder am besten erreichte. Eigentlich war es genau das, was Jesus tat, als er auf der Erde lebte. Alles stand in der Bibel und auch diese las ich in einem Jahr komplett durch, indem ich meinen Leseplan „Bible in One Year 2020" nur drei Tage vor meinem Umzug beendete. Nun stand mit dem Gästehaus im Süden Thailands ein neues Kapitel an und ich freute mich auf die weitere Reise mit Gott. Einige Zusagen hatten sich noch nicht erfüllt, aber da wollte ich geduldig bleiben. Ich war jedenfalls dankbar, dass mich Gott immer wieder ermutigte und mir ebenso ein geniales Missionsteam geschenkt hatte. Auch dort passierte nochmal etwas, indem das ICF Berlin einen Bruder bereitstellte, der das Thema „Mission" noch stärker in der Gemeinde thematisieren sollte. Dies vereinfachte die Kommunikation zwischen dem ICF und mir, und war daher eine große Gebetserhörung. Von einigen meiner Gebetspartner erfuhr ich außerdem, dass ich ihnen durch meinen Input in den Newslettern helfen konnte, Freiheit zu erfahren. Das freute mich alles sehr. Ich konnte aus vollem Herzen den Psalm 30,12 sagen: „Nun hast du meine Trauer verwandelt in einen fröhlichen Tanz, mein Sackgewand entfernt und mich mit Freude umhüllt!" In nur drei Jahren hatte Gott mich komplett verändert und mein Leben war um so viel reicher. Das war allerdings noch lange nicht alles, denn das ganze Leben würde ich noch dazulernen. Mein Hunger ist längst nicht gestillt und ich brenne weiter für Jesus. So leicht kann mich jedenfalls auch in einer Krise nichts mehr umhauen. Wer dasselbe verspürt und ihn noch nicht in sein Leben aufgenommen hat, den lade ich ein, das folgende Gebet zu sprechen: „Jesus, ich bekenne dir meine Sünden und danke dir, dass du für mich gestorben bist. Ich öffne dir meine Herzenstür und lade dich in mein Leben ein. Fülle mich mit deinem Heiligen Geist. Durch meinen Glauben an dein Wort empfange ich jetzt deine Erlösung. Amen."

HERZ FÜR AUTORENA HEART FOR AUTHORS À L'ÉCOUTE DES AUTEURS MIA KAPΔIA ΓIA ΣYΓΓPAΦ
HARTA FÖR FÖRFATTARE UN CORAZÓN POR LOS AUTORES YAZARLARIMIZA GÖNÜL VERELIM SZÍVÜ
VORE PER AUTORI ET HJERTE FOR FORFATTERE EEN HART VOOR SCHRIJVERS TEMOS OS AUTORE
ERZÖINKÉRT SERCE DLA AUTORÓW EIN HERZ FÜR AUTOREN A HEART FOR AUTHORS À L'ÉCOUTE
RAÇÃO BCEЙ ДУШОЙ К ABTOPAM ETT HJÄRTA FÖR FÖRFATTARE Á LA ESCUCHA DE LOS AUTORES
TEURS MIA KAPΔIA ΓIA ΣYΓΓPAΦEIΣ UN CUORE PER AUTORI ET HJERTE FOR FORFATTERE EEN HA
ARLARIMIZ GE ERE ZERZÖINKÉRT SERCE DLA AUTORÓW EIN HERZ FÜR A
OR SCHR DS OS A ORAÇÃO BCEЙ ДУШОЙ К ABTOPAM ETT HJÄRTA FÖR F

Der Autor

Patrick Wolf wuchs im Osten Deutschlands in
einem christlichen Elternhaus auf und ging bis zu
seinem siebzehnten Lebensjahr jeden Sonntag mit
seinen Eltern in eine konservative evangelische
Gemeinde. Dann entdeckte er jedoch das Nachtleben für sich und entfernte er sich immer weiter
von Gott.

Nach einer kaufmännischen Ausbildung absolvierte
er seinen Zivildienst in den USA. Im Anschluss zog
es ihn nach Spanien. Später arbeitete er auf den
Kanaren, auf Kreta, in der Türkei und in Portugal
als Hotelreiseleiter für einen deutschen Reiseuver-
anstalter.

Durch seine Liebe zum Reisen entdeckte Wolf
besonders asiatische Länder wie Thailand und
Vietnam für sich. Während dieser Jahre waren die
Nächte von Partys und Frauen geprägt. So vergingen die Jahre, bis Anfang Januar 2020 sein Leben
auf den Kopf gestellt wurde.

Der Verlag

Wer aufhört besser zu werden, hat aufgehört gut zu sein!

Basierend auf diesem Motto ist es dem novum Verlag ein Anliegen, neue Manuskripte aufzuspüren, zu veröffentlichen und deren Autoren langfristig zu fördern. Mittlerweile gilt der 1997 gegründete und mehrfach prämierte Verlag als Spezialist für Neuautoren in Deutschland, Österreich und der Schweiz.

Für jedes neue Manuskript wird innerhalb weniger Wochen eine kostenfreie, unverbindliche Lektorats-Prüfung erstellt.

Weitere Informationen zum Verlag und seinen Büchern finden Sie im Internet unter:

w w w . n o v u m v e r l a g . c o m